リスクアペタイト・
フレームワーク

銀行の業務計画精緻化アプローチ

アビームコンサルティング株式会社
浜田陽二［著］

一般社団法人 **金融財政事情研究会**

はじめに

　2007年のサブプライム問題、2008年のリーマン・ショックという世界的な金融危機が起こり、バーゼルⅢをはじめとする金融規制強化の流れは現在ピークにあるといえるかもしれません。徐々に新しい規制内容が最終化され、段階的導入を含め順次適用され始めていますが、その間に公表された市中協議案を含めた規制関連文書はいったいどれだけあったのかの把握すらむずかしいくらいに複雑化しています。金融機関のリスク管理部門を中心とした規制対応に従事されている方々は、数々の新しい規制に対応してきていることですでに疲弊し切っている状態かもしれません。しかし周辺環境として、米国に関しては利上げモードに入ったかもしれませんが、その継続性は依然として安定感はなく、日欧に関してはマイナス金利政策に突入し、英国は国民投票でEUから離脱するという、金融機関としての業務運営を進めていくうえでは、依然として気が休まらない日々が続く印象をもたれていることでしょう。

規制強化は正しいのか

　かつてデリバティブのディーラーを経験した立場である筆者としては、何か事あるごとに「デリバティブが諸悪の根源」的扱いを受けてきたことにはとても疑問を感じています。デリバティブと呼ばれる各商品そのものはヘッジツールとして使われるものも多く、優れた商品性であるにもかかわらず、その使い方を間違ってしまったことで悪者扱いされてきたということがとても残念です。収益至上主義がもたらした結果といってしまえばそれまでですが、もし規制を一律適用するというルールによってその市場流動性まで失われてしまうと、関連する商品の市場取引にまで影響を与えかねません。その意味では誤った使い方（きわめて投機的な使い方等）においては規制強化されても仕方ないとは思いますが、規制も行き過ぎると複雑骨折を起こし、市場

機能も失われる可能性につながりかねないと考えています。

　世界的な規制強化のなかで「各国裁量を認める」という考え方があります。筆者としてそれ自体は否定する気はありませんが、たとえばG-SIFIsのようなグローバル展開をしている金融機関に対して、それぞれの自国規制を遵守するという考え方についても疑問を感じます。世界標準で戦っている以上、世界標準ルールのみを遵守することがいけないのかと考えると、いくら各国での文化や慣習の違いがあるとしても、その影響は最低限でもよいのではないかという気がしています。実はカントリーシーリングの概念においてもすっきりしない印象をもっており、母国通貨での資金調達量が圧倒的であればやむをえないとしても、一定量以上の海外市場での外貨調達を行っていれば、必ずしも母国ソブリン格付に従わなくてもよいのではないかという気がします。もちろん母国での営業基盤等が屋台骨であり、母国のセーフティーネット等が関係することは理解できますが、日本ソブリンが徐々に格下げされていくなかで、外に向かおうにも向かえなくなるのではないかという疑問が出てきます。

　しかし規制がまったくない完全な自由主義というのはもちろん問題があります。金融機関は公共性がきわめて高い業種です。顧客の信頼があってはじめて成立するビジネスモデルであるので、その参加条件として規制があるということは重要です。最近の規制強化の流れはたしかに厳しすぎるのかもしれませんが、政治も関与して決まっていく事項に対していつまでも否定的あるいは受身的なスタンスではいられません。

RAF（リスクアペタイト・フレームワーク）という言葉が注目され始めた？

　金融機関のリスク管理高度化は別にバーゼルIIIになったから高度化したという話ではなく、それ以前からも常に意識され努力されてきました。2008年の金融市場の動きがあまりに破壊的なものであったので、それまでのリスク管理では不十分であったという解釈がなされてしまい、規制内容も複雑化してしまいました。リスク管理部門としては、もう一段のリスク管理高度化を

目指さざるをえない状況になってしまいましたが、ふと周囲を見渡してみると、他部門のさまざまな業務は必ずしもリスク管理と同じスピードで高度化が進んできたとは限りません。そのようななか、金融庁の金融行政方針にもRAFという言葉が出てくるようになり、また規制・制度対応の1つが出てきたと思って研究されていらっしゃる方も多いと思います。

まだRAFに関する書籍やレポート等が少ないなか、原則となる文書をみても、正直なところ「何をどうすればよいのかわからない」という方が多いかもしれません。内容的にはあるべき論が多く、もし実現できればよいことが多々あるかもしれないと想像されますが、筆者としても最初はどうやってこの原則を業務に当てはめていくのかのイメージができませんでした。そこで普段から行われている業務やガバナンスをイメージし、それを高度化させることを考えました。高度化をイメージしながらRAFの原則と見比べるという方法です。規制対応の話がとても多かったことで、そろそろ前向きな話を考えようとすると、「継続的に儲けるためにリスク管理を高度化させてきた」ということが意識されてきます。しかし「規制のためにリスク管理高度化を目指してきたわけではない」と考えたとき、リスク管理高度化と収益統制能力が同じペースで高度化してはいないのではないかという疑問が出てきました。

本書のねらい、目的等

態勢面でのコーポレートガバナンス高度化ももちろん重要ですが、実務運営面として統制をとる方法は、個別企業としての文化や置かれている状況、すでに構築されているポートフォリオの違い等から、これが100点ですというものは自分たちで考えるしかありません。しかしRAFに関する情報が少ないなか、いくら自分たちで考えるといっても限界があります。そうしたなかで、「それでもRAF態勢構築に関して何か議論できる題材提供はできないものか」と考えて今回筆をとってみました。前提が自分たちで考えるべき事項なので、残念ながらこの本に書かれていることをそのまま実現できたとし

はじめに　iii

ても100点になるとは限りませんし、理想論であって実現は不可能だという内容もあると思います。

　RAFというものを筆者なりに解釈すると、最も重要なことは「議論を通じて意思疎通を図ること」にあるように思われます。そこに「正しく意思決定し、正しく統制がとれたかたちで収益を獲得し業務を継続していく」ということを加えて、何を目指すべきかを考えてみました。正直なところRAFの原則の内容としてはあまりにカバー範囲が広く、すべてを網羅することも困難であるため、RAFの説明に重点を置くというよりも、「業務計画をどのように精緻化させ、どうやって計画に近いかたちでの実績を残すのか」という点に重点を置いたほうが、結果としてRAFがイメージできるのではないかと考えました。

　重複いたしますが、筆者としては、本書はRAFを意識したコーポレートガバナンス高度化に向けたアイデア提供の材料と位置づけています。本文中には少々過激な話もあるかもしれませんし、わかりにくい点もあるかもしれません。ただなるべく全体感を理解してほしいということで、説明は中核的な業務に絞っています。また社内議論活発化のための題材提供という要素もあるため、リスク管理をはじめとする各業務の詳細な内容は割愛し、他部門に属していても概念が理解できる程度の説明にとどめています。このため複雑な数式等は使っておらず、なるべく言葉で説明するように心がけました。それでも範囲が広いために全容把握がむずかしいということで、最終章である第8章を追加し、各章の復習としてダイジェスト的にまとめました。お時間がない方は最終章に当たる第8章からお読みいただいてもかまいません。業務計画を精緻化させるという筆者なりの意見がきっとおわかりいただけると思います。

　また、本書を読み進めるうえでの留意点として、本文中には会計に関する話が多々出てきます。これまで世界的な会計制度の共通化に向けたコンバージェンスが進んできており、国内会計基準に関しても同様に見直しがなされているなか、専門的知識をおもちの方であれば、概念的には国内会計基準も

時価会計になっている（が、完全時価会計ではない）という考え方であると思いますが、本書では主にP/L項目に着目しているため、現状の国内財務会計はAccrual的、時価評価がP/Lにヒットする考え方を時価会計的としてとらえて説明をしておりますのでご留意ください。

　RAFに関してはまだまだこれから確立されていくものと考えています。もし本書が今後のRAFの研究やガバナンス高度化においてなんらかの題材になるようであれば幸甚です。

目　次

第1章　国内銀行を取り巻く環境

第1節　グローバルな規制強化 ……………………………………… 2
　(1)　リーマン・ショック以降の世界的な規制強化の流れ ………… 2
　(2)　主な規制内容とバランスシートへの影響 ……………………… 4
第2節　リスク管理業務のルーティーン化 ………………………… 12
　(1)　リスク管理業務の拡大 …………………………………………… 12
　(2)　複雑化する周辺環境とリスク管理 ……………………………… 14
　(3)　リスク管理高度化とデータ整備 ………………………………… 17
第3節　RDA対応としてのデータ整備 ……………………………… 19
　(1)　実効的なリスクデータ集計とリスク報告に関する諸原則
　　　（BCBS239） ………………………………………………………… 19
　(2)　リスクデータ諸原則を業務に生かせるか …………………… 23
第4節　データの有効活用 …………………………………………… 24
　(1)　複雑化する社内データ …………………………………………… 24
　(2)　単体統制・連結統制とデータ整備 ……………………………… 25

第2章　RAFとは

第1節　RAFの基本概念 ……………………………………………… 30
　(1)　RAF原則の内容 …………………………………………………… 30
　(2)　RAF原則におけるポイント ……………………………………… 36
第2節　RAF構築に向けた事前検討 ………………………………… 43
　(1)　第一ステップ ……………………………………………………… 43
　(2)　第二ステップ ……………………………………………………… 46

第 3 節　RAFと収益統制の重要性 ……………………………… 47
　⑴　リスクと収益の融合とは …………………………………… 47
　⑵　RAF態勢と収益管理 ………………………………………… 49
　⑶　リスク管理との整合性とコスト管理 ……………………… 50
　⑷　業務分掌と役割の認識 ……………………………………… 51
第 4 節　経営者に関する事項 …………………………………… 53
　⑴　RAF態勢における経営者と執行役員 ……………………… 53
　⑵　態勢構築段階での自己評価 ………………………………… 55
　⑶　ディフェンシブなスタンスからの脱却 …………………… 56

第 3 章　業務計画の精緻化

第 1 節　業務計画策定プロセス ………………………………… 60
　⑴　従来の業務計画策定プロセス ……………………………… 60
　⑵　RAF態勢における業務計画策定プロセス ………………… 61
第 2 節　周辺環境の認識 ………………………………………… 63
　⑴　リスク事象とその判定 ……………………………………… 63
　⑵　資金繰り逼迫度区分の応用 ………………………………… 68
第 3 節　計画策定の事前準備 …………………………………… 72
　⑴　事前準備として考えるべき事項 …………………………… 72
　⑵　想定シナリオの検討 ………………………………………… 73
　⑶　事前準備（イールドカーブ関連） ………………………… 74
　⑷　事前準備（資源配分の検討） ……………………………… 78
　⑸　事前準備（時間軸の考慮） ………………………………… 79
　⑹　事前準備（全体感） ………………………………………… 81
第 4 節　収益目標の前提条件の共有 …………………………… 83
　⑴　前提条件共有化の意義 ……………………………………… 83
　⑵　貸出部門との共有化 ………………………………………… 86

(3) 特定取引勘定との共有化 ……………………………………………… 89
　(4) その他市場関連等 ……………………………………………………… 91
第5節　収益目標の妥当性検証 ……………………………………………… 93
　(1) RAF態勢と業務計画 …………………………………………………… 93
　(2) 客観的な収益力評価と目標設定方法の検討 ………………………… 95
　(3) 組織態勢面 ……………………………………………………………… 98
第6節　RASの策定と内部管理 ……………………………………………… 99
　(1) RASの位置づけと課題認識 …………………………………………… 99
　(2) RAF態勢構築に向けた実験的試行 …………………………………… 103
　(3) RASとして記載される事項の検討 …………………………………… 107
　(4) KPIによる補完 ………………………………………………………… 111
　(5) 意思決定上の留意事項 ………………………………………………… 113

第4章　収益管理と業務分掌

第1節　統制のための収益の定義 …………………………………………… 118
　(1) 会計効果とその性質 …………………………………………………… 118
　(2) 収益統制におけるミスマッチ ………………………………………… 120
第2節　本支店レートの考え方 ……………………………………………… 122
　(1) 管理会計上のコスト把握と業務分掌 ………………………………… 122
　(2) 管理会計における収益部門の責任範囲 ……………………………… 127
　(3) 本支店レート運営上の課題 …………………………………………… 129
第3節　業務分掌の見直し …………………………………………………… 133
　(1) 収益部門における共通事項 …………………………………………… 133
　(2) 貸出関連部門 …………………………………………………………… 134
　(3) 市場関連部門（ALM関連） …………………………………………… 140
　(4) RAF態勢での追加的業務 ……………………………………………… 148
第4節　営業部門評価（預金・貸出） ……………………………………… 153

(1)　預金取引に関する評価 ……………………………………… 153
　(2)　貸出取引に関する評価 ……………………………………… 155
　(3)　特殊事例対応 ………………………………………………… 161
第5節　市場部門評価 ……………………………………………………… 163
　(1)　バンキング勘定（ALM関連） ……………………………… 163
　(2)　特定取引勘定 ………………………………………………… 166
第6節　管理会計高度化と報酬制度 ……………………………………… 167
　(1)　本支店レートからFTPへ …………………………………… 167
　(2)　管理会計システムの改善検討と報酬制度 ………………… 169

第5章　社内外での啓蒙と議論の活性化

第1節　社内啓蒙 …………………………………………………………… 174
　(1)　リスクカルチャーの概念 …………………………………… 174
　(2)　リスクカルチャーの浸透 …………………………………… 178
　(3)　Deutsche Bank AGにおけるリスクカルチャー対応 …… 179
第2節　環境認識の共有化と標準語化 …………………………………… 183
　(1)　会議体での議論活発化への工夫 …………………………… 183
　(2)　標準語化の追加的効果 ……………………………………… 186
第3節　議論活発化のためのさらなる工夫 ……………………………… 189
　(1)　コメンテーター制度の検討 ………………………………… 189
　(2)　トランスレーター育成プログラム ………………………… 192
　(3)　各種教育制度 ………………………………………………… 193
第4節　対外的啓蒙 ………………………………………………………… 195
　(1)　JPMorgan Chase & Co.開示情報 …………………………… 195
　(2)　国内銀行における開示での留意点等 ……………………… 202

第6章 収益獲得オペレーションと意思決定

第1節 業務運営と全体統制 ……………………………………… 208
(1) リスク管理部門の役割 …………………………………… 208
(2) 各会議体の役割 …………………………………………… 212

第2節 営業部門における統制 …………………………………… 214
(1) 貸出収益統制の前提条件 ………………………………… 214
(2) 収益評価に関する検討 …………………………………… 218
(3) 想定される論点 …………………………………………… 220

第3節 市場部門における統制 …………………………………… 222
(1) バンキング勘定（運用）………………………………… 223
(2) バンキング勘定（調達）………………………………… 229
(3) シナリオとオペレーション ……………………………… 229
(4) 特定取引勘定（ディーラー部門）……………………… 233
(5) 特定取引勘定（セールス部門）………………………… 234

第4節 全社的シナリオの決定と変更トリガーの検討 ………… 236
(1) シナリオに基づく組織運営 ……………………………… 236
(2) シナリオ変更 ……………………………………………… 237

第7章 ガバナンス高度化のための要検討事項

第1節 連結ベースでの統制 ……………………………………… 242
(1) 連結ベースでの統制における課題認識 ………………… 242
(2) 連結ベースでの統制方法の検討 ………………………… 247

第2節 その他包括利益等の統制 ………………………………… 249
(1) 国際基準行におけるその他有価証券の位置づけと留意点 ……… 249
(2) 証券会社における負債時価評価対策 …………………… 251

第3節 格付維持と資本・配当政策 ……………………………… 255

- (1) 格付に関する事項 ································· 255
- (2) 資本・配当政策に関する事項 ······················ 257

第4節　外貨ALM管理と外貨流動性リスク管理 ············· 258
- (1) 外貨ALMの重要性 ································ 258
- (2) 外貨流動性リスク管理 ···························· 261
- (3) 国内基準行での留意事項 ·························· 266

第5節　グループ管理会計と国際管理会計 ················· 268
- (1) グループ内資金貸借 ······························ 268
- (2) グループ戦略と管理会計上の取扱い ················ 271

第6節　RAF態勢下のデータ整備 ························ 275
- (1) グローバルベースでのデータ集積 ·················· 275
- (2) 集積データに関する事項整理 ······················ 280

第8章　会社統制の近未来

第1節　国内銀行における経営課題認識 ··················· 284
- (1) 国内特化と海外進出の選択 ························ 284
- (2) 内部状況認識と経営高度化への課題 ················ 286
- (3) 国内基準行の場合 ································ 287
- (4) 国際基準行の場合 ································ 289

第2節　会社統制の将来像 ······························· 291
- (1) リスクアペタイトと経営計画 ······················ 291
- (2) RASと重要な経営目標 ···························· 292
- (3) RASとKPI ······································· 294
- (4) バランスシート構造とコスト算出 ·················· 296
- (5) 収益目標設定 ···································· 298
- (6) リスク調整後収益と部門評価 ······················ 300
- (7) 環境認識の共有化 ································ 302

⑻	リスクカルチャーと議論の活発化 ……………………………	304
⑼	業務分掌見直し ……………………………………………………	305
⑽	期中の業務運営と収益獲得オペレーション …………………	307

【巻末資料】 先進的な金融機関のリスクガバナンス態勢 ………… 309
おわりに ……………………………………………………………… 322
事項索引 ……………………………………………………………… 324
著者紹介 ……………………………………………………………… 327

第 1 章

国内銀行を取り巻く環境

国内銀行では、2000年代後半の金融危機に関しては、欧米の金融機関よりも影響が軽微だと当時はよくいわれましたが、その後の東日本大震災のように経験したことがないようなリスク事象も発生し、また人口減少下における首都圏への人口集中や、中央銀行によるマイナス金利政策導入等、国内では近年銀行経営には希望をもちにくい事象が起こってきています。

　こうしたなかでの規制強化に対し、経費圧縮等での収益確保にはすでに限界があり、なんらかの経営改革を迫られている状況と考えられます。

 グローバルな規制強化

(1) リーマン・ショック以降の世界的な規制強化の流れ

　2008年の世界的な金融危機をふまえ、2019年を最終ターゲットとしたバーゼルⅢ（自己資本比率規制・レバレッジ比率規制・流動性規制）に加え、デリバティブ関連での規制見直し（中央清算化や店頭デリバティブの追加資本賦課等）、G-SIFIs[1]に対する追加資本賦課や破綻処理対応、データギャップ対応（次節参照）等、関連する規制が次々と見直され、2016年6月現在、各規制見直しも最終段階に近づいてきている状況です。

　バーゼルⅢの各規制での規制値算出定義のなかには「各国裁量を認める」というものがあり、国内で規制化する場合には必ずしもグローバルでの統一基準とは一致しない部分があります。市場慣行や文化の違いや、それに伴って取り扱われる商品の市場規模等にも差があることを考慮したことによるも

1　SIFIsとはSystemically Important Financial Institutions（システム上重要な金融機関）の略で、グローバルベースでのSIFIsがG-SIFIsと呼ばれています。実際には業態別でシステム上重要な金融機関が決められており、銀行の場合はG-SIBs、保険の場合はG-SIIs、また国内でのシステム上重要な銀行としてD-SIBsというかたちで呼ばれています。

のです。バーゼル銀行監督委員会等が公表するルールは基本的に国際統一基準行（以下、国際基準行）を前提としているものですが、各国の金融当局はその国際基準行向けルールをもとに、自国内での規制案を策定します。日本国内での自己資本比率規制をみても、国際基準行と国内基準行では算出ルールが異なりますし、他国の国際基準行に相当する金融機関での算出ルールと日本のメガバンク等に適用される算出ルールが異なっている場合があります。このため、金融規制強化という点では、当然国内基準行と国際基準行、さらにSIFIs級で求められる統制水準は異なっていると考えるべきでしょう。

こうしたバーゼルⅢをはじめとする規制強化に関して留意するべき点としては、「業務効率上の均衡点が見出しにくい」ということでしょう。自己資本比率を向上させること、レバレッジ比率を向上させること、流動性規制のLCR（流動性カバレッジ比率）やNSFR（安定調達比率）を向上させることは、それぞれ異なる統制が必要であり、バランスシート拡大に歯止めをかけようとするレバレッジ比率の考え方と、一定の流動性バッファーを保持させようとする流動性規制では、相いれない部分が生じてきます。このように、最低水準をクリア目標として規制化するバーゼルⅢは、業務運営上の事実上の絶対条件[2]という考え方もでき、絶対条件であるということは業務運営上の制約条件になるということです。

RAF態勢構築という点では、こうした規制に関しては絶対条件・制約条件と理解し、日々モニタリングが必要になってきます。国際基準行向けLCRが代表例ではありますが、当局報告を行うLCRは日次平均値を使うことが求められており、厳しい規制内容かどうかはさておき、「国際基準行なら、日次で算出できるようにしていただきたい」というのが世界進出する条件のように考えられているということです。リスク事象が世界のどこかで、いつ起こっても耐えきれるようにリスク管理をするべきという理想論をいわれれば

---

2 LCRではストレス時等におけるバッファー取崩しは認められていますが、取崩し可能な条件等はあいまいである一方、水準を下回ると銀行の風評リスクが高まる可能性もあり、無条件で割り込むことはむずかしいと考えられています。

そのとおりであり、こうした規制に反発したところで有意義な結果は期待薄です。

　金融業は市場変化にさらされた業務を生業としており、市場が日々変化する以上、リスク管理も毎日行って当然という考え方はあります。実際には、国際基準行に限らず国内基準行においても、市場リスク計測は日々行われているといえるでしょう。流動性リスク管理に関しても、流動性リスク計測とまでいえるかどうかはわかりませんが、日々の資金繰りや資金調達の環境変化等は毎日チェックしています。これまでも、日々の影響が出やすいリスクに対しては、国際基準行も国内基準行も欠かさず注意してきたといえますが、規制値を算出するという作業が増大していることと、将来予測の比重が大きくなったことで、金融機関のリスク管理はどこまでやっても100点にはならない事態になってしまったのかもしれません。

(2) 主な規制内容とバランスシートへの影響

　ここであらためて、2008年以降に検討された規制について焦点を当てましょう。すべてを網羅することはむずかしいため、RAFを考えていくうえで注意しておきたい主な規制や代表的な規制をみていくこととします（表1参照）。

① 自己資本比率規制

　自己資本比率規制そのものはバーゼルⅠの時代から続いてきており、自己資本比率算出における分母項目（リスクアセット側）の算出において標準的な方法もしくは先進的な方法を採用しています。バーゼルⅢでは自己資本比率の分子項目を中心とした見直しが行われましたが、バランスシート項目として考えた場合、分子項目には負債性資本が加わるので、図1においては長期負債の一部にも影響しているかたちで表現しています。資産側はリスクアセットの対象となるものはその内容に応じてリスクウェイトがかかります。

　自己資本比率の算出について、国内ルールとしては国際基準行と国内基準

表1　リーマン・ショック後に導入検討された主な金融規制

規制・ 制度名称	内容・導入理由	関連する事項等
自己資本比率規制	・バーゼルⅡ時代との比較において、最大の特徴は資本性（分子項目）に着目し、より損失発生に耐えきれることを目指して見直し ・分母項目に関しても、順次他の規制との平仄をあわせる意味も含め、標準的手法等の内容を見直し	・トレーディング勘定の抜本的見直し（CVA：信用評価調整に関する事項を含む）[3] ・標準的手法の見直し（信用リスク等） ・TLAC（Total Loss-Absorbing Capacity：総損失吸収力）の導入（G-SIBs向け）[4]
レバレッジ比率規制	・自己資本比率規制を補完するものとして、バランスシート調整を意識し、過剰なレバレッジを回避させるための新しい規制	・自己資本比率（TierⅠ水準） ・カウンターパーティー・エクスポージャー統制
流動性規制	・1カ月程度を想定した短期のストレスに耐えきれる流動性バッファー保有（LCR：Liquidity Coverage Ratio（流動性カバレッジ比率）） ・1年程度を想定した長期ストレスに耐えきれる、低換金性資産の削減（NSFR：Net Stable Funding Ratio（安定調達比率））	・店頭デリバティブのCSAに基づく担保授受（レバレッジ比率規制にも影響）[5] ・流動性ストレステストや外貨流動性リスク管理 ・適格流動資産保有によるリスクアセット増大防止効果
店頭デリバティブ改革	・決済リスク軽減のための中央清算化 ・中央清算できないものに関する追加資本賦課	・日次洗い替えによる担保授受の発生 ・連結ベースでのエクスポージャー管理
大口信用供与規制	・システミックリスク回避を目指し、大口の受信や与信に対して上限を設定するもの	・FSBデータギャップ対応

図1　金融規制とバランスシート構造への影響

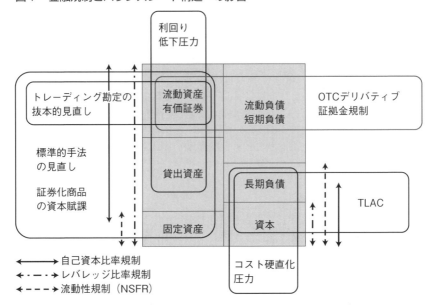

行で異なる内容となっていることはすでにご存知かと思いますが、大きな相違点として「その他有価証券の評価損益の取扱い」に関する違いがあげられます。その他有価証券の評価損益は、現行の国内会計ルールとしてはその他

3　信用評価調整（CVA：Credit Valuation Adjustment）とは、店頭デリバティブ取引を行う場合に取引相手方の信用リスク（カウンターパーティーリスク）が存在するため、リスクを勘案しない時価評価から当該リスク相当を差し引いてデリバティブの時価に反映させるもので、CVAそのものは取引相手方に関する期待損失に該当することになります。

4　TLACとは、FSB（Financial Stability Board：金融安定理事会）がG-SIBsに対して求めている大幅な損失吸収力の維持に関するものです。大きすぎてつぶせない事象を回避することを目的とし、一定の自己資本に加え、債権者向けに元本削減や株式転換を実施することで大幅な自己資本の毀損に備えることができる負債が対象となります。

5　ISDA-CSA：金融機関同士が店頭デリバティブ取引を行う際に、国際スワップデリバティブ協会（ISDA：International Swaps and Derivatives Association）がまとめた基本契約（ISDAマスター）を締結していますが、それにCSA（Credit Support Annex：担保条項に該当するもの）を付随させて、その内容に基づいて担保授受を行っています。

包括利益に該当し、国際基準行の場合は自己資本比率算出において評価損益は勘案対象となりますが、国内基準行の場合には対象となっていません。ALMの観点より、運用するべき資金を貸出等に充当できなければ、必然的に有価証券運用に充当され、貸出利息減少の補完として役立てることになります。

直近の日本国債発行残高を考えると、国債管理政策上においても、この評価損益を対象外とすることは大きな意味があります。絶対金利水準が空前の低金利となってしまった時代においては、もし金利が反転して上昇し、評価損失発生による自己資本比率悪化を懸念すれば、国債離れが進むことになります。自己資本比率算出において、国債の評価損益を気にしない国内基準行が存在することは、国債の安定消化に寄与することになります。また流動性規制のLCRにおいても、適格流動性資産の質的な部分で日本国債は最上位に位置づけられており、規制値算出の観点において流動性バッファーとして認められているので、こちらも国債市場の下支え材料と考えられます。

② レバレッジ比率規制

レバレッジ比率規制はもともと自己資本比率規制の補完的意味合いがあり、自己資本比率規制だけではエクスポージャーの増加等に対して歯止めが利かなかったことを課題認識し、バーゼルⅢで新たに加わったものです。計算式としてはTierⅠを分子項目、オフバランスを加えたエクスポージャーを分母項目としており、バランスシート上の影響を図として示すと自己資本比率規制と大差がないかたちで表現されます。

国内銀行はもともと欧米の金融機関に比べてレバレッジをかけていないといわれてきており、達成に関しては世界レベルで考えるとそれほど苦労はしないかもしれません。リーマン・ショック以降、「銀行は余計なことをせず、本業回帰するべきだ」という考え方があり、英国のリテール・リング・フェンスや米国のボルカー・ルール等、銀行の本業ともいうべき自己勘定取引に着目する動きが広まってきています。したがって、ALMの観点による

国債購入で長短ギャップをとるようなことは可能でも、本業から離れている株式売買や不動産投資での収益ねらいとなると、銀行ではなく他のエンティティでやるべきであるという方向性に変化しています。そのため、たとえばレポとリバースレポによる鞘抜きのような取引を拡大させて、不用意なかたちでバランスシート拡大をさせない限りは（マクロ的視点に基づく概念ではありますが）水準を維持することに本来大きな問題にはならないと考えられます。ただマイナス金利政策下における国内金融機関としては、収益確保のためのさまざまな施策によってエクスポージャーが増大する可能性はあるでしょう。

③　流動性規制（LCR/NSFR）

　流動性規制もバーゼルⅢで新たに導入された規制です。LCRは30日の短期ストレスを想定し、30日間の資金流出に耐えきれるだけの換金性が高い資産を保有することを意図したもの、NSFRについては１年程度のストレス期間を想定し、換金性が低い固定性資産を保有する場合には資本や長期負債でまかなうことを意図したものです。このためNSFRに関しては実質的に固定資産と資本＋長期負債のイメージで関係性を表現できますが（図１参照）、LCRに関しては負債から生じる資金のネット流出に加え、資金だけでなく担保の流出入も考慮するため、図１では表現しきれないことで割愛しています。換金性が高い資産に関しては基本的に流動資産になります。

　流動性規制に関しては、LCRとNSFRで考え方も対応内容も変わってきます。前述のとおり、LCRについては「短期ストレスに耐えきれる流動性バッファーの保有」を意図しており、NSFRは「換金性の低い資産をもつ場合は、長期負債＋資本でまかなうべきだ」という理屈になっているので、LCRはバランスシートを拡大させる可能性がある指標になりますし、NSFRは資本政策（TLACを含む）との関連性も考えなくてはなりません。

　流動性規制における国際基準行と国内基準行の違いという点において、先ほど「国際基準行はLCR算出において日次平均で算出する」という話があり

ましたが、国内銀行の今後のリスク管理においてより重要度が増してくるのは外貨流動性です。国内銀行では近年外貨建て資産が増加傾向にあるため、流動性管理やALM管理でその比重が増しています。特に国際基準行に対しては通貨別LCRをモニタリング項目として定めており、総負債の5％を占めている通貨に関しては、通貨別LCRの算出およびモニタリングが必要になります。国際基準行ではこうした規制の流れに呼応し、一部ではすべての通貨に関する資金繰り把握だけでなく、さまざまな流動性ストレステストを実施しています。

海外向け貸出等、海外業務強化を行うためには、こうした外貨流動性管理は必須となります。日米金利差拡大による外貨調達コスト増大は気になるところですし、貸出という観点では、リスクアセット計算もさることながら、適正スプレッドがどのレベルなのかといった問題も出てきます。この領域に入ってくればまさにRAFに関係する内容と直接関係することになり、リスク管理態勢だけでなく収益獲得も視野に入れた態勢構築が求められます。

④ 店頭デリバティブ改革ほか

店頭デリバティブに関する規制や大口信用供与に関する規制については、具体的に規制値を算出して統制するような内容ではないので、ガバナンスとして考えると、業務や実務運用をどうするかという色彩が強いものになります。

まず店頭デリバティブ改革に関しては、中核的な内容として、デリバティブ取引の中央清算化と、中央清算されないデリバティブ取引に関する資本賦課があります。まずデリバティブ取引の中央清算化については、カウンターパーティーリスク軽減のための施策であり、これ自体は本来望ましいかたちと考えられます。ただ現状では各国において中央清算できるデリバティブ取引にばらつきがあり、その結果プライシングにも影響しているという問題が発生しています。一方、証拠金に対する追加資本賦課のような話は、もちろん資本コスト負担の問題もありますが、市場流動性を悪化させる要因にもな

りえます。従前より国内では特定取引勘定を使って時価会計ベースでの収益獲得に使っているものの、コスト負担をまかなえているのか、コストを取引相手に転嫁できるのか、もしどちらもできないということであれば撤退するのか、といったことを検討しないといけなくなります。ただ特定取引勘定だけがデリバティブ市場に関係しているわけではありません。バンキング勘定の取引のヘッジツールとして使うケースもあります。デリバティブから撤退することはヘッジツールを失うことにもなりかねません。加えて、これまで貸出等とスワップ取引を組み合わせて収益をアップフロント化させてきたことを考えると、デリバティブ業務に否定的なスタンスをとることもむずかしいでしょう。こうしたことから、コスト負担に関する検証や市場流動性の変化に関するモニタリング、日次ベースで行われる証拠金算出とその授受に関する作業負担等が大きな課題になると考えられます。

　大口信用供与に関するガバナンスあるいはリスク管理という観点では、与信先だけではなく受信先もポイントになってくるという点が重要です。組織運営として与信集中リスクを軽減することはもちろん大切ですが、安定的な資金調達基盤もまた重要です。しかし与信であれ受信であれ、営業部店が所管している取引先を考えた場合、これまでの取引関係や経緯等をふまえ、なかなか思いどおりには統制できない要素が出てきます。大口与信先になるまでには相応の取引の歴史があり、株式の政策的な持合いもあったことでしょう。取引の１件１件の収益性が仮に低くても、ボリュームでカバーするという考え方もあったかもしれません。かつてはメインバンク制ということで、最後の最後はメインバンクが何とかするというような時代もありました。担当する営業部店の立場としては、「その大口先の貸出残高を減らすことは、部店の存在意義が揺らぎかねない」ということも意識されてきたことでしょう。こうした営業部店とのコミュニケーションを行いつつ、円滑な業務運営を行う方法を確立させることが経営課題となってくるため、場合によっては大口方針会議のような会議体の開催が必要となる可能性があります。

⑤ 業務への影響

　金融規制をどのように考えるかについて、実際の金融機関の立場からすれば、「コストや作業が増大する、業務上の必要悪のようなもの」ととらえられるケースが多いと思います。実際、金融機関内部においても、「規制対応が完了した」という話を聞いても、「規制値の統制方法まで理解でき、実際に統制できる態勢ができた」ということを意味しているのではなく、「規制値を算出することが可能になった」あるいは「当局検査に耐えられる水準になった」ことを意味しているケースがほとんどでしょう。本来規制導入の目的は正しく統制するための触媒的なものであって、規制値算出作業をすることではありません。

　規制という外圧によって正しく統制しようとするきっかけになったことは事実でしょうが、規制内容が徐々に確定するにつれ、統制する方法を考えることが重要になります。これまでは次々と見直しされていく規制の内容を追いかけるだけでとても大変でしたが、これからは内容を理解して規制間の関係性を整理し、より高度なガバナンス構築やリスク管理強化を目指すタイミングです。規制対応とコーポレートガバナンス強化は、業務分掌としては担当部署が分かれていたとしても、一体的に考えることができるかどうかによって、その対応能力に開きが出てくることでしょう。

　国内メガバンクグループではバーゼルⅢ導入を見据えたQIS（Quantitative Impact Study：定量的影響度調査）をいち早く実施してきたことで、こうした複合規制における各規制値の算出自体は可能ですが、それぞれの規制値を積極的な統制によってクリアしている感じはなく、最も効率的にすべての規制をクリアできる均衡点を見出している印象はありません。その理由としては、規制が次から次へと最終化されていることへの対応が優先されていることや、規制値を算出することが規制対応であって、規制値を効率的にクリアする規制値統制は規制対応とは別という考え方が強いためと推測されます。また縦割り組織の悪影響として業務や規制を横軸で見通す人もいないために、規制値をクリアするうえでの効率的な均衡点を見出そうとしていないと

も考えられます。こうしたことから、リスク管理部門の主導によって、ストレステスト等を通じた検証結果をみることで結果的に規制値がクリアされているか、あるいは各部門向けのリミットが遵守されるか、の確認を行っている状況であり、積極的なバランスシート統制や収益統制とは完全に融合していないかたちでのリスク管理高度化が進んでいます。

第2節　リスク管理業務のルーティーン化

(1) リスク管理業務の拡大

　リーマン・ショック以降の金融規制強化への対応事項は、その大半がリスク管理部門に密接に関係する事項であり、リスク管理部門の業務負荷がかなり増加したと考えられます。金融機関は「市場変化にさらされた業務を生業としている」を前提とすると、「リスク管理は毎日やって当たり前」になりますが、リスク管理部門だけが毎日行うべきものではないでしょう。職員全員が携わっている業務において発生しうるリスクを意識し、統制することを考えながら業務を遂行することが大切ですし、他の部門に影響を及ぼすような懸念事項であれば、情報共有しつつ回避や統制をしていくべきです。

　そのなかでリスクを全体的に見通すリスク管理部門としては、規制強化の流れに従って、日々の作業範囲が広がってきています。考慮するべきリスクの範囲が、業務の多様化や複雑化によってますます広まっており、いまではエマージングリスクという言葉も一般的に使われるようになりました。バーゼルⅠ公表当初は信用リスク、間もなく市場リスクが加わり、バーゼルⅡの段階でオペレーショナルリスクが規制値算出に関係するようになり、いまではバンキング勘定の金利リスクや、信用集中リスクのみならず、会計・税務やパンデミック、自然災害、ITセキュリティーに至るまで、業務運営に影

響を及ぼすと考えられるリスクを列挙するだけでも大変な時代になりました。ただこれまでもこうしたリスクがなかったわけではありません。「発生したらどうしよう」という発想から「発生したときの対処方法を決めておこう」という発想に変化してきたということです。そして心がまえの変化に伴って、分析や検証できるものがあれば試してみようという考え方が浸透し始めています。

　一方、規制強化の観点では、リスク管理業務をさらに深く掘り下げているという考え方もできます。ストレス事象に関しては、ストレステストを通じて耐えきれるかどうかをあらかじめ調査するというのが一般的な考え方でし

表2　流動性規制LCR算出におけるデリバティブの資金流出額

第5節　デリバティブ取引等に係る資金流出額（デリバティブ取引等に係る資金流出額）	（補足説明等）
第38条　第18条第4号に掲げる「デリバティブ取引等に係る資金流出額」とは、次に掲げる額の合計額をいう	デリバティブの資金流出に関しては、CSAが締結されている場合も想定し、信用極度枠の変化や担保時価の変動等まで想定されている
1　デリバティブ取引等の契約に基づく資金流出額	
2　デリバティブ取引等及びレポ形式の取引等の時価変動に伴う資金流出額	過去24カ月間での担保授受（差入れだけではなく受入れを含む）の最大額
3　格下げ等に伴う資金流出額	想定している格下げは3ノッチ相当
4　担保の価値変動に伴う資金流出額	担保価値の変動に際し、ストレスによるヘアカット率変化も勘案
5　超過受入担保に係る資金流出額	
6　未提供担保に係る資金流出額	
7　受入担保の差替えに伴う資金流出額	担保価値の変動に際し、ストレスによるヘアカット率変化も勘案

（出典）「流動性カバレッジ比率に係る告示案の公表について」（金融庁）の内容を一部抽出し、筆者がまとめたもの

たが、規制要件がストレス事象想定に変化してきているため、規制値算出作業そのものがストレステストを行っていることに近づいてきたということです。これについては流動性規制LCRの要件をみると理解できます（表2参照）。

　国際基準行向けでのLCRでは、日次平均を使用することが求められたため、おのずと日々LCRを算出する必要が出てきます。資金流出のごく一部としてデリバティブ関連の算出基準を掲載していますが、LCRはデリバティブ以外にも預金流出や金融取引におけるロールオーバー可否等、ストレス時に想定される事項を算出要件に盛り込んだ内容になっています。

　このように規制内容が徐々にストレス事象を想定した内容へと変化してきているため、国際基準行向けLCRのように日次ベースで算出が求められるものは、毎日ストレステストを実施しているようなものと解釈できます。想定する事象の内容が金融当局によって決められたものというだけであり、内容としてもかなり細かい要件なので、マンパワーだけではとても処理しきれない内容になっています。

(2) 複雑化する周辺環境とリスク管理

　近年リスク管理高度化を目指して切磋琢磨してきた金融機関は多いですが、一方では外部環境も同時に複雑化してきており、統制をしようと思ってもなかなかうまくいかないケースが出てくると思われます。日銀の金融政策でもそうですが、膨大な発行残高である日本国債が大量に中央銀行に購入されて市場流動性がなくなってきたことで、政策変更時における価格変動リスクの増大リスクは高まっていくと考えられます。新しい規制や制度、税制変更等は市場流動性を変化させる可能性があり、ボラティリティの急激な変化をもたらすことがあります。また社会の構造変化も新たなリスクにつながる可能性があり、統制するべき事項も変化する可能性を意識した業務運営を図っていくことになります。

　ここではこうした環境変化等についてのいくつかの例をあげ、マイナス金

図2 市場環境変化等の影響

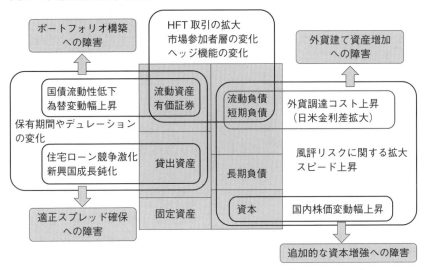

図3 財政破綻・テロ・地政学リスク等の影響

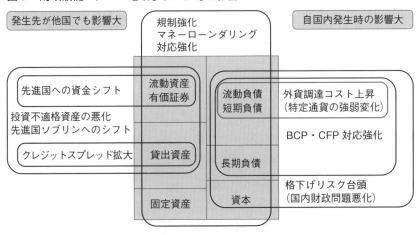

利政策と同様、バランスシート構造等にどのような影響を与えるかを整理したのが図2と図3になります。

リスク管理を行ううえで、マイナス金利政策に伴う波及効果や近年急速に

発達したHFT取引[6]等で市場が振り回されることが増えていますが、市場参加者の質も変化してきたことで、これまでの経験が当てはまらない市場の動きが出るようになりました。特に外国為替市場でのミセスワタナベ[7]のように、ネットトレード普及によって個人投資家が参入するようになり、金融機関の理屈が通じない参加者が増えたことで、市場予測もむずかしくなってきています。資金利鞘縮小に伴って資産の保有期間やデュレーションも変化してくるでしょう。中央清算化されるデリバティブ取引では、どこで清算するかによってプライスが異なる事象も発生しているので、従来のリスク計測方法や計測のためのデータ取得面で問題がないかは常に意識しておく必要があります。

　特に国際基準行にいえる話ですが、日本の財政問題をきっかけとした日本国債格下げは、今後想像以上の影響を与える可能性があります。海外市場での取引の比重が大きいほど、カントリーシーリングの関係から国内銀行向けクレジットラインが削減される可能性があります。カントリーリミット枠が削減されると、まず国内銀行向けクレジットライン総枠が削減されることになります。総枠が小さくなるなかで海外金融機関がこれまでの取引ボリューム等を重視したかたちで個別先クレジットラインの見直しを行うと、取引が少なかった国内金融機関にとっては、取引可能枠を残していたつもりがなくなってしまう可能性が出てきます。つまり情報取得においても、単に個別の取引関係だけを意識するのではなく、周辺を見渡すようなことを意識しておかないといけないでしょう。

6　HFT取引：HFTとはHigh frequency tradingの略で、超高速売買や超頻度取引と呼ばれており、コンピュータでの自動取引を行うアルゴリズム取引の1つです。きわめて短い時間で多くの注文を処理することで、最近では市場混乱の要因になっているという意見もあります。
7　ミセスワタナベ：外国為替証拠金取引における個人の小口の投資家の俗称で、FX取引を行い始めた日本人主婦層をはじめとする女性やサラリーマン投資家を語源としています。

(3) リスク管理高度化とデータ整備

　リスク管理業務は月次から週次、週次から日次とより短縮化が進み、リアルタイムに近いかたちでのデータ収集とデータ処理が必要になってきています。しかし数値をはじき出しただけでは作業は終わりません。本来行うべき分析や検証作業が後に控えています。日次化していくことは、リスク管理業務の本質からすれば望ましいことですが、国内銀行をみている限り、その作業負荷に見合った人員追加が行われているケースはあまりないようです。もちろん人員配置は企業としての最適資源配分の一環で行われるため、必ず追加されるものではありませんが、筆者の私的意見としては、リスク管理はとても重要だという考え方が浸透しているわりには人員が伴っていない印象です。

　いまから2年ほど前の話ではありますが、先進的といわれているある米系金融機関では、規制対応要員として全世界で1万人（ベンダー込み）という話を聞いたことがあります。また別の先進的な米系金融機関ではデータギャップ[8]対応のみで5,000人という話もありました。検証できるような話ではありませんが、国内メガバンクグループの場合、全規制・制度対応でカウントしても5,000人（ベンダー込み）に達するかどうかわかりません。もし準備段階からそれだけの要員格差があるとすれば、具体的に機能させるまでの所要時間はさらに差が広がる可能性もあります。しかし人数がそろっていなくても堪えている国内の金融機関は、世界と比較するととても素晴らしいものをもっていたのかもしれません。国内銀行は長い歴史のなかで、IT開発において勘定系との接続にはこだわってきたので、IT統制が強く意識されてきたという点がデータ面において優位な立場にあったということはいえ

---

[8] データギャップ：2011年10月にFSBが公表している市中協議文書「金融上の連関性の把握：グローバルにシステム上重要な銀行に対する共通のデータテンプレート」（原題：Understanding Financial Linkages: A Common Data Template for Global Systemically Important Banks）に基づき、システミックリスクの把握のため、G-SIBsを対象としてデータテンプレートの提出を求めているものです。

るでしょう。

 ではどうして米系の先進的な金融機関がそこまで積極的に規制・制度対応をしようとしたのでしょうか。もちろん本当の理由はその経営者クラスしかわかりませんが、可能性として考えてみると、

① 実はとんでもなくデータ整備等が遅れており、CCAR[9]やデータギャップ対応等、今後の業務運営に致命的になるくらい支障をきたす可能性が高かった
② 早々に対応を終わらせ、他の金融機関よりもいち早く収益確保といった前向きなエネルギーを出していきたかった
③ リスク管理業務をある意味で1つのビジネスチャンスととらえ、徹底的に規制を複雑化させていけばだれも付いて来ることができなくなると考えた

といった、ディフェンシブなもの、中立的なもの、アグレッシブなものが考えられます。①と②はさておき、恐ろしいのは③であり、もしロビー活動等を通じて金融当局にも働きかけているとすれば、規制やリスク管理の今後の方向性を牛耳るのと同じことなので、まさに世界の金融市場におけるリーディングカンパニーの名を絶対的なものにする戦略です。

 真実はともかくとして、筆者として③のようなことを考えてみたということは、世界のだれかが同じことを考えても不思議ではありません。少し発想を変えただけで、リスク管理業務も経営戦略の1つになりうるということです。少人数で毎日ストレステストをやるようなルーティーン作業は大変かもしれません。しかし③とまではいわなくても、②を考えるのは当然となってくるはずです。将来を見据えて「当然できている」という水準をどこまで引

---

9 CCAR（Comprehensive Capital Analysis and Review：包括的資本分析およびレビュー）は、FRB（米国連邦準備制度理事会）が示すシナリオに基づいて、米国の大手金融機関に対して実施しているマクロストレステストです。

き上げていくかということが、リスク管理業務において、そしてコーポレートガバナンス全体において勝負の分かれ目になってくるかもしれません。

RDA対応としてのデータ整備

(1) 実効的なリスクデータ集計とリスク報告に関する諸原則（BCBS239）

　RDA（Risk Data Aggregation）という言葉はご存知でしょうか。バーゼル銀行監督委員会が2013年1月に公表した「Principles for effective risk data aggregation and risk reporting」（BCBS239）というものがあり、金融庁ホームページでは「実効的なリスクデータ集計とリスク報告に関する諸原則」（以下、リスクデータ諸原則）として掲載されています。G-SIBs向けに策定された文書であり、銀行のリスクデータ集計能力や内部のリスク報告実務を強化することをねらったものとして位置づけされています。内容は表3のとおりであり、14の原則が示されており、そのうち原則12から14の3つの原則については監督当局向けになっています。

　実際の原文資料では各原則に関する補足説明等がなされており、たとえば原則2（原文資料では項目33）のところで「data taxonomies（データ・タクソノミ）」という言葉や、原則3（原文資料では項目37）では「dictionary（ディクショナリー）」という言葉も出てきます。少々乱暴な説明かもしれませんが、「単純に規制値やリスク管理を行うためのデータを整備して、求めたい数値を算出できればよい」という発想ではなく、「ガバナンス全体とデータは結びついており、生きたデータにするために、データ管理のあり方、データ管理責任者の設置、データ辞書の策定等を行い、経営管理を高度化させるツールとして利用できるようにするべきだ」という考え方になっています。

表3 実効的なリスクデータ集計とリスク報告に関する諸原則（概要）

項　　目	内　　容
原則1 ガバナンス	銀行のリスクデータ集計能力とリスク報告実務は、バーゼル委員会より示された（関係する）他の諸原則やガイダンスとの整合性を維持しつつ、強力なガバナンスのもとに置かれるべきである。
原則2 データ構造とITインフラ	銀行は平常時だけではなくストレス時や危機時においても他の諸原則を充足し、リスクデータ集計とリスク報告実務を十分にサポートするデータ構造とITインフラをデザイン・構築・維持しなければならない。
原則3 正確性と統合性	銀行は平常時やストレス時、危機時における報告の正確性に関する必要条件を満たすため、正確で信頼性の高いリスクデータを生成できなければならない。エラーの確率を最小限にするため、データは大部分が自動化された基盤によって集計されなければならない。
原則4 完全性	銀行は、グループ全体でのすべての重要なリスクデータを捕捉し、統合されるべきである。データは問題となっているリスクに応じて、ビジネスライン、リーガルエンティティ、アセットタイプ、業種、地域といった区分別でのリスクエクスポージャー、取引集中、エマージングリスクを特定できるようなグルーピングにて入手できるようにしなければならない。
原則5 適時性	銀行は正確性、統合性、完全性、適合性の諸原則を満たしつつ、リスクデータの合計と現在までの集計をタイムリーに生成することを可能にするべきである。具体的なタイミングは、計測されるリスクの性質や潜在的なボラティリティ、銀行の全体リスクプロファイルに対する重大性次第で決定される。また、具体的なタイミングはストレス時もしくは危機時において、銀行の性質と全体的なリスクプロファイルに基づいて決められた、銀行固有のリスク管理報告の頻度要件にも依存する。
原則6 適合性	銀行は幅広い範囲のリスク管理報告の一時的な要請に応じて、リスクデータ集計を生成できなければならない。それらの要請には、ストレス時もしくは危機時の状況のものや、内部的なニーズ変化によるもの、当局からの問合せに

	対応するもの、が含まれる。
原則7 正確性	リスク管理報告は正確かつ詳細に統合リスクデータを伝達し、正確にリスクを反映していなければならない。レポートはリコンサイルおよび検証されなければならない。
原則8 包括性	リスク管理報告は組織内のすべての重要なリスク領域を網羅しなくてはならない。報告の詳細さや対象範囲は、それを受け取る側の要請のみならず、銀行の業務の規模や複雑さ、リスクプロファイルと整合的でなければならない。
原則9 明瞭性と有益性	リスク管理報告は明瞭かつ端的に情報を伝達するものでなければならない。報告は内容を容易に理解できるものである一方で、十分な情報に基づいた経営判断を促すべく、十分に包括的でなければならない。報告は受領者のニーズに即して、有益な情報を含まなければならない。
原則10 頻度	取締役会と上級管理職(もしくは他の受領者)はリスク管理報告を生成し、提出する頻度を設定しなければならない。頻度要件は、健全なリスク管理と銀行全体の効果的かつ効率的な経営判断に資するうえでの当該報告の重要性とともに、受領者のニーズ、報告されるリスクの性質、リスクが変化するスピードを反映しなくてはならない。報告頻度はストレス時ないしは危機時には追加されるべきである。
原則11 提出	リスク管理報告は守秘義務を遵守しつつ、関連する当事者に提出されなければならない。
原則12 レビュー	監督当局は銀行の上記1から11までの原則の遵守状況を定期的にレビューし、評価しなければならない。
原則13 是正措置と監督手法	監督当局は、銀行がリスクデータ集計能力とリスク報告実務における不備に取り組む場合、効果的かつタイムリーな是正措置の要求を可能にする適切な手法とリソースをもち、使用すべきである。監督当局は第2の柱を含む一定範囲のツールを使える能力をもつべきである。
原則14 監督当局間の協力	監督当局は諸原則の監督とレビュー、是正措置の実施に関して、関連する他の法域の監督当局と協力するべきである。

(出典)「Principles for effective risk data aggregation and risk reporting」(バーゼル銀行監督委員会)について、筆者が和訳および加筆・修正したもの

このためリスクデータ諸原則対応を迫られた金融機関は、MIS（経営情報システム）構築をイメージしながら、あらためてデータ整備を見直す機会となっています。

ではこのリスクデータ諸原則対応として必要な一部としてデータディクショナリー策定に関する内容を簡単にご紹介しましょう。辞書というくらいですから、管理するべきデータの説明が当然必要になります。

たとえば市場リスク管理業務として計測されるVaRを想定します。辞書的に考えるので、仮に「市場VaR」という名称でもつけておきましょう。実際には市場VaRといっても、バンキング勘定に関する部分と特定取引勘定に関する部分が別管理されている場合もあれば、さらに特定取引勘定のなかでも現物とデリバティブで分かれているような場合もあるので、「市場VaR－バンキング」とか「市場VaR－デリバティブ」のような名称でもよいと思います。

次に市場VaRを算出するための原データがどこかにあるはずです。市場取引を管理しているシステムではVaRを算出できない可能性もあるので、その場合はいったん対象取引のデータを抽出し、どこかで加工するためのデータベースに移すことになります。最終的にはどこかにあるVaR算出ツールを使ってVaRが計算されます。

こうした一連の作業をフローチャート化する一方、SOX対応で行っている業務記述書のようなかたちで文書化します。このフローチャート表や文書においては、実際の作業内容がわかるかたちで算出頻度や担当部署、責任部署等が併記されます。こうしてデータディクショナリー「市場VaR」版がつくられ、同様に他の項目に関しても作成していくことになります。

この話だけでも、リスクデータ諸原則対応が膨大な作業になることは容易に想像できることでしょう。上記のようなディクショナリーに掲載される内容については金融機関同士の意見交換も可能かもしれませんが、仮に策定する場合の各金融機関の作業量には相当開きがあると思われます。ディクショナリー化されるべき対象範囲をどのようにとらえるかによって項目数に大き

な違いが生じ、その一つひとつにフローチャート表や業務記述書をつくることになるので、これから新たに着手する場合には気が遠くなるような話だと思います。

(2) リスクデータ諸原則を業務に生かせるか

　リスクデータ諸原則対応を行ううえで重要なポイントが出てきました。「規制・制度対応としてデータ整備を行うのか」それとも「もう一段進んだ経営管理を行うためにデータ整備を行うのか」という選択肢に対する対応方針の決定です。「リスクデータ」という言葉が鍵になっていて、「リスク管理や経営報告に使われるデータ」ということを基本とした考え方であると理解している人が多く、「収益管理についての話は別」という扱いをする可能性があるということです。先ほどMISという言葉が出てきましたが、MISとリスク管理や経営報告用のデータベースとは異なっている状況を前提とすると、リスク管理高度化やリスク管理に関する経営報告の迅速性等は進んでも、必ずしも収益管理とは結びつかないということになります。ただリスク管理高度化はこれまでも進められてきており、リスク管理委員会のような会議体向け資料や経営向け報告内容も多様化してきていることから、リスク関連データだけでの対応であったとしても、重要な経営指標の算出には役立ちます。収益関連データとの融合は決して簡単ではなく、またリスク管理部門が管轄しているわけでもないため、なかなかリスク関連データからもう一段持ち上げて高い目標を掲げることが進みにくい事情もあるでしょう。

　リスクデータ諸原則に関しては、もともとバーゼル銀行監督委員会が公表している内容のなかに、D-SIBsにも適用していくという話があります。このため今後は徐々にG-SIBsやD-SIBsに選定されていない金融機関でも、その内容を研究して自社に取り入れる方向性であると考えられます。もしきっかけがリスクデータ諸原則対応であるにせよ、本気で将来を見据えたデータ整備を検討するなら、積極的に行うべきでしょう。これまでリスクデータ諸原則対応に携わってきた方々も、具体的な利用方法についてはっきりとイ

メージができているわけではないという話をよく耳にします。データ関連に関しては別途本章第4節や第7章でも触れますが、IT開発の程度に応じて業務処理スピードと正確性、必要なマンパワー等の度合いがすべて変化し、場合によっては大きな経営転換を目指す際に致命的な問題にもなりかねません。データ整備水準に関しても、合併や統廃合等において、あまりに水準が低すぎると合併を回避される可能性も出てくるということです。合併等はしなくても、国内基準行から国際基準行への転換を目指せば、LCR日次化対応や通貨別LCR対応が降りかかってきます。経営転換をするためのハードルが高くなりすぎないようなデータ整備水準は意識しておくべきでしょう。そうしたデータ面に対する先進的な考え方があれば、格付維持のような統制しにくい事項に対しても1つの対応手段になりうると思われます。

第4節　データの有効活用

(1)　複雑化する社内データ

　近年はビッグデータがとても注目されており、これまでみえてこなかったさまざまな顧客の行動パターンがわかるといったような宣伝文句もあり、金融機関に限らず、なんらかのかたちで有効利用したいと考えている人はとても多いことでしょう。いざ分析段階に移行してみると、何か気づかなかったことを発見できたケースはよいのですが、特筆するべき傾向等が見つからないケースでは力が抜けてしまい、頭を抱えることもあろうかと思います。

　ここでは漠然と「データ」といっておりますが、まだここでは原データとも加工データとも特定していません。対象が異なることで内容も異なる場合（たとえば連結ベースと単体ベースでの数値の違い等）もありうるでしょう。原データは1つなのに2つに分かれることもありえます（たとえば1,200万円の

預入者がいて、ペイオフ範囲内と範囲外で分けた場合)。それぞれなんらかの理由で取得されているデータは、途中で必要に応じて加工・集積され、なんらかのかたちで決算や対外報告等に掲載される内容の一部を構成していることでしょう。

G-SIBsやD-SIBsの対象行の場合、これまでリスクデータ諸原則対応を進めてきているので、どちらかといえば原データや加工データを問わず、MISないしはそれに類似するリスク管理用ないしは経営報告用のデータベースがあり、そのデータベースからどのようなものを使って業務の高度化や効率化を進めるかという考え方になっています。

銀行の場合、取締役会や経営会議以外にもALM委員会やリスク管理委員会のような会議体が存在し、業務運営上に必要なさまざまな数値が報告されています。そうした経営陣も出席するような会議においては、経営陣がよく気にするような経営指標もあり、重要度が高いものは社内メール等で頻繁に報告するかたちへとシフトしていきます。少なくともこうした注目度が高い指標に関しては、ボタン1つですぐにアウトプットが可能なくらいまでの態勢構築を行うことは常識の世界になっていくことでしょう。重要な経営指標のダッシュボード化のイメージです。RAF態勢下では、ステートメント化された重要な経営指標が毎日モニタリング可能な状態になると考えれば、ダッシュボード化させることは、データの有効活用という点で1つのゴールイメージになると考えられますし、国内大手金融機関ではその方向性で動いている印象です(別途、何を重要な経営指標とするのかについて議論する必要はあります)。

(2) 単体統制・連結統制とデータ整備

銀行単体で考えるのであれば、こうしたダッシュボード化について、構築するという経営者の意思決定があれば大きな障害はないと思われますが、連結ベースとなると話は違ってきます。現在は決算も規制も連結ベースというのが前提であり、たとえば規制値はどのように算出されているのかから紐解

く必要が出てきます。

　国内メガバンクグループのケースでは、まず持株会社が存在し、その配下に銀行や信託銀行、証券会社等が存在しています。このような金融グループにおいては、特に銀行と証券会社ではストックビジネスとフロービジネスという違いがあり、規制値算出の1つの項目ですら考え方が合致しないケースが起こりえます。また持株会社においては、人員もIT予算も豊富ということであればよいのですが、どちらかが欠けていると、子会社への依存度合いも高まるため、データの集積方法や集積されるデータの質の段階から検討する必要性が出てくることになります。

　グローバルな規制導入・強化の過程では、規制要件を確定させることを目的としてQISが実施され、対象金融機関にはテキストとテンプレートが配布されます。リーマン・ショック後にバーゼルⅢの要件確定を行うために実施された初期のQISの段階では、初めて規制化される流動性規制やレバレッジ規制があったため、QIS要件に基づいて数値を算出しても、その結果が正しいかどうか検証できないような状況でした。それよりも、メガバンク級の大手金融機関の場合、銀行・信託銀行・証券会社といった業態の違いによる解釈の違いを整理する暇もなく、いったんはテキストとテンプレートを各社に配布したうえで、「まずは各社で計算してみる」という方法が最も無難な方法でした。グループ内の内部取引を考慮して集計することで合算ベースをつくりあげる発想です。この頃はまだリスクデータ諸原則対応という話も動きがない状況でもあったため、「単体ベースの合計が連結ベース」であり、「持株会社が関連データをすべて取得して持株会社で集計・算出する」という発想ではありませんでした。

　その後、リスクデータ諸原則や、FSBのデータギャップ対応、LCR日次平均という話が出てきて、報告までの迅速化や集計時間の短縮化が大きな課題になってきました。持株会社傘下の各社が作業をする、ないしは持株会社のほうで調整する、といったことを行う時間が不足するということです。そこで対応手段として浮上してくる方法が「原データを持株会社のデータベース

に集積させるとどうなるのか」ということになります。

　詳細は後述しますが、原データを単純に集積させても用をなしません。持株会社に加工ツールがあるのか、マンパワーは足りているのか、同一商品であっても（たとえば銀行と信託銀行両方から）異なるデータ項目となっているものを整理できるのか、等々、問題は山積します。さらに規制値をはじき出すための適切な識別項目の保持や、そこに至るまでのさまざまな定義に関する調整等を考えるだけでも膨大な作業が待ち受けています。

　しかし、こうしたデータを「どのように集積し、だれが加工するのか」という考え方は、連結ベースでのグループ統制方法につながっていくはずです。少なくとも単体ベースでは集計が可能であり、単体ベースでの統制はそれぞれが業務計画等を策定して努力するという、これまでやってきたかたちであるはずです。しかし単体統制であるこの方法では、グループであるメリットをある意味放棄している部分があり、どうしても効率化できない点が残ります。つまりデータの集積方法１つ考えるだけで、連結統制方法に影響を与え、持株会社の役割のあり方も変化させることになります。目指す統制方法とその組織のあり方次第で対応するべき事項も異なり、所要コストも変わってきます。組織として目指す方向性やゴールイメージを早期に策定し、ガバナンス高度化に向けて早急に動き出す必要があるでしょう。

第 2 章

RAFとは

最近国内メガバンクグループのディスクロージャーのなかでRAF（リスクアペタイト・フレームワーク）という言葉がみられるようになりました。金融庁の「平成27事務年度金融行政方針」のなかでも出てきていますが、まだ大手金融機関がようやく試験的に乗り出したという程度で、地域金融機関ではまだまだ水面下での検討段階というのがほとんどのようです。

　具体的に何をすればよいのかということがまだはっきりしていない状況ですが、コーポレートガバナンスをより高度化させるうえでは重要なものになってきます。そこでこの章では、国内金融機関の実状を意識しつつ、RAFを考えていこうと思います。

第1節　RAFの基本概念

（1）　RAF原則の内容

　2013年11月18日、FSBが「Principles for An Effective Risk Appetite Framework」（「実効的なリスクアペタイト枠組みに係る原則（最終報告書）」：以下、RAF原則）を公表し、最近ようやくRAFに関する書籍やレポート、セミナー等が散見されるようになってきました。現状国内金融当局からはRAFの定義や求められる対応内容等に関して具体的なガイドライン等は公表されておりませんが、RAFという言葉自体は少しずつ浸透してきているようです。

　このRAF原則では、重要な定義（Key definitions）として6項目あげられており、原則として4つの観点が公表されています（表4参照）。

　RAF原則そのものは対応するべき項目を列挙しているというものですが、本当にこうした内容を単なる文書的なレベルということではなく、業務運営のなかで機能させるというレベル感で考えると、業務分掌や業務運営方法の

表4 実効的なリスクアペタイト枠組みに係る原則

① 重要な定義（Key definitions）

項　目	内　容
リスクアペタイト・フレームワーク (Risk appetite framework)	リスクアペタイトが構築され、伝達され、モニタリングされる、方針やプロセス、統制、システムを含めた包括的アプローチを指す。RAFには、RASやリスクリミット、RAFの実施とモニタリングを監督する役割と責任を含む。RAFは金融機関に存在する重大なリスクを考慮する必要があるだけでなく、保険契約者や預金者、投資家、取引顧客を通じた風評にも考慮が必要である。RAFは金融機関の戦略と整合的である
リスクアペタイト・ステートメント (Risk appetite statement)	経営目標を達成させるために、金融機関が積極的なもしくは消極的な姿勢をとるリスク種類とその合計水準を文書化して示すもの
リスク許容度（リスクキャパシティ） (Risk capacity)	直近時点でのリソースに基づいた、規制資本や流動性需要、オペレーション環境（たとえば技術インフラ、リスク管理能力、専門的なノウハウ等）、公正な視点での預金者や保険契約者、株主、債券投資家等のステークホルダーへの義務といった制約条件を遵守できるリスクの上限
リスクアペタイト（リスク選好） (Risk appetite)	戦略目的あるいは事業計画達成を目的として、金融機関がリスク許容度の範囲内でとろうとするリスクの種類と水準
リスクリミット (Risk limits)	RASを、業務ラインやエンティティレベル、特定のリスクカテゴリー、集中度合い等で細分化するため、フォワードルッキングな仮定による定量的な方法（によって設定される限度）
リスクプロファイル (Risk profile)	ある時点における、金融機関のグロスもしくは（適切であれば）ネット後のリスクエクスポージャー（リスク削減策勘案後）を、フォワードルッキングな仮定に基づいてリスクカテゴリー別あるいはリスク横断的に集計したもの

② 原則（Principles）

項　目	内　容
実効的なリスクアペタイト・フレームワーク （Risk appetite framework）	(a) RAFを共有化できるプロセスを社内で確立するだけでなく、ステークホルダーとの共有も行うこと (b) 取締役のトップダウンによるリーダーシップと、各階層でのマネジメントが関与するボトムアップによるプロセスを通じて、リスクアペタイトが組織内に浸透し理解されていること (c) 組織のリスクカルチャー醸成としてリスクアペタイトの浸透を促進すること (d) 適切なリスクテイクの機会を評価し、過度なリスクテイクに対する防御的機能を果たすこと (e) RASがリスクに関する活発な議論を促進するツールとして利用されること、またRASを根拠として、取締役やリスク管理部門、内部監査部門が経営陣による意思決定に対して（異論を含めた）議論を活発化できること (f) 全体のリスクアペタイトの範囲内において、（しかるべき決裁権限での承認を前提とした）各部門等からのリスクリミット枠増加要請等、周辺環境変化に順応できるようにすること (g) 金融機関として直接的な統制対象ではないものの、リスクとなりうる、子会社や外部委託業者を含めた活動や業務、システムもカバーすること (h) 当原則と整合的であること
実効的なリスクアペタイト・ステートメント （Risk appetite statement）	(a) 金融機関としての戦略や事業計画において、それらの承認時点における（背景となった）重要な情報や仮定を含めること (b) 金融機関の短期的・長期的な戦略や資本・財務計画、ならびに報酬プログラムとの結びつきがあること (c) 顧客（預金者や保険契約者等）や株主といったステークホルダーの利益ならびに資本やその他規制要件をふまえたうえで、金融機関が経営戦略や事業計画を達成させるために許容できるリスク量

		を示すこと
		(d) リスクアペタイト、リスク許容度、リスクプロファイルをふまえ、各リスクやリスク合算に対して進んで受け入れられる最大の水準を設定すること
		(e) リスクアペタイトやリスク許容度に対するリスクプロファイルを測定できるようにするため、合算・分解することによって、事業部門や法人、グループ向けのリスクリミットに置き換えられるような定量的尺度を含むこと
		(f) リテール・ホールセールといった業務区分ごとで、市場での風評リスクやコンダクトリスクを統制する定性的な内容を含むこと、またこうした計量化が困難なリスクをモニタリングできるような限度や指標を設定すること
		(g) 各事業部門や法人における戦略やリスクリミットが、全社的なRASとの整合性が保たれること
		(h) フォワードルッキングな視点で、どのような事象によってリスクアペタイトやリスク許容度を超過するのかを把握できるよう、シナリオ分析やストレステストを活用すること
リスクリミット (Risk limits)		(a) リスクリミット超過や重要なリスクの顕在化が発生するような事態においても、ステークホルダー等の利益をふまえて決定されているリスクアペタイトの水準を遵守できるリスクリミットを設定すること
		(b) 各事業部門や法人等で設定され、収益や資本、流動性、その他関連する指標（成長、ボラティリティ等）で示されること
		(c) カウンターパーティー、業種、国・地域、担保種類、商品といったさまざまな視点における、グループ全体から各事業部門、法人別でのリスク集中に関する記述を含むこと
		(d) ベストプラクティスやベンチマークを参照するような内容であっても、同業他社の内容と合致するものや、規制上のリミットを直接参照しているものではないこと

		(e) 極端に複雑、あいまい、主観的な内容ではないこと (f) 定期的にモニタリングされること
役割と責任 (Roles and responsibilities)		（取締役会） (a) CEO、CROとCFOと共同で開発した金融機関のRAFを承認し、それが金融機関の短期および長期的な戦略、業務・資本計画、リスク許容度だけでなく、報酬プログラムとの一貫性を維持確保させること (b) リミット超過時でのタイムリーな識別や管理、エスカレーションを含めた、RAFの整合性維持のための責任をCEOやシニアマネジメント層に課すこと (c) 年度事業計画が承認されたリスクアペタイトと整合的であること、また報酬面に関しても整合的であることを確認すること (d) 合併、買収、および事業部門や製品の成長に関する決定を含む戦略的議論にリスクアペタイトの評価を含めること (e) コンダクトリスクといった定性的な指標を含め、あらかじめ合意されているリスクリミットやリスクプロファイルの内容と実際の状況を定期的にレビュー・モニタリングすること (f) リスクリミット超過時での適切な対応を行うための議論や監視をすること (g) （もしある場合）承認しているRASの範囲外での活動に関するシニアマネジメント層への質問を行うこと (h) RAFに関するデザインや有効性、監督当局の期待対比に関する独立した評価（内部評価者、第三者もしくはその両方）を実施すること (i) RASの内容やリスクリミット超過等の重大なリスクエクスポージャーの軽減をシニアマネジャーが迅速に行える仕組みとなっているかを確認すること (j) リスクアペタイト水準に関する重要な変更、監

	督当局の期待を含めた、リスクアペタイトの継続的なモニタリング態勢構築に関する議論を行うこと (k) 承認されているRAFの範囲内でオペレーションを行うための、リスク管理部門や内部監査への資源配分と専門知識が十分かどうかを確認すること (l) タイムリーかつ正確なリスク管理に関する識別、計測、評価、報告を可能にするITやMIS（経営情報システム）の構築を確認すること (CEO、CRO、CFO、事業部門、内部監査に関する事項は割愛）

（出典） FSB「Principles for An Effective Risk Appetite Framework」(「実効的なリスクアペタイト枠組みに係る原則（最終報告書）」をもとに筆者作成

　検討という次元ではなく、経営者から従業員まで社内教育のやり直しが必要になるでしょう。何を勉強するべきで、だれが教えられるのかも特定できず、関係する部門のメンバーが分担して講義することもできるのかもしれませんが、逆に考えればRAFを網羅的に理解して教育できる人がいないという話にもなります。一方でRAF原則を細かく読んでいくと、いままで行ってきたことが書かれている部分もあり、追加的な対応が必要なのかどうかも判断がつきにくいという印象をもつ人が多いのではないでしょうか。

　RAF原則対応という範疇で考えると、国内銀行の場合、他の規制対応と同じようにRAF原則内容を直接的にとらえ、できている事項とできていない事項の○×△（まる・ばつ・さんかく）づけという手順を踏みたくなると思いますが、おそらくその対応方法を行っても機能はしないでしょう。たとえば完璧だったと思っていたITシステムにおいて、まさかのマイナス金利政策が実施されたことで前提が崩れたような話と同じで、一定条件下ではクリアしているようにみえても、別の条件下では機能しないような話が出てくると推測されます。個別項目をとらえるよりも網羅的にとらえて組織が有効に機能するという観点で考えたほうがよく、その意味ではボトムアップ的なアプローチではなくトップダウン的なアプローチが必要になるでしょう。

(2) RAF原則におけるポイント

① RASの策定

このRAF原則では、これまでのコーポレートガバナンスのあり方と比較してポイントがいくつかあると思います。まず1つ目はRASを策定する必要があることです。経営目標を達成するために、どのようなリスクに対して積極的で、どのようなリスクに対して消極的なのかがわかるかたちで示す必要があるということです。これは当然ステークホルダーには説明が必要となる事項でしょうし、あらかじめステークホルダーと意思疎通をしておかないと、ステークホルダーからの信頼獲得ができずに株式市場で売りを浴びることにもなりかねません。

RAF原則を額面どおり受け取れば、ステークホルダーは当局と株主以外の預金者等にも及ぶ話なので、事実上公明正大に世の中に示すような話になります。現状先進的な欧米の金融機関の開示内容で詳細なRASの内容を確認することは困難ですが、セグメント情報の充実に伴って部門別資本賦額とそのパフォーマンスの情報開示が進む可能性があります。今後そのようにRASや重要な経営指標が世の中に広く示されるようになれば、経営者のコミットメントという位置づけでとらえられることになります。つまりステークホルダーのみに対してコミットするつもりでも、万人の目が光っている状況になり、達成できなければ自社の風評リスクだけでなく、経営者自身の首も危うくなる可能性があります。経営者としては結果次第で自分の将来が変わりうるとなれば、おのずと自分が気にする重要指標はみたくなります。

一方、広く世間に内容を知らしめるということは、当然内部の社員にとってはより深くその内容を知る必要があります。プレスリリース資料のように、一般向け資料と同じものを社員自らみに行かないといけないということでは、ステークホルダーの問合せにも対応できないどころか、自分が担当するオペレーションにも影響を与えることでしょう。きちんとRASの内容や決定経緯、背景となる根拠資料等を知らないと、従業員やステークホルダー

としては、経営者が目指す方向性が理解できないかもしれません。大企業にはよくある話として「自分の会社の重要情報を新聞の一面で初めて知った」ということがあり、何でも社内で共有化できるものではありませんが、経営方針や業務計画内容が明らかになっていないということでは問題です。

② リスク許容度とリスクリミット

ポイントの2つ目としてはリスク許容度とリスクリミットに関する事項でしょう。現行の業務計画策定において、ポジションリミットや損失限度、資本配賦額等は半期ごと等できちんと決定されており、実務的にもその運営方法で走っていると考える方は多いことでしょう。それゆえ「特に目新しいことをする必要があるのか」と疑問をもつ話はよく耳にします。RASと整合的である必要はありますが、日本の金融機関としては、RAF原則から大きく外れたガバナンス態勢ではないという印象をもっている方は多いと推測されます。

しかしそれほど簡単な話であれば、国内金融当局もわざわざ金融行政方針に掲載せず「現行のままでよい」というスタンスになるはずです。もちろん監督するという立場で考えれば「RAF態勢構築に関するガバナンスとしての最低水準をどこに置くか」といった調整は必要ですし、そのためにたくさんの金融機関事例を知る必要があるので、当局の姿勢を示すまでに相応の時間がかかります。これまで国内金融機関は、規制や制度対応において当局スタンス待ちの姿勢を基本としてきましたが、それよりもRAF原則の本来の意図とすれば、国内金融当局として考える最低水準が示されるかどうかはあまり関係なく、「まず自分たちとしてどうしたいのかを考える必要があるのではないか」と気づくことが重要です。「当局からの最低水準が示されるまでは大きく事を動かさない」という待ちの姿勢でいることは、これからガバナンス態勢を高度化させるうえで後れをとることになるでしょう。

これまで行われてきたリミット設定や資本配賦に関し、RAF態勢ではどのように変化すると考えるべきでしょうか。リスクリミットを考えるうえで

はまず損失限度という考え方を重視しており、たとえば市場性商品であれば評価損益（変化）はポジション量（センシティビティー）×価格変動幅で表されることから、ポジション量としての限界点と想定される市場変動幅（損失限度に抵触する市場の位置）を想定することになります。RAF態勢ではまずリスクアペタイトを設定するということが求められるので、ポジション量がまず決められることになります。しかし実務運営としては損失限度に抵触しないことが重要なので、ポジション量（上限）だけでなく価格変動幅も考慮する必要があります。価格変動幅をどのように想定していくかがRAF態勢において重要な意味をもちます。また厳密には、損失限度を算出する計算手法において保有期間も関係しているので、リスク管理上の保有期間と実際の保有期間とのミスマッチが起こりうることも認識することが必要です。

リスク許容度は、リスク管理や収益獲得もそうですが、経営上の能力的な限界を知る必要があって、そのうえで本来のリスクアペタイトを決定することが理想になるため、業務運営上におけるさまざまなリスク管理態勢に関する自己評価を行わないと、本来のリスク許容度は理解されていないと解釈される可能性があるでしょう。データ整備に関してもリスク管理同様、日次でモニタリングしたくてもできないということがあれば、それも経営上の能力的限界です。日次ベースではそのリスク量が計算できない事態が起こる可能性があることに対して、経営者としてそのリスクテイクを行うのかを決めていくことができる態勢構築をしないといけません。

③ 業務計画とリスク運営

経営者としてどのリスクを選択するかの例として考えてもよいのが3つ目のポイントです。リスクアペタイトと実務運営です。一般的に年度や半期で業務計画を策定する際に、資本配賦額やポジションリミット、損失限度といった内容を定め、収益目標を設定します。資本配賦やリミット設定は収益部門の業務運営上の制約条件となりますが、疑問点として出てくることは「目標設定と制約条件だけを示して、ねらった収益が本当に獲得できるの

か」ということです。たとえばRASにおいて「バンキング勘定の金利リスクに重点を置いて収益確保を目指す」というような内容を盛り込んだとしましょう。「RASにも盛り込んだから、（バンキング勘定の）債券部門の方々、頑張ってください」というだけでは丁半博打をやれといっているようなものです。目標設定の尻たたき効果が万能であり、実際に収益部門の人が全員スーパーマンであれば目標達成は実現するのかもしれませんが、そうでなければとても正しい会社統制とは思えません。

では何が欠けているのかを考えましょう。そもそも収益目標はどのように決められたのかを知ることから考えてみましょう。よく聞く話としては「どこからともなく「来年度は3,000億円の収益が欲しい」という天の声が聞こえてきて、経営企画部門が各収益部門にヒアリングしつつ合計を見積もると2,700億円にしかならず、残り300億円は適当に割り振った」というようなものです。あるいは、「今年度実績が2,800億円なので、前年度＋αとして3,000億円というかたちにした」ということでしょう。少なくとも後者については、「前年度実績±αとして、さまざまな環境認識を考慮して調整した」結果であればまだよいのですが、「前年度実績＋α（根性）」であれば、進めてきたリスク管理高度化との整合性はありません。

最近出始めたRAFに関する書籍やレポートについては、筆者としてもなるべく目を通していますが、こうした収益面に関する事項は（少なくとも日本語では）ほとんど出てこない印象です。時々目にするのは「RAF態勢下では、一定量のリスクをとり続けるよう、下限設定を検討する」というような考え方を示した資料ですが、下限を設定したとしても、収益部門からみれば単なる制約条件です。これがなじまないのは、バンキング勘定としては「好んでポジションを残しているわけではなく、会社の意思決定に基づくポジションである」ということであり、特定取引勘定であれば「目標達成すればポジションはクローズする」という考え方なので、単純に下限設定をしたとしても収益統制的な概念には近づかないと思われます。

コーポレートガバナンスとして収益目標設定方法を考える場合、リスク管

図4　RAF態勢構築（概念図）

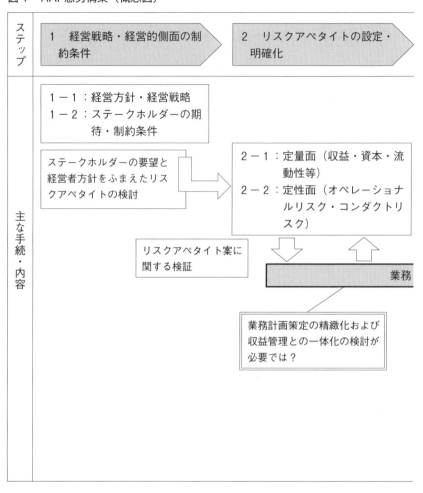

理先行型でとらえると、たしかに制約条件と収益目標を設定するという考え方は成立すると思いますが、収益期待型でとらえると「本来の収益力」と「収益目標」との乖離がもっと議論されるはずです。乖離の発生理由の1つが業務運営上のさまざまな制約条件ということですが、ほかには外部環境変化、マンパワー、法律や会計・税制等の制度変更のようなさまざまな要因が

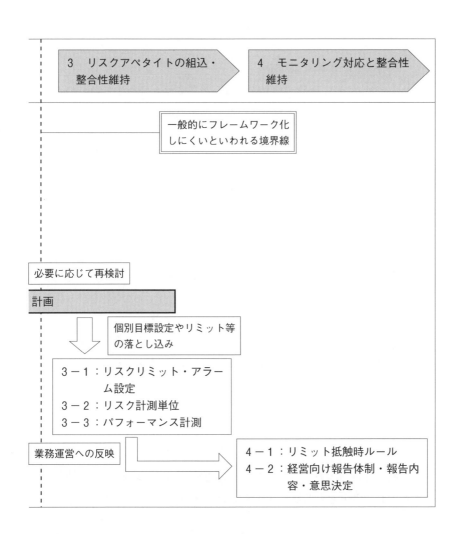

あげられます。こうしたことを考慮して「収益目標＝本来の収益力±α」が成立するはずです。予想最大損失額を算出するのであれば、期待収益も算出する文化があってもよいはずで、「シナリオ1に基づく期待収益は2,500億円」を発射台として、「環境変化にあわせたポートフォリオ組換えを早期に実施できれば2,700億円まで増加」ということを考え、実現可能かどうかを

議論するというのが収益目標設定高度化の第一歩でしょう。

④ RAF態勢と業務計画策定

　こうした内容をふまえ、RAF態勢構築として概念図をまとめたのが図4になります。RAF原則に従って一つひとつの事項をつぶしていくことは、概念上の解釈の問題もあってむずかしいと考えられるため、この本のなかでは理解を深めることに主眼を置き、「業務計画の精緻化と遂行」という点を中核的なテーマとしてガバナンス強化を目指す内容としています。「何をやればよいのかわかりにくい」という意見があるなか、これまで行ってきた業務運営に照らし合わせ、どのような工夫をして改善していくかを考えていくことになります。

　RAF態勢構築において、一般的には業務レベルへの落とし込みがむずかしいといわれています。実験的にRAF態勢下での業務運営を初めて行う場合、RASを設定する行為自体は（経営者への説明を経て）比較的スムーズに理解されますが、各部門へのRAFの浸透や資本・収益管理といった点ではなかなか浸透せず、悪戦苦闘するような話を耳にします。資本配賦やリスクリミット設定自体は行われていても、収益部門としてはこれまでの経験として受けている部分があり、自助努力で何とか目標達成しようと思いますが、特に営業部門では管理会計上で評価されやすい事項があると、そちらに精力を注ぎがちです。そこで次節以降で、ガバナンス高度化の一環として業務計画策定段階から見直すことを考えてみましょう。詳細は第3章で説明しますが、その前段階を考えてみることにします。

第2節　RAF構築に向けた事前検討

(1)　第一ステップ

　RAF態勢構築において、RAF原則を額面どおり受け取って導入しようとしても、どこまでできているかの事前評価すらむずかしいことでしょう。企業の規模も違えば社風も違いますし、目指しているものもまったく同じということはまずないので、仮に他社事例を研究したとしても、それが自社に当てはまるかどうかわからないということが相対評価をむずかしくしており、また絶対評価という観点で評価できるのかといえばもっとむずかしいという心理が強く働くと思います。

　そこで1つ実験的な話ですが、たとえば部店長会議のように、経営者と各部署の部長クラスが集まるミーティングの事前課題として、「自社あるいは担当している部署における、業務運営上のリスクを列挙し、当面の環境変化を予測してどのようにするべきかを述べなさい」というようなアンケート実施を検討したとします。

　上級管理職であれば、本来担当業務の方向性や抱えている問題くらいは理解しているはずというのが当然の期待値です。実際に集まってくる回答がどのようなものになるのかわかりませんが、なんらかのかたちで計測を行っているリスク事象だけでなく、計測がむずかしい事象も出てくれば、モニタリングするべき事項も追加・整理することができるかもしれません。加えて、注力するべき業務や方向性、対応に必要なリソース等に関しても何か得られれば儲けものです。しかし逆に目新しい話が何も得られなければ、RAFを浸透させるには相当苦労することも理解できると思います。何も出てこないようであればガバナンス高度化においてボトムアップアプローチは絶望的になるからです。

第2章　RAFとは

組織理念の検討であれば経営者が考えればよいという考え方が成立するのかもしれませんが、RAF原則を額面どおり受け取れば、環境認識や注力業務等に関して意見交換されることが必要になります。注力業務に関する可能性はおそらく机上分析だけでは理解しきれない部分があり、実感を必要とします。直接の担当部署ではなくても、関係部署であればまた違った視点で意見が出てくる可能性もあります。これが実験的なアンケート実施の本来目的です。問題意識を共有し、会社をどの方向に向け、どういった分野で存続を図るのかの議論をさせることが第一ステップになっていくのです。

　ただ、当然それだけではRAF態勢構築の社内方針決定にはなりません。RAF態勢構築のためにどうすればよいのかを考えるのがこの節でのメインテーマです。経営者の意見なくして成立はしません。ですから、上級管理職から出てきた問題意識に対して、経営者がそれぞれどのような意見を述べるのかを知り、経営者から出てきた意見をもとに、経営者なりの業務や会社全体の方向性を示してもらうことが大切です。

　しかしRAF態勢構築を掲げ、ある経営者に対して「やりたいことを教えてください」といきなりいっても、クリアな回答が出てくるかどうかはわかりません。また意見が出てきたとしても、各経営者によって意見が異なる場合もあります。従業員という立場では「経営者から明確なメッセージが欲しいし、それをいえるからこそ経営者」と考えるかもしれませんが、経営者からすれば「RAFという知らない言葉が出てきた」ため、少なくともRAF原則内容を把握しない限り、「君たちを信じているから任せるよ」ということになりかねません。つまり経営者に対するRAF原則に関する（最低限の）教育がまず先行し、理解されてはじめて態勢構築のための社内検討が始まることになります。

　いずれにせよ、RAF態勢構築は一朝一夕でできあがるものではないため、初期段階でのアプローチ方法を考えることになります。経営者向けの（最低限の）教育がまず必要となるため、まずは関係部門の結束が必要になります。通常であれば経営企画部門、財務企画部門、リスク管理部門といったと

ころが中核的立場と考えられます。業務分掌にもよりますが、一般的には経営企画部門は社内態勢構築の観点、財務企画部門は規制対応やALM運営、管理会計といった観点、リスク管理部門はリスク管理の観点で関与は必須です。

　次に材料が必要になります。ここでいう材料は本来であればRAF原則であり、広義の規制・制度対応ともいえますが、話がとても大きすぎるので、ある程度的を絞る必要があるでしょう。それが恒常的に行われている事象と結びつけられれば、経営者に理解されることにそれほど時間は要さないはずです。そこで1つ材料になりうるのが「重要な経営指標のダッシュボード化」のようなものです。「重要な経営指標」と一言でいっても範囲はすごく広いので、経営者がALM委員会やリスク管理委員会のような会議体で気にしそうな指標からスタートしてもかまいません。バーゼルⅢの規制値（自己資本比率、レバレッジ比率、LCR、NSFR）や、貸出残高や預金残高の増減でもよいでしょう。要はそうした重要な経営指標をいつでも確認でき、報告できる態勢をつくりあげることをイメージするということです。経営者はステークホルダーとも近いはずなので、ステークホルダーが気にする指標も当然候補になります。

　こうした重要な経営指標が徐々に増えてくると、現状では月次や週次レベルでの算出しかできないという指標が出てくるはずです。その算出頻度を短縮化するためには何が必要かを考えることにつながります。抽出した指標の定期的な算出がどうしても無理ということであれば、代替的な指標の検討も行われるでしょう。RAF態勢構築の初期段階において最も重要なことは、こうした内部での議論を重ねることで経営者の意図を徐々に明確化させ、それをどうやって業務に反映させるかを検討することです。経営者も最初から的確に「重要な指標は○○である」とは言い切れないでしょう。また重要な経営指標候補を考えていくうえで「データがどうしてもそろわない」というような課題も共有されていきます。

(2) 第二ステップ

　重要な経営指標検討での経営者と中核部署間での議論が進めば第二ステップへ移行します。具体的なRAS策定とモニタリング対応の検討です。RAS策定といってもあくまで実験的なものであり、まだ対外的に公表するかたちで行うものではありません。「仮にRASを定めた場合において、業務運営にどれだけ影響するのか」を調べてみようということです。重要指標の数値算出も同様にモニタリングしていき、そのまま問題なく半期や年度が終わるのかを確かめていく作業を行います。

　想定する重要な経営指標候補のなかには、事情変更があった場合に、有効に機能しなくなるものが含まれる可能性があります。たとえば部門別収益ラップをモニタリングしているとしましょう。何もなければ問題なく終えるかもしれませんが、期中にどこかの部門が損失限度に抵触し、新規リスクテイク停止とした場合、収益目標見直し作業が発生して目標設定変更となるかもしれません。もし個別の部門や業務に関する収益についてRASで触れていたらどうなるでしょう。ステークホルダーへの説明はもちろん、方針そのものを変更することにもなりかねません。そうした場合、RASも再度見直しとなり、下手をすると風評リスクにもつながります。実験的に行う意味は、このような事態をどこまで想定し、実際に発生したらどのように対処するのかを考えるきっかけになるのです。このようなシミュレーションを行っていくと、RASとして記述できそうな内容と不向きな内容、あるいは方針決定で何を重視するべきかのポイントが絞られます。

　これまでの国内銀行における業務運営では、貸出の伸び悩みを市場運用で埋め合わせるようなことが多くみられました。具体的にそれに伴って業務計画を見直す作業を大々的に行うケースは少なかったと推測されますが、RAF態勢が機能し、もしRAS上で業務別収益のようなものが掲げられていれば、取締役会が開催されて業務計画が見直され、RASも書換えが生じたはずです。近年は過去に起こった事象だけではなく、将来発生するかもしれ

ない事象をふまえたリスク管理態勢を目指しているので、RAS策定に関しても当然先を見通して考える必要があります。こうしてRAS策定までの道筋がみえてくれば、態勢構築に向けた事前準備はいったん終了し、実働させるために不足しているもの（データ整備や社内啓蒙活動等）に対処していくステップに入っていきます（RASの文案の検討に関しては第3章第6節参照）。

第3節 RAFと収益統制の重要性

(1) リスクと収益の融合とは

　前節での重要な経営指標を考える場合、収益という概念が加わってくることは容易に想像できるでしょう。儲けるためにリスク管理を行っており、会社を存続させるためにガバナンス高度化を検討するのであって、会社の存続のためには持続的な収益獲得が必要になるからです。具体的な収益目標を記載するかどうかはともかく、何に注力して収益獲得を目指すのかについては、RASに限らず、中期経営計画や単年度の業務計画でも間違いなく盛り込まれるはずです。ところがリスク管理に関するさまざまなデータはリスク管理部門に集積されていて、収益面での数値は企画部門に集積されていることが多く、「リスク調整後収益」を瞬時に算出するようなデータベースが存在していないということが起こってくるはずです。このため、リスクの数値と収益の数値をどうやって融合するのかを考えていく必要があります。

　一般的にはリスク関連の数値に関してはリスク管理部門で算出・モニタリングしていて、収益関連は企画部門がみているかたちです。組織が細分化されていると、融資業務と市場業務それぞれの企画推進部門がそれぞれの部門の数値をまとめているケースが多く、各企画推進部門から最終的に経営企画や財務企画に集積されていくようになっています。この集積される収益とい

うのは、基本的に国内会計基準に従った収益であり、貸出であれば受取利息や各種手数料等、市場部門であれば、バンキング勘定（債券）はクーポン収入、特定取引勘定（債券）は値鞘を中心とした時価会計ベースでの収益把握となります。

　RAFを語る前に、先ほど出てきた「リスク調整後収益」について整理してみましょう。保有資産に関するリスクを計測するということは、すなわちその資産がいくら損失を生じる可能性があるのかということなので、「リスク管理は基本的に時価会計に近い発想で行われる」ということになります。国際基準行の場合はバンキング勘定の有価証券の評価損益が自己資本比率算出において考慮されることからも、国内財務会計とは差異があります。ということは「リスク調整後収益」というのは、「Accrual会計ベースの収益から（時価会計ベースでの）リスク相当分を差し引いて算出するのか」という、会計ミスマッチが起こったような話になりかねません。現状、国内銀行が使用している1つの例として、所有期間利回り的発想で期中の収益を使うことがありますが、この場合では評価損益の概念が考慮されないため、自己資本比率を意識した指標が別途必要になります。

　一方で、もともとバーゼルⅢ規制案策定段階において、そのポリシーとしては「財管一致」ということが目指されてきています。初期のQISにおいても、「財務諸表等から規制値算出までの数値の整合性が維持されること（が理想）」という話がありました。この概念を忠実に受け取るのであれば、国内銀行のリスク管理は国内会計に準じた方法で行われるべきということになりますが、バンキング勘定の場合は評価損益がP/Lとしては出てこず、その他有価証券における評価損益は資本勘定での調整（損益計算書上では「その他包括利益」）となります。規制値算出においては原則時価ベースになってきているので、「リスク調整後収益」をモニタリングするのであれば、収益そのものの概念から議論する必要があります。仮に全面的に時価会計というような発想にするのであれば、財管不一致がとても大きくなるので、不一致の内訳管理が必要になるでしょう。国内会計基準に全面的に合致させる管理会

計を目指すかたちであれば、仮にIFRSへの移行のような国内会計基準の方針変更があると、評価体系を再度見直す必要が出てきます。こうして「リスク調整後収益」という言葉が概念上は理解できても、実務として落とし込む段階においてはひと工夫しないといけないでしょう。

(2) RAF態勢と収益管理

　こうした収益の概念整理とパフォーマンス評価方法はRAF態勢において密接に関係します。会計ミスマッチのような話に関しては、経営方針として「〇〇を評価軸としてそのパフォーマンスをみていく」という具体的な期中パフォーマンスの測定ルールを明確にしないと社内が混乱します。おそらくこうした判断基準や評価基準の軸となるものは、その一つひとつがRASとして必ず記載されるというものではありませんが、ガバナンス高度化ならびに意思疎通活発化という点で重要な意味をもってきます。

　管理会計の本来の目的は「会社全体を意図する方向に向けるために、評価上の優劣をつけることによってその力を引き出す」ことです。財務会計は「一定ルールに基づき、会社組織全体の力を見極めるための尺度」として使われるものであるので、管理会計と財務会計が本来一致する必要はありません。そのような認識のもと、どうして財管一致という話が出てくるのかといえば、対外的に「自社がもつ力を（相対的に）高くみせたい」という理想があり、財務会計がその（相対的な）力を示す材料であると受け止められているからでしょう。規制強化によってディスクローズするべき数値が増え、その開示される数値が相対的によければ、それが信用につながるという考え方です。つまり財管一致を志向することは、信用力を向上させたいという1つの方針の表れと解釈できます。

　一方で、リスク管理高度化という概念は、いまではフォワードルッキングという概念も浸透し、将来起こりうる可能性を考慮して損失回避や企業存続を図るものであるので、直近の企業の状況を示す財務諸表と必ずしも一致しないものに変化するでしょう。将来の損失可能性の算出は、あくまで会計上

では直近のポジションを前提としていますが、業務計画策定段階でのストレステスト等では期中のポジション変化も想定して行われることになるので、その分は少なくとも乖離要因になります。これと同様に、収益面に関しても「ポジションを変化させたらどうなるのか」の概念が常にありますので、財務会計上の収益の概念と、リスク管理上の収益の概念では差異が生じてくることとなり、その差異をどのように評価するべきなのかを決める必要が出てくるのです。

RAF態勢では、RAF原則に照らし合わせて考えると、進んでとろうとするリスク（リスクアペタイト）が意思決定され、それに応じてポジション運営が行われる枠組みとなるはずですが、リスク計測の概念と収益の概念に不一致がもしあるとすれば、組織全体として目指すものが実現しなくなる可能性を秘めることになるでしょう。おそらく国内金融機関は（もちろん勘定の違いによる収益の概念の違いは理解していますが）収益そのものの概念を突き詰めて考えてこなかったと思われ、RAF態勢構築準備を行っていくうえであらためて定義し直すことも考慮しておきたい点になります。

(3) リスク管理との整合性とコスト管理

RAFそのものよりもリスク管理高度化の検討過程で出てくる話として、規制資本という考え方と経済資本（リスク資本）という考え方があります。簡単にいってしまえば、規制資本は「規制値を一定以上に維持するために必要となる資本」で、経済資本は「規制値算出に限らず、業務運営上存在するリスクに対応する資本」ということです。所要資本量という意味では「規制資本≦経済資本」が成立すると考えられ、経済資本を前提とした考え方に基づいて配賦可能（利用可能）資本量が決まり、その範囲内で実際に配賦される資本額が決定されています。RAF態勢においては、まずはこの資本配賦の内容に関して方針決定がなされることになるのですが、もしリスク／リターンの考え方のうちのリスク部分をこの経済資本を前提とすれば、リターン部分をどこまで考慮するのか（たとえば資本コストを反映させるかどうか）

を決めておくことが必要になります。実際には規制値をクリアするという絶対条件があるために、その絶対条件もなんらかのかたちで考慮しないといけません。リスク／リターンをモニタリングする場合には、複数の評価軸で算出することが必要になってくる可能性があるでしょう。収益部門のコスト反映に関しては業務分掌とも関係する話であり、第4章第3節で詳しく考えていきますが、「資本コストにかかわらず、社内の必要経費はどこかの収益部門が必ずまかなわないとP/Lの黒字化は実現しない」という大前提があります。リスク計測上必要となる資本額に応じた資本コストの転嫁ということは、リスク管理からのアプローチとしては成立する公平感があるコスト配賦方法になりますが、企業の全体運営という意味においては必ずしもそれは成立しないということが重要です。収益部門統制ではコスト配賦の公平性はモチベーション維持の観点でも論点になりうるものであり、業務運営において黒字確保は事実上の制約条件として考えれば、コストをどのように転嫁するべきかどうかは収益部門統制の鍵ともいえるでしょう。

(4) 業務分掌と役割の認識

　金融機関の場合は各組織が業務分掌規程に定められ、規程改定の煩雑さを回避するべく、その業務内容の記述に関してはある程度幅をもたせていることが一般的と考えられます。作業効率から考えても多少やむをえない話ではありますが、残念ながら自分が所属している部門に関する業務分掌規程の記載内容も読んだことがないという従業員もいることでしょう。

　収益部門を考えてみても、何のためにその部門が存在しているのかをあらためて確認するべきです。「組織全体のなかで、この商品を取り扱えるのはこの部門だけ」といったことや、「この商品を取り扱える部門は複数あるが、会計上の保有区分は売買目的有価証券」といった、ポートフォリオ上における役割をあらためて認識することは重要です。RAF態勢構築において、取り扱える商品や会計上の保有区分、担当する地域や業種、通貨等において、すべてが同一条件で取扱いができる部門が仮に複数ある場合、収益獲得

に向けた競争原理は働くかもしれませんが、ポジションを増やす部門と減らす部門が同時にオペレーションをしてしまうと組織全体としては非効率です。

　詳細については第4章で説明しますが、収益獲得とオペレーション範囲の特定は全体統制において重要な意味があります。商品の取扱範囲やそのポートフォリオ上でのねらいを正しく認識しないと非効率性が出てきます。RAF原則に従った組織運営に限らず、資本という限られた資源配分を行い、その制約条件下で業務運営を行っていくので、ポートフォリオ運営の本来目的とは異なる動きがあると問題です。収益目標を設定した後は当該部門にオペレーションを一任する方法が一般的と思われますが、インフレ期待として変動金利貸出を増加させたいなかで固定金利貸出ばかり取り上げることや、デフレ期待に対して積極的に金利上昇ヘッジを行うことは、業務分掌規程上は問題なくても、組織全体のなかでの役割をまったく認識していないということになります。

　ガバナンス高度化という観点では、こうした業務分掌と各部門の責任範囲（コスト面を含む）、オペレーション可能な対象範囲、管理会計との整合性について組織内で共通認識化され、組織の末端まで浸透させることが必要となります。こうした業務分掌とオペレーションを含めた責任範囲が特定され、業務運営上のさまざまなリスクを含めて方針に関する意思決定を行うべきです。業務運営上のリスクには、ある商品のリスク計測に関して、「現状リスク管理面で整備できていない点がある」ことや、「外部環境の変化によってその他有価証券の保有期間が短縮傾向になる」というような内容も含まれるので、意思決定においては「できていないことや、分掌上不明確であることによって生じるリスクを明確化する」ことを強く認識しないと誤った経営判断が行われる可能性があります。

第4節 経営者に関する事項

(1) RAF態勢における経営者と執行役員

　国内では会社法上の経営者に該当する人と業務執行権限をもった執行役員に該当する人がおり、本書の本題とは異なると考えてRAF原則での経営者に関する詳細な内容を割愛していますので、ここで簡単ではありますが筆者なりの意見を述べておきましょう。

　RAF原則での役割と責任のなかで、取締役会のところに「(a)CEO、CROとCFOと共同で開発した金融機関のRAFを承認し、それが金融機関の短期および長期的な戦略、業務・資本計画、リスク許容度だけでなく、報酬プログラムとの一貫性を維持確保させること」と記載されています。取締役会においては、(会社法上の経営者に該当する人によって)RAFの承認という手続が必要になります。ここで社内的には創業者や社員等から昇格した内部経営者と、外部から招聘した外部経営者(独立経営者)が存在し、厳密に考えれば内部経営者がRAFの内容に関する方針決定権限をもち、外部経営者にその内容について承諾してもらうということが必要になってきます。

　CEOやCRO、CFOといった重要ポストは通常内部経営者であると考えられるので、リスクアペタイトとして何を選択し、どのような方針で臨むのかを考えるべき立場になります。現実的には執行役員や役員ではない上級管理職(部長クラス)といったメンバーとの意見交換が行われ、最終決定までに必要な説明資料の作成や、フレームワークとして機能させるためのさまざまな施策案の策定等は、執行役員を通じてそれぞれの担当部門が作業を行うイメージになると思われます。こうして考えると、国内の金融機関におけるさまざまな意思決定事項に関するプロセスと大差ないという見方もできます。そうであれば、RAF態勢における問題は意思決定の仕方やプロセスの話で

表5 RAF態勢における経営者等の主な役割（抜粋）

取締役会	CEO	その他内部経営者	外部経営者
・RAF態勢構築に関する承認および内容に関する責任の決定 ・各種報告内容（モニタリング項目等）に関する承認 ・重大な問題発生時における対応方針の承認	・リスクアペタイトに関する方針策定（CROやCFOと協働）および外部責任者への説明 ・RAF態勢構築ならびに運営に関する責任 ・重大な問題発生時における対応方針決定（CROやCFOと協働）および外部責任者への説明	・CEOとの協働によるリスクアペタイトの策定 ・運営状況に関するモニタリングならびにCEOや取締役会への報告 ・重大な問題発生時における対応方針決定に係るサポート	・RAF態勢に関する評価の実施 ・リスクアペタイトに関する（事実上の）承認 ・重大な問題発生時における対応方針に係る承認 ・RAF態勢全般に関する評価上の問題等がある場合での是正示唆や取締役会での報告

（出典）　FSB「Principles for An Effective Risk Appetite Framework」（「実効的なリスクアペタイト枠組みに係る原則（最終報告書）」を参考に筆者がまとめたもの

はなく、フレームワーク化にあると考えられます。

　一方、万一CROやCFOが会社法上の経営者ではなく執行役員であった場合、取締役会メンバーではなくなってしまうため、悩ましい問題が出てくると思われます。その場合は最高責任者としてCEOにその責任を委ねることになると考えられますが、前述のとおり、現実的な各種作業は執行役員を通じて各担当部門が関与することになるでしょう。執行役員という立場は、RAF原則に当てはめた場合、全社的な計画策定に向けた意見具申や、計画決定後の個別オペレーション実施判断をする役割はあると思いますが、全社的な計画策定に関する意思決定権限がないためにその責任もとれないということになると考えられます。

(2) 態勢構築段階での自己評価

　RAFに関する知識を多少なりとももっていると考えている経営者の指示に基づき、経営企画部門やリスク管理部門等の中核的部門に対してRAF原則に基づいた達成度に関する自己評価をしようとしても、担当部門はできている／できていない、の客観的なレベル感はもちにくいでしょう。企業の規模も違えば社風も違うので、カバーするべき範囲も異なることで相対比較がむずかしいということになります。また、大きな組織であれば「トップと話などしたことがない」という従業員はたくさんいるでしょうから、経営者の意思をどの程度把握できているかという点だけに絞ったとしても、自己評価はむずかしいと想像されます。

　一方、こちらのほうが現実的かもしれませんが、初期段階において社内でRAFに関する知識は（現状）経営企画部門やリスク管理部門のほうがあるという場合、まずは経営者に対して啓蒙活動を行わないといけません。RAF態勢構築をボトムアップ方式で進めようとしても、必ず限界がやってくることを理解してもらうことが重要です。たとえばガバナンス高度化のためになんらかのIT費用が必要な場合、通常であればなんらかの追加的な収益期待やコストカット効果があるケースがほとんどであり、それ以外は規制対応という制約条件（絶対条件）を遵守するという目的が前面に出てきます。RAF態勢構築という観点では、新たに収益が発生することもなく、規制対応というには内容がわかりにくく数値目標もないので、重要な経営指標をみたいという経営者の要望が前面に出ることになります。つまり経営者自身としても追加的ITコストをかけてまでみたい指標なのかといった問題意識も大切ですし、それ以上に業務運営上のメリットがあることを認めさせるくらいの勢いも必要になります。RASが実働し始めれば必然的にその内容にコミットするようなかたちになるため、経営者としても切羽詰まった話になるはずなのですが、そうした話もボトムアップアプローチでは伝えにくい話なので、経営者自身も相応にRAFを研究することが重要です。RAF態勢構築では経

営者が主導的にならないと、部門がまたがりコストもかかる話なので、時間ばかりかかって何も進まない事態に陥りやすいと考えられます。

　経営者は細かい事務作業をやることが仕事ではなく、企業が向かうべき方向性を示して具体的にその方向性に向けて企業を前に進ませることが重要です。RAF態勢においてはリスクアペタイトの決定という点で許容できるリスクと許容できないリスクを取捨選択することが求められます。経営企画部門やリスク管理部門等によるさまざまな分析や現状把握の資料は理解しつつも、経営者なりの視点による経営者自身や企業組織としてのガバナンス能力の評価をしたうえで、許容できる範囲を明確化しておく必要はあるでしょう。このようにRAF態勢の自己評価は、担当部門よりも経営者の知識と判断力の色彩が強くなるため、RAF原則に基づく形式的な自己評価の有効性は低いと考えられます。

(3)　ディフェンシブなスタンスからの脱却

　国内金融業界は1990年代のバブル崩壊以降、長らく明るい兆しが出ない状況が続いてきたことで、経営者も人件費をはじめとするコストカットは当然の責務的にとらえられ、推進をしてきました。短期的には攻めの姿勢に転じるような話が出てきても、すぐにまたそうはさせない環境変化等があり、いまでもディフェンシブな姿勢が無難であると考える経営者も多いかもしれません。

　企業運営上のアグレッシブかディフェンシブかのスタンスと、RAF態勢における経営スタンスは直接関係なく、企業運営スタンスはリスクアペタイトの具体的内容に反映されるべきものと解釈できると思います。経営者として関係してくるのは、善管注意義務を重視するだけのボトムアップの内容に関する経営判断ばかりをする経営者であるのか、正しく自身や企業としての能力を分析したうえで「それでもリスクをとる。そしてその責任は私がとる」という経営者であるのかという点です。テレビドラマの世界では時々責任を部下に押し付ける役員の話がありますが、RAF態勢が正しく機能する

ようになると、部下の失敗であっても自分の責任と認識せざるをえなくなると考えられます。

　これまでの銀行経営においては、担当する部門のリスク許容度は事実上担当役員のリスク許容度であったといってもいいかもしれません。決裁権限者がアグレッシブな場合、さまざまな案件獲得等に部門メンバーも動きがちですが、ディフェンシブなスタンスであると案件が通りにくい状態になることが多かったと考えられます。進んだRAF態勢では経営者自身に目標達成の有無を突きつけることで、その報酬も変化するかたちになると考えられます。経営者の目標が執行役員クラスに落とし込まれ、それが各部門に落とし込まれるということになるのですが、企業運営においては必ずルール化されていないさまざまなリスクがあり、それを許容するかしないかによって、RASの内容や重要な経営目標をクリアできるかどうかの影響を与えることになると思われます。ステークホルダーの要望が強く反映されるにせよ、経営者の意図としてリスクアペタイトが決定される以上、そこにはルール化されていないさまざまな企業運営上のリスクも包含されているという認識をもっておくことが大切であり、従業員にリスクアペタイトに関する責任を仮に求めても（リスクアペタイトは経営者として意思決定しているので）とりようがないことを認識するべきです。したがってRAF態勢下において、なるべくディフェンシブなスタンスをとりたい経営者としては、徹底的に統制できていないリスクを自己評価して、問題があれば正していくことが求められ、それ以外の方法は経営者を辞めるくらいしかありません。

第 3 章

業務計画の精緻化

RAF態勢を機能させるためには、単純に資本配賦額の決定やリミット設定を行ったうえで収益目標を設定するだけでは不十分と考えられます。そこでこの章では、業務計画の一部である収益計画に関して、策定された計画内容を最終的にどのように実現させていくのかを見据え、そのために必要となる準備段階に重点を置いて業務計画をより精緻なものに仕上げていく方法を考えていきます。

第1節　業務計画策定プロセス

(1)　従来の業務計画策定プロセス

　単年度業務計画や中期経営計画の策定は従前より実施されており、そのなかには重要な経営方針も盛り込まれることが一般的です。コーポレートガバナンスとしては経営目標を掲げたうえで実現に向けて運営することには何の違和感もないと思いますが、高度化を目指すというううえではいくつか課題があります。まずは従来の業務計画策定における役割分担をみてみましょう。
　一般的な業務計画策定における役割分担は図5のかたちになっています。それぞれの立場で事前準備を行い、一見情報共有もなされていて問題がないようにみえます。しかし現実として、たとえばリスク管理部門が作成しているリスクマップ（次節参照）の内容を、ALM委員会等での配布資料にしない限り、収益部門等がみることはありません。ストレステスト等を実施するうえでストレスシナリオも策定しているはずですが、収益部門の人がその内容を把握していることはまずないでしょう。もちろん組織の大きさにもよりますし、どの程度のリスク事象を想定するのかにもよりますが、それぞれの部門における事前準備内容はあまり明らかにはならず、その結果のみ示されることが多いと推測されます。このため仮に計画内容での問題点を指摘し変更

図5　業務計画策定における主な役割分担

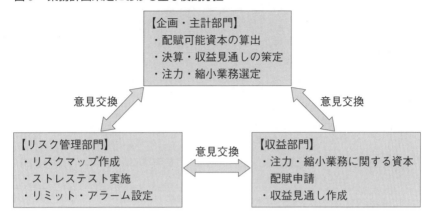

案を策定しても、何が変更されたのかの確認もむずかしいと思われます。

　実務運営まで意識してこの策定プロセスを考えると、リスク管理部門による検証結果は資本配賦には間違いなく影響を与えていると考えられますが、図5では表現されていない役員クラスの収益目標に関する意見があり、収益部門が算出した収益見通しの合計額が役員クラスの収益目標と乖離があっても、大半が収益部門の意見が採用されずに目標設定されてしまうという現実があります。目標であるからといってしまえばそれまでですが、逆にいえば国内は目標達成に対するプレッシャーも弱いと考えられ、報酬制度も不完全であることから、収益目標に関する正確性・妥当性に欠けるものができあがっていると思われます。つまりリスク管理高度化が収益獲得には寄与せず、損失回避のみ意識されたガバナンスという考え方になるので、リスクアペタイトという考え方が浸透しにくい策定プロセスになっています。

(2)　RAF態勢における業務計画策定プロセス

　ガバナンス高度化を意識して業務計画策定プロセスを変える場合、何が必要になるのかをわかりやすくするため、まずはRAF態勢ではどのようなかたちになるのかを示しましょう（表6参照）。

表6　業務計画策定プロセス（例）

	内　容	担当部門等
STEP 1	事前準備（リスクマップ作成、実績検証、マクロデータ収集、想定シナリオ検討等）	リスク管理部門
STEP 2	ステークホルダーの要望確認、リスクアペタイトや経営目標（案）のイメージ化	経営者 （＋企画部門）
STEP 3	リスクアペタイトや経営目標（案）に関する業務計画（案）への反映	企画部門
STEP 4	周辺環境認識および業務計画（案）に関する意見交換	企画・リスク・収益の各部門
STEP 5	業務計画（案）一次確定	企画部門
STEP 6	業務計画（案）妥当性検証	リスク管理部門
STEP 7	業務計画（最終案）策定	企画部門
STEP 8	関係部署との共有	経営者・企画・リスク・収益の各部門
STEP 9	業務計画確定	取締役会

　一見従来の業務計画策定と大差ないと思われる方が多いかもしれません。ステークホルダーの要望確認や意見交換は「決算説明時に株主と意見交換をしている」とか、「周辺環境認識も計画案を策定する前に確認している」ということを感じていらっしゃるということでしょう。たしかに明らかに違う点があるとすればSTEP 6の妥当性検証で、それ以外はほとんど変わりません。

　RAF態勢での重要なポイントの1つとしてRASの策定があるということは第2章で述べましたが、RASを策定すればそれで終了ではなく、それを達成させる必要があり、失敗は風評リスクになることもあれば経営者交代に

なることもありうるという点で、これまでの業務計画とは重みが変わってきます。何の検証もなされない収益目標が万一RASに記載されている場合、それが発覚した段階でどのような窮地に立たされるかもわかりません。

またリスク管理はフォワードルッキングということが意識されて高度化が進んでいる過程にありますが、そのリスク管理と融合させるということは、収益管理もフォワードルッキングの発想が不可欠になるということであり、その発想が成立するからこそリスクアペタイトも選択できるということになります。詳細はこの先順次説明していきますが、今後の業務計画策定作業は直近の状況をベースとするのではなく、ゴールイメージから計画策定されていく流れになっていくことでしょう。

周辺環境の認識

(1) リスク事象とその判定

リスク管理高度化が進むなかで、リスクマップを作成するということが行われるようになってきました。リスクマップとは、一般的なリスク評価の教科書的説明としては「さまざまな危機を被害の規模や発生確率で相対化し、グラフ化したもの」とされています。金融機関の場合では各リスクカテゴリーにリスク事象を記載し、業務運営を行っていくうえで損失発生や計画変更を余儀なくされる可能性を列挙しており、想定される損失額の大きさを色分けする等の工夫をしながら、それぞれのリスクに関する関連性も一覧できるように相関図的にマッピングしたものです。リスクマップを恒常的に作成している金融機関においては、このリスクマップによって「意識されているリスクは網羅されている」という前提に立つことになりますが、作成していない金融機関の場合は、まずはリスクマップを作成してみることが重要にな

図6 リスクマップ（例）

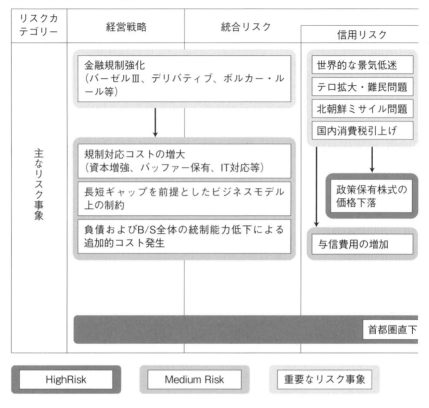

ります（図6参照）。

　業務運営になんらかの影響を与えうる事象が列挙される項目になるということですが、その網羅性については初期段階では不安材料になります。自社が行っている業務を一通り把握していないと完璧にはなりえないものですが、現実的には100％列挙されることよりも、重大なリスクを回避することが本来目的なので、まずはモニタリングするべき重要なリスクがもれないようにすることに比重を置くほうがよいでしょう。初期段階における網羅性に関しては「思いついた段階で随時加える」という作業でカバーしていくスタンスからのスタートというほうが、完全性を追求するがゆえにいつまでたっ

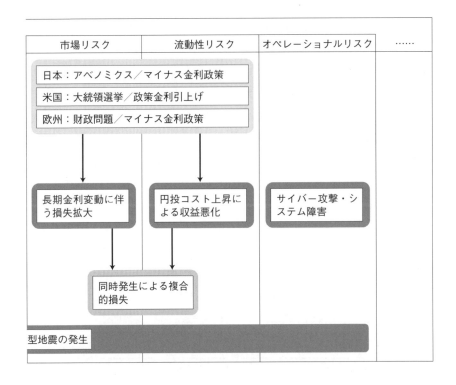

ても表に出せないということよりもはるかに理想的です。後から出てきたリスク事象がきちんと反映されていけば、その重要性に応じて対処方法も検討されるはずなので、前述の経済資本の考え方もともに高度化されていくことが期待されます。

　列挙されたリスク事象の重要度については、もちろん計量化されて影響度がわかっていればよいのですが、初期段階は「これが起こったらとても困る」という感覚的なものかもしれません。それを実際にシミュレーションして影響度を知る作業を行うことが必要になります。人間的感覚が必ず的確とはいえないので、客観性という観点でも影響度を数値で示すことが理想で

す。図6においては影響度を色の濃淡で示していますが、洗練されてくれば今後CSA（コントロール・セルフ・アセスメント、本章第3節参照）的に統制方法や発生頻度、影響額等を加えることも考えられます。

　リスク事象の抽出という観点では、こうしたリスクマップ化が一般的に整理しやすいと考えられますが、本節における本題はここからです。周辺環境に関する現状把握を行ったうえで、それがどのように変化していくのかを考え、整理していくことの重要性を論じていきます。

　バーゼルⅡの時代とは異なり、リスク管理もSIFIs・SIFIs以外の国際基準行・国内基準行で水準の違いがあるにせよ、いずれも高度化は進んできました。金融庁の金融検査マニュアルも徐々に見直され、リーマン・ショック前と現在ではかなり内容に差があるのは周知の事実でしょう。検査対応という意味での一定水準維持を図るうえでも、周辺環境認識に関する社内統制水準をどのようにするべきかを考える必要があります。

　「周辺環境認識に関する社内統制水準」における重要なポイントとしては大きく3つあると考えています。1つ目はどのように周辺環境に関する情報を集約するか、2つ目は周辺環境認識をどのように共有化させるか、3つ目として共有化させた認識が変わる場合の対応方法をどうするか、という点です。机上の想像ではなく、現場を含めた感触と数値による裏付けを結びつけ、それをオペレーションに生かすために社内全体で共有化させ、環境変化があるかどうかをどうやって判断してそれをまた共有化させるのかを考えていく作業です。こうした態勢構築を目指すうえで、検査対応を含めて考えれば、参考になるものとして資金繰り逼迫度区分の設定と運営があげられます。流動性リスク管理に関連する業務を行っている方であればご存知かと思いますが、資金繰り逼迫度区分はおおむね以下のようなかたちで運営されています。

【資金繰り逼迫度区分の運営内容】
［概論］

- 資金調達を行っていくうえで、資金調達コストが上昇する、あるいは資金調達そのものが危ぶまれる度合いをランク分けし、リスク管理委員会等でその水準をつど確認する。
- 一般的には3から4ランク（平常時、懸念時1／2、危機時）程度に分かれており、その水準に応じて対応策案も想定されている（最終的な意思決定はリスク管理委員会等のしかるべき会議体）。
- 水準を決定するためのさまざまな判定項目が設定されており、その判定項目に対する直近水準との比較と、実際の資金調達オペレーションでの実感もふまえ、最終判断させる。

［判定項目候補］

- 格付動向（見通しを含む）。
- 株価や社債スプレッド、CDS（クレジット・デフォルト・スワップ）水準等の信用力変化を示すもの（相対比較を含む）。
- 預金流出、預り資産減少等、信用力変化に付随した調達力変化等を示すもの。
- 業務停止命令や業務改善命令といった当局指導や訴訟関連、その他各種風評リスクの高まり。
- インターバンク市場でのクレジットライン凍結、外貨調達コスト変化等、実務上の感触変化を含めた動向。

［運営ルール、その他付随事項等］

- 定期的（半期ごと程度）に判定項目を見直しし、必要に応じて追加等を実施。
- CFP（コンティンジェンシー・ファンディング・プラン）との整合性を確保。
- 実際には判定項目抵触が臨時リスク管理委員会開催基準となり、リスク管理委員会にて方針決定。

資金調達部門としては、この資金繰り逼迫度区分が見直される可能性を、

判定項目抵触や実際の肌感覚で把握しています。コーポレートガバナンス的視点でこの資金繰り逼迫度区分での運営を考えると、本来は資金繰り逼迫度区分の変化に応じて資金計画（月次等）が見直され、調達量を変化させて対処するかたちになっていることが理想です[10]。大手証券会社においては特に無担保資金調達量の減少はトレーディング勘定の営業用資産量にも影響を与えるので、バランスシート変化に直接的に影響するといえるでしょう。

(2) 資金繰り逼迫度区分の応用

RAF原則にも関連してきますが、この資金繰り逼迫度区分による運営方法が参考になる大きな理由として、①情報集積させる会議体（リスク管理委員会等）を設けている、②判定において、定量面と定性面の両方が含まれている、③（資金繰り逼迫度区分の）水準が決まったうえでの対応策が（ある程度）想定されている、ということです。もちろん最終判断に至る経緯として活発な議論が行われるのかという課題はありますが、環境認識を共有化させ、オペレーションや業務統制に生かすという点では十分すぎる参考例でしょう。RAF態勢下においてはこうした環境認識から合致させておくことには意味があります。なぜなら環境認識を合致させずに資本配賦や収益目標設定を行っても、収益部門からすると不満や不公平感が出てくる材料になりうるからです。ある収益部門が「（今年度はよかったが）新年度は何か工夫しないと収益環境的に厳しい」と思っているなかで、目標設定上は「今年度がよかったのだから、資本配賦額を増やして収益目標を20％増にしよう」ということでは、完全な認識ミスマッチです。

先ほどリスク管理の観点よりリスクマップ作成の話をしました。リスク管理上の観点でストレステスト材料となりうるような事象を抽出することはたしかに重要ですが、リスク管理面からみる環境認識だけでは不十分だという話も出てきます。どのような環境でどのようなポートフォリオを構築すれば

---

10 近時はLCRによってストレス時でも耐えられるバッファー保有が求められているため、追加的バッファーを保有するかどうかの観点になります。

収益の極大化が実現するのかという分析を行うことは重要であり、そうした戦略がねらえるような環境なのかを整理しないと、「単純にポジション量を1.5倍にしたら、結果的に損失が大きくなった」ということになりかねません。「ポジション量を1.5倍にしても、期待収益も同じだけ増加が見込める」というような環境であることを共有化しない限り、会社統制上は丁半博打を行うことと同値でしょう。もっといえば、リスク計測の観点において損失額拡大可能性が高まるようなポジションにおいて、その裏腹として期待収益も拡大可能性があるのであればよいのですが、もし期待収益一定で損失可能性だけ広がるということであれば、少なくともそのポジションを増やすという経営判断は明らかにおかしいということでしょう。リスク管理高度化の過程で、タイミングとしてこれまでみてこなかったリスクがモニタリング対象となることでリスク量が増加するということであればよいのですが、単純にミドルリスク／ミドルリターン期待のポジションがハイリスク／ミドルリターンに変化するとなれば、それは社内統制として歯止めがかからないと困ることになります[11]。

　このように社内統制として考えれば、業務計画策定段階で環境認識を行い、それを共有化することにより1つの歯止め効果が期待できます。そしてその歯止め効果をより大きく期待するには、まず業務計画が策定される段階はもちろん、期中でも随時意見交換できる会議体が必要になります。過去何度も国内銀行は「貸出が伸び悩み、収益の不足分を市場部門で補う」ということを行ってきたことに目を向ければ、市場部門としても追加収益目標を設定されることがわかっていれば、相応のポジション運営を心がけることにつながるからです。

　仮に資金繰り逼迫度区分が業務計画等に十分に整合的であるとしましょう。たとえば資金繰り逼迫度区分が懸念時1から懸念時2へと変化した場

---

[11] ここでのリスクと期待収益の関係については、単なるポジショニングの問題だけではなく、想定シナリオに基づく期待収益変化を想定しているため、ポジション量を大きくしても期待収益が大きくなるとは限らないという考え方をしています。

合、そのときの統制方法として流動性バッファーを15％アップさせるとなっていれば、資金調達部門は懸念時1から懸念時2へと変化するかどうかの材料を注意深くモニタリングすることになります。突然15％もバッファーを積み増すことがむずかしい状況であれば、あらかじめ少しずつバッファーを多くする努力もすることでしょう。一方、収益部門も判定項目に注意しつつ、資金ポジションの構築が可能なのか、あるいはポジションを削減しないといけないのかの予測が可能になります。環境認識の共有化が実現していれば、間違いなくオペレーションに早く反映させることが可能になります。

ではRAF態勢を意識して、この資金繰り逼迫度区分を応用してみましょう。収益獲得という観点において、バンキング勘定での貸出関連業務と市場部門の有価証券運用業務、特定取引勘定での対顧取引業務が中心と考えられますので、こうした中核的業務に対して影響がありそうな項目を列挙してみます。

【例：資金繰り逼迫度区分の応用：収益獲得の観点】

［全般］

・自社の信用力に関して影響がある事項（資金繰り逼迫度区分の各項目参照）

・中期経営計画上の目標における関連事項（海外情勢、インフラ動向、法規制等）

・各国金融政策や財政政策

［貸出関連］

・マクロ経済指標（GDP、物価、不動産価格等）

・クレジットスプレッド動向（国内外）

・直接金融市場における動向（法整備、市場流動性等）

［バンキング勘定市場部門関連］

・国債発行動向、需給動向、イールドカーブの水準・形状

・内閣支持率、税制大綱、対外対内証券投資動向

> ［特定取引勘定：ここでは債券営業とデリバティブを想定］
> ・各市場のボラティリティ、出来高、建玉動向
> ・ノックイン／ノックアウト想定水準、需給動向
> ・中央清算化動向、ISDA／CSA動向（Standard CSA導入等）
> ［その他補足等］
> ・各部門別収益状況、ポジション動向、リミット抵触等
> ・取引集中度、クレジットライン使用状況、所要担保額状況等

　掲載したものは必ずしもすべての部門間で共有するかどうかの問題はありますが、収益計画策定という観点では、こうした前提条件をどのように見積もり、どのようなポジション運営とするかをイメージしないと、本来の期待収益は確保できません。市場ボラティリティの上昇が期待できないなかで、業務計画上では投資家が頻繁に売買をすることを想定しても、それはどこかに限界がみえてきます。各収益部門は状況にあわせてポジション量やオファー・ビッド水準を変えたりするので、目標達成というゴールを目指すうえで計画上は「オファー・ビッド20銭×300回」という計算がありながら、市場動向から期待できるのは「オファー・ビッド15銭×100回」ということではとんでもないギャップになります。無理して金額が大きい投資家をねらいにいくか、オファー・ビッドがもっと広い小ロットのディールを目指すかの岐路に立たされることになり、収益目標も達成できずに終わってしまう可能性が残ります。

　このように、環境認識とオペレーションは密接に関係しており、最終的には収益結果に結びつくので、計画段階からどのような環境を想定しているのかはきわめて重要です。特に最近は規制値算出においてもストレス要件が盛り込まれるかたちに変化してきているため、運営方法を間違えると過剰なバッファーが増えて収益が増えない事態になる可能性もあります。収益獲得に関する環境認識とストレス事象発生可能性は密接に関係しているはずなので、実務運営として規制対応面を盛り込む場合、たとえば平常時であれば必

要最小限のバッファーを保有し、懸念時や危機時に向かうにつれてバッファーを多く保有することや不稼働資産の早期売却を検討する、といったことを業務計画に反映させるような工夫が必要です。環境認識や想定シナリオを共有化することで、収益部門のオペレーションに反映させていくべきでしょう。

計画策定の事前準備

(1) 事前準備として考えるべき事項

　業務計画の精緻化という観点でどのような事前準備を行うべきなのかは重要な問題です。問題意識をもたずに作業時期を迎えてしまうと、前回策定時での反省がなかなか生かされず、また半年ないしは1年もの間同じ方法で運営することになりかねません。

　リスクと収益が融合していない状況では、残念ながら期待収益という発想はまず出てきません。さまざまなリスク計測によって計算された資本の配賦可能額を制約条件として収益部門向けに資本配賦額を設定し、同様にリスクリミットや損失限度を定めることになります。業務計画全体の策定を担当する企画部門においては、リスク管理部門との連携によって、これまでもポートフォリオ入替効果等のシミュレーションをしてきたはずです。バランスシートの大きさや質的変化によって規制値がクリアできるのかをはじめとして、あくまでリスク管理ないしは規制対応に軸足を置いた事前検証であったと考えられます。

　リスクと収益を融合させる前提で考える場合、たとえば前述の環境認識において、仮に作業が同じであったとしても、収益獲得の可能性を意識した要素が加わります。たとえば市場のボラティリティを予測するということは、

どのタイミングでポジションを変化させるべきかの判断に影響するものという要素が加わり、リスク管理上の損失可能性という発想だけではなくなります。このためポートフォリオを構築する商品や業務に関して網羅的に環境認識と期待収益を考えることになり、ポートフォリオ入替えの妥当性を検証したうえで業務計画に具体的にポートフォリオ入替効果を組み込むことになります。

　計画策定のための事前準備が増えることで、仕事をするための仕事を増やしているというふうにみえますが、計画と実績の乖離を小さくするための作業でもあり、精緻な業務計画を策定するなら当然の準備になります。周辺環境に照らし合わせた自社収益力分析といっても過言ではなく、この作業がリスクアペタイトや業務計画上の資源配分につながり、収益部門とも共有化されることで収益獲得オペレーションにつながっていく重要な作業となります。

(2) 想定シナリオの検討

　業務計画を策定するにあたり、リスク管理上においても収益獲得を目指すことにおいても、本来支持するべきメインシナリオがあり、それに対して実務運営上発生しうるリスクシナリオがあります。リスク管理高度化の過程で、欧米では金融当局が示すシナリオに基づくマクロストレステストが導入されており、各金融機関はストレス時における自己資本充実度の計測作業を行っています。国内では金融当局がストレステスト用シナリオを示して統一テストを行っているわけではありませんが、それぞれ金融機関独自のシナリオに基づいてストレステストは実施されている状況です。

　期待収益を算出するには、想定するポジションと想定するシナリオが必要であり、想定するポジションは業務計画に織り込まれて数値としても確認することは可能でしょうが、これまでの業務計画においては、（想定シナリオが軽視されていたわけではありませんが）業務計画との関連性がはっきりしないことが多かったと思われます。はっきりしなかった理由としては、直近期末

時点をスタートしたポジションと環境から考えた収益目標設定が前提となっているケースが多いためであると推測されますが、業務計画精緻化を目指すうえでは、このシナリオの検討とポジション変化による期待収益を検証することは絶対に必要です。

　リスク管理部門が考えてきたシナリオはどちらかといえばリスクシナリオ（ストレスシナリオ）が一般的で、メインシナリオを検討するというよりも、リスク事象発生によって直近からどれだけ乖離するかの発想で作業が行われています。そのためメインシナリオを真剣に考えるということがALM委員会開催直前だけ行われるという事態になっているかもしれません。期待収益においては、リスクシナリオももちろんポートフォリオ構築やリスクアペタイトの特定において重要ですが、具体的に期待される収益額としてはメインシナリオを無視することはできません。その意味では、業務計画策定におけるメインシナリオは「現実的に起こりうる可能性が最も高いもの」という言い方もできるでしょう。

　業務計画のたたき台を策定する段階においては、直近環境をふまえたものでもかまわないと思いますが、業務計画が最終確定する前には必ず各収益部門との意見交換は必要です。市場が予測するものと人間の肌感覚には不一致が生じる可能性があり、しかも収益部門が取り扱っている商品や情報等はすべてなんらかのかたちで第三者が確認できるものとは限らないので、現実的な見通しに関する意見交換を行っておくことは重要です。最終的なシナリオの確定はしかるべき会議体での決議事項としてもよいくらいの話であり、収益獲得を目指すうえでの根幹となります。

(3)　事前準備（イールドカーブ関連）

　前節では環境認識という観点において、リスク管理的発想と収益獲得という発想では気にするべき項目に差が出てくることはご理解いただいたと思いますが、この節では先ほどの資金繰り逼迫度区分の応用とも関係し、具体的に業務計画を策定する事前準備としてどのようなことを行うのかを説明して

いきましょう。先ほどの資金繰り逼迫度区分の応用に際しては、貸出関連とバンキング勘定の運用関連、特定取引勘定というケース分けを行いました。ケース分けを行った理由は「背景となる会計制度が異なると、収益部門の行動パターンが変わりうる」ということを意識しているためです。そこで1つの例として、何の変哲もないイールドカーブを使って概念整理をしていきましょう（図7参照）。

　ALM委員会等では参考資料としてよく直近のイールドカーブが示されています。業務計画策定段階においても当然前提となるイールドカーブは存在しているはずであり、仮にそれが図7のようになっていると仮定します。もし残存1年以上の取引を行っていて、次の期末時点（1年後）まで持ち続けるとすれば、（直近期末時点における）予測水準が点線で示されているフォワードカーブの水準になります。つまり計画策定段階における直近期末時点からなんら変化しないと仮定することは、リスク管理の世界やデリバティブ等の世界では、点線の水準が実現するかたちを想定していることになります。

　シナリオが1年間変化しない仮定（フォワードレートが実現する仮定）でポジション量や期待収益を算出することはそれほどむずかしい話ではありません。もしバンキング勘定での債券運用（現物）であれば、クーポン収入が得

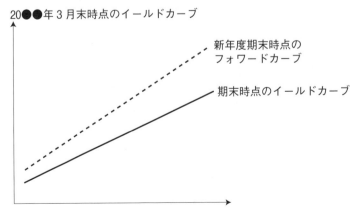

図7　イールドカーブを使った概念整理

られると同時に償却減価の概念が加わってきて、最終的には最終利回りのかたちで収入が出てくるはずです。評価損益は別途簿価対比で計算され、それが自己資本比率算出に影響を与えることになります。そのことも十分バンキング勘定の債券部門には認識されているはずですが、実務運営においては意外とそう簡単にはうまくいかないことがあることを耳にします。

イールドカーブをなんらかのかたちで示す場合、一般的にはスポットレートで表示しているため、フォワードレート水準がどうかという議論はあまり起こりません。バンキング勘定の債券部門においては、実務上「イールドカーブ不変シナリオ」を語るケースが多く、それをフォワードレート的に考えれば金利低下シナリオを語っているようなものです。つまり債券を保有さえしていれば必ず儲かる前提での話をしているのであって、リスク管理的発想とは差異があります。もちろん金利上昇が起こった場合の話もされるのですが、その場合も「直近ポジションによる、直近水準からの上昇」を想定することが多く、「まずは直近ポジションによる評価損益変化」「次の期末時点でどうなっているかという議論は後」ということが日常茶飯事で行われている会話でしょう。金利系デリバティブでスワップションを取り扱っている方であれば、at the moneyの水準が変化するので、フォワードレート変化も普段から意識されますが、残念ながら債券の現物しかみていないトレーダーであれば、あまり期末時点のフォワードレートはどうなるかという発想はもちえません。むしろ金利のロールダウン効果を強く意識しているといえます。

しかし少なくとも国際基準行に関しては、バンキング勘定の債券での評価損益は自己資本比率の算出に影響を及ぼします。自己資本比率を悪化させないための評価損益見込みは本来重要であり、評価損を回避できないと考える場合はそれ以上の実現益を捻出することが求められます。実際に評価損益が自己資本比率に影響するという話が理解されていても、「期初の益出し売り」という行為を行う市場参加者がいるのは、(国内基準行だからといった理由や単年度決算対応としてP/Lを意識するという理由ももちろんありえますが)フォワードレートの発想があまり議論されないことも影響していると考えら

れます。ただこうした話は、バンキング勘定の債券トレーダーがフォワードレートに関する知識がないのではなく、その他有価証券の会計処理が強く意識され、評価益の自己資本比率への寄与が45％[12]となることで、評価益を実現化させて100％P/Lに計上したほうがよいのではないかという感覚的なものに起因しているといえるでしょう。

業務運営においては、スタート地点を示すことも重要ですが、オペレーションをする側にとっては、スタート地点はみればすぐわかるので、むしろゴール想定をどこに置いているのかのほうが有意義です。それは市場予測の話ではなく、業務計画策定段階でどのようなゴールを描いているのかという観点です。「新年度末の着地予想水準は○○、ポジション量の着地は△△、その結果獲得できそうな収益は□□」ということです。会社として想定する着地水準が把握され、それが実現する前提で収益目標が設定されていれば、オペレーションは常に想定シナリオとの乖離分の調整を意識すればよいということになります。こうしてバンキング勘定の債券部門ということであれば、どのような国のどのような債券を売買するのかが特定できていれば、その着地ポイントを想定してあげることでゴールイメージをつくることが可能になります。

では貸出部門や特定取引勘定でも同じようにイールドカーブだけでゴールイメージをつくることは可能でしょうか。残念ながらノーです。クレジットスプレッド変化をどのように見通し、デフォルト発生をどう予測するによって期待収益は大きく変化します。特定取引勘定では、もちろん絶対的な市場水準の問題もありますが、ボラティリティや出来高がどれくらい変化するかによっても投資家動向が変化します（法規制の変更による影響を除く）。しかし想定する市場変動幅を示すだけでも、貸出部門は取引先との交渉材料になりますし、特定取引勘定も注力商品やオファー・ビッドの幅を工夫するようになることが期待されます。

---

[12] バーゼルⅡにおけるその他有価証券の評価益が、45％を上限としてTierⅡに計上されていたことによるものです。

(4) 事前準備(資源配分の検討)

　周辺環境認識が共有化されて想定シナリオイメージが徐々にできてくると、想定ポジションを検討する段階に入ります。想定ポジションを完成させることにおいては収益部門の意見をふまえることは重要ですが、ステークホルダーの意見も考慮した経営者の要望や、全体感からのバランスを考慮した財務企画部門や融資企画部門等の考えも考慮せざるをえません。周辺環境認識やリスク管理の観点から、出た方向性に関する妥当性検証は必要です。それは最終形をイメージして行われる作業とは限らず、計画策定の初期段階から必要になることもあります。どのようなポートフォリオを構築すれば規制や配賦可能資本といった制約条件を満たしながら期待収益が極大化するのか、という命題をクリアすることが必要になってくるため、初期段階においても必要になるということです。

　図8は通常のリスク管理業務で使われるヒートマップです。ヒートマップとはCSAのなかでつくられるもので、さまざまなリスク事象に対してその発生頻度とその損失額の関係をマッピングして色分けしているものです。実際のリスク管理業務においてはストレス事象を想定してその影響度を測る場

図8　ポートフォリオ構築のための事前準備(イメージ)

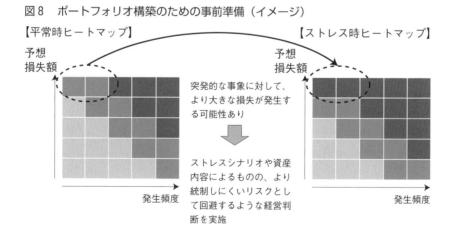

合にはストレステスト等を実施しますが、この縦軸における予想損失額を期待収益額に置き換えてつくり直すと、各リスク事象に対して収益のダウンサイドリスクが大きいものと小さいものという比較が可能になるはずです。

統合リスク管理としては、個々のリスク事象ごとでヒートマップを作成することがかなりの作業負荷になるため、シナリオ分析のかたちで行っている金融機関が増えていると推測されます。ここで重要なのは個々のヒートマップから期待収益との関係性を可視化するということではなく、ポートフォリオ構築におけるリスク／リターンが把握でき、本当にそのポートフォリオを構築するべきかの判定ができれば問題ないため、必ずしも図8のようなものをつくる必要はありません。想定しているストレスシナリオが実現する場合、期待収益は同じでも損失可能性がより大きくなるというポートフォリオを構築しないよう、期待収益の概念を加えて分析することが重要であるということです。

業務計画だけでなくリスクアペタイトにも関係する話ですが、こうした分析を行うにあたっては時間軸の概念が欠如してはいけません。単年度業務計画ではなく中期経営計画ということであれば3〜5年程度見据えた期待収益であり予想最大損失であることが前提となります。短期的な収益極大戦略と中長期的な収益極大戦略ではポートフォリオ内容は大幅に変化することが想定されるため、時間軸もあわせたうえでの分析が必要です。

(5) 事前準備（時間軸の考慮）

この節で最初に説明したフォワードレートに関し、リスク管理上の考え方と実際のオペレーションとの相違を中心に説明しましたが、本来目的としては業務計画策定根拠における時間軸の明確化です。ゴールイメージを共有化するというのは、単なる水準を示すということではなく、スタートからゴールまでの時間軸を明確化することにより、各収益部門にいままでよりいっそう物事を考えさせる論点をクリアにすることが目標となります。いったいそれはどういうことかを、バンキング勘定債券運用部門で毎日のように行われ

ている相場見通しの会話例で示してみましょう。

> 【バンキング勘定債券部門での相場見通しに関する会話（例）】
> 上司：当面の相場見通しをどう思うか、それぞれ意見をいってほしい。
> 部下Ａ：少し下押しするかもしれませんが、基本的には買っていいと思います。
> 部下Ｂ：まだ上昇余地はあると思いますが、上に行った後は少し売りたいです。
> 部下Ｃ：フラットニングが進むと思います。

　ご承知のとおり、バンキング勘定の債券運用は組織決定が前提での業務運営がなされているので、組織判断としての売買をしている（とみなされる）ことが重要です。そうしたなかで、同じように市場をみているメンバーがそれぞれ異なった意見をもっている場合、本当の均衡点がどこにあるのかを考えないと、判断ミスやモチベーション低下にもつながる可能性があります。そこで意見の一致をさせることを目標に、どこを直していくことが正解でしょうか。

　まずそれぞれの部下の意見であいまいな点があります。部下Ａの場合はどの程度下押しするのか、その発生可能性はいつなのか、上昇期待と下落期待の強さの程度はどうなのか、といった点が不明です。部下Ｂにおいては、Ａと同様、変動幅のあいまいさもありますが、売ったらそれっきりなのか、どこかで買い戻すのかも不明です。Ｃについてはターゲットゾーンがはっきりしないことと、その幅も不明です。

　このように考えると、変動幅と実現までの時間軸がそろわない限り、現状からすぐ買うべきなのか売るべきなのかも調整することが困難です。もちろん実際には毎日話をしているので、メンバー間ではある程度意思疎通はできていると思いますが、これがALM委員会のような会議体になってくるとそうした意思疎通もむずかしくなります。

業務計画策定の事前準備段階において想定変動幅という概念があれば、少なくともその位置からの距離を知ることはできるので、変動幅の問題は解決できるかもしれません。しかし時間軸に関しては、いますぐ起こる話なのか、来週起こりうる話なのかによってオペレーションは異なります。メンバー内の日常会話のなかでは、「○○円○○銭がチャートポイント」といったような話もされることが多いので、レンジ想定は言葉があいまいでもある程度通じるかもしれませんが、時間軸として考えたうえで経過利息と評価損益を強く意識して会話することは少ないので、オペレーションコストがかかっただけで、実際の損得はほとんど変化しなかったということも起こりうるのです。もともと上司による「当面」という点があいまいさを生むきっかけにはなっていますが、意思決定するための意思疎通のむずかしさはこうしたあいまいさがあるからであり、そのあいまいさを減らす1つの軸として、時間の概念をはっきりさせることが重要になります。

(6) 事前準備（全体感）

　こうして考えていくと、商品や勘定によって想定するべきものに差があることが理解でき、業務計画策定準備段階としては、それぞれの環境認識を行っていく必要があることがわかります。国内メガバンクグループのように、連結ベースでの統制まで考える場合には、銀行・信託銀行・証券会社といった業態の違いについても考慮する必要があります。特定取引勘定設置会社においては証券会社の発想が応用できることや、銀行と証券会社にはかなりの発想の違いがあるため、ここでは銀行と証券会社（大手総合証券会社）をイメージしてどのような準備をするかを整理したのが図9と図10になります。

　業務計画を精緻化させるということは、業態の特殊性はもちろん考慮すべき重要なポイントであり、ビジネスモデルに応じた分析やモニタリングが必要になります。銀行の場合はストックの発想が根幹にあり、証券会社の場合はフローの発想が根幹にありますので、リスク計測上ではたとえばVaR算出

図9　業務計画策定事前準備（銀行の場合：例）

【一般的なバランスシート】

収益管理のために
・本支店レート（注）対比での資産・負債の各種取引利鞘
・取引先出資、その他取引に関する損益計算等が必要

業務計画策定やリスク管理には
・本支店レート（注）対比での妥当性・影響度検証
・ALM策定のための市場分析・顧客分析
・規制値統制と最低クリア水準等の制約条件
・資本コスト配分方法
等が必要

【収益・パフォーマンス管理面】
（バンキング勘定）
・顧客別・商品別・格付別等の資金利鞘
・各種フィー収入（特定取引勘定を除く）
（特定取引勘定）
・資本コストを勘案した収益率
・商品・取引別収益率等
【業務統制面】
・ストレスシナリオ・メインシナリオ等のケース別本支店レート
・ALM運営に関する評価方法（関係会社株式、バンキング勘定の債券保有等）
・資金調達コストの適切な配分
・バーゼルIII等の各種規制要件と所要コスト

（注）FTP（ファンド・トランスファー・プライシング）が確立している場合は、本支店レートをFTPに置き換えて考える。

における保有期間を変えた分析を行うのと同様、業務計画策定の事前準備も項目を変えて分析することが重要です。さまざまな分析を行うことや、周辺環境変化の把握、リスク事象の抽出等を整理することで、組織として想定するメインシナリオやリスクシナリオが議論でき、共有化されることにつながっていきます。保険会社の場合でも、生命保険と損害保険ではやはりストック的発想とフロー的発想の違いがあるため、大数の法則が成立している前提条件という点での共通性はあるものの、一般勘定と特別勘定の違い等も考慮しながら事前準備を行っていく必要があります。

図10　業務計画策定事前準備（証券会社の場合：例）

【資金面からみたバランスシート】

収益確保するには
・フロントポジションの回転率
・オファー・ビッドの適切な確保
等が必要

【収益・パフォーマンス管理面】
(ディーラー側)
・営業用に保有している商品在庫の回転率
・ヘッジコストやファンディングコスト勘案後の収益確保額
(セールス制)
・商品別オファー・ビッドの確保
・顧客開拓実績・顧客回転率
【業務統制面】
・資金調達計画と実際の調達内容
・期待収益（フロー収益）の推定
・資金調達コストの適切な配分
・各種規制値の目標水準との差
・当該年度の経営戦略と管理会計方針

業務計画策定やリスク管理には
・市場や商品のボラティリティの推定
・市場や商品の市場での取引高の推定
・投資家動向の推定
・無担保調達や資本調達にかかるコスト配分
等が必要

第4節　収益目標の前提条件の共有

(1) 前提条件共有化の意義

　収益部門に属している立場で考えた場合、たとえば会議体等で配布されるイールドカーブ資料1つとってみても、「（単純に）直近のイールドカーブ水準を掲載しました」ということと、「業務計画策定において使った想定イー

ルドカーブを掲載しました」ではまったく意味が違ってくることはおわかりになると思います。収益目標達成のためにどうすればよいのかを考えるうえで、前提条件を理解することは目標達成への道標ともいえます。ここでは収益目標の前提条件の共有化の意義について考えていきましょう。

　第2章第1節において、まるで天の声として全体の収益目標が決まり、それが部門別に細分化されるという話をしました。天の声によってきちんと統制がとれる組織があれば、ある意味究極の組織像かもしれませんが、すべてを見通せる天の声の主と、その主の意図を100%理解してオペレーションを実施する天才オペレーター集団であれば、RAF態勢構築など考える必要もないことでしょう。現実にはそのようなことはないので、神様と天才がいない想定で業務運営を滞りなく進めていかねばなりません。

　そこで、新年度業務計画のなかで、NSFR対策として長期負債を増やすことと、今後貸出が伸び悩むとの見通しをふまえた国債積増しを想定するとします。時間軸としては単純化のため、いずれも期末までに実現すればよいこととし、運用・調達ともにターゲットゾーンを5年と仮定します。

【例：新年度業務計画における5年物金利の想定水準】
・想定レンジは0.25%－0.55%、期末予想水準は0.50%。
・業務計画策定段階における5年物水準は0.35%。
・補足事項として、自社格付は一定かつクレジットスプレッド（市場金利対比）も変化なし。

　こうした環境認識のなかでは、長期負債の調達は想定レンジの下限になるべく近い水準で、国債積増しは想定レンジの上限に近い水準でオペレーションを実施することが理想です。しかしそれは時間軸の概念が欠落しており、ALM上の概念も含めて考える必要があります。そこで先ほどの例において、さらに追加情報を加えてみましょう。

【例:新年度業務計画における国債運用想定と調達想定(追加情報)】
・国債積増し分に係る新年度の期待収益(想定する運用収入)は元本×0.40%×6カ月分。
・NSFR対応の長期負債調達にかかる新年度のコスト想定は元本×0.60%(注)×3カ月分。
(注) クレジットスプレッドを含む。

　収益目標を設定するなかでこうした追加情報があると、オペレーションをする側とすれば、運用に関しては(多少金利水準が低くても)早めに積増しをしよう、調達に関してはなるべく遅らせよう、という発想も出てきます。問題は期中のクレジットスプレッドを含む環境変化になりますが、少なくとも目標設定という観点においては、どのようなオペレーションを目指すべきかの意図が伝わりやすくなります。上記例では資産側積増しが長期負債よりもタイミングとして早めに手当することが必要であることが明確であることに加え、資産側はP/L対策、負債側は規制対応という理由も明確なので、フロントとしては会社がどの程度切羽詰まった状況なのか、期中は何を意識しておけばよいのかも理解しやすくなるでしょう[13]。

　もしこうした情報なしに収益目標が設定されるとしましょう。「前年度実績が○○億円なので、+αとして△△億円を目標とする」ということだけが収益部門に伝えられた場合、前年度との環境変化がなければある程度オペレーションの想像もできますが、人事異動等でメンバーが入れ替わっていると、そうした感覚すらなくなります。新メンバーは前年度のオペレーションを研究するところから始まることとなり、無駄な労力を使うことにもなりま

---

[13] 上記前提での運用を考えた場合、期末時点の5年債は0.50%予想ですが、新年度の早い時期に購入していれば期末時点では残存4年程度となり、一定の金利のロールダウン効果が期待できます。新年度期末時点の残存4年の利回りが0.40%程度と想定していれば自己資本比率算出に関係する評価損益の影響度は小さくなり、早期の積増しを検討する可能性が出てくることになります。

す。ましてや環境変化も考慮することになるので、部門内での方針決定をさらに複雑化させてしまうかもしれません。

(2) 貸出部門との共有化

次に貸出部門と共有化する場合です。貸出の場合は市場実勢だけでは語れない部分があり、オペレーションの実施に関しても、取引相手との交渉があるために市場取引に比べてどうしても時間が必要になり、相応のタイムラグの発生はあらかじめ誤差として考えておく必要があります。

もともと管理会計でどういう取扱いをしているかの問題もありますので、今回の仮定においては下記のように置いてみましょう。

【例：貸出関連に関する業務上の仮定】
・貸出部門の収益については、財務企画部門が示す運用ベースレート（＝市場金利＋経費＋資本・規制コスト）を基準として、貸出金利から運用ベースレートを差し引いた信用スプレッド部分（超過分を含む）を収益として評価対象とする。
・適正スプレッドの概念については格付別・年限別マトリックスにて表示する。
・これらにより、基準となる貸出金利は、運用ベースレート＋マトリックスで示される適正スプレッドとなる（適正スプレッドを超過しているかどうかによって案件取上げの決裁権限が変わる）。

上記のような前提条件では、たとえば地域の違いによる金利水準の違い等は基本的に勘案されないため、目標設定の段階で多少考慮することが営業部店間の不公平感解消策になります。資本・規制コストを財務企画部門がまかなうという点は組織分掌としての論点になりうるものですが、ここでは簡略化のため、貸出部門は信用スプレッドの世界だけで完結させるかたちにしています。実務運営としては、適正スプレッド見直し頻度についてどれくらい

がよいかの問題もありますが、ここでは定期的に見直しされる想定です。

　貸出部門に対する評価方法が信用スプレッド部分ということなので、たとえば内部格付手法採用行であれば、PDやLGD[14]の変化は部門評価に影響を与えることになります。このため債務者の信用力に変化が出てくれば保全強化策を講じる等の努力をしないと、最終的には目標達成できなくなる可能性を秘めることになります。

　現実的に業務計画を策定する場合、まずローンポートフォリオ全体の理想像を考えたうえで、そのポートフォリオから生じる収益部分が最終的な期待収益になります。既往のポートフォリオから理想形へと変化させる過程では、債権流動化やCDSのプロテクション購入といった大口与信先対応が実施される可能性もあれば、デュレーションや格付バランスが理想と異なるといったギャップが生じる可能性もあります。この節ではこうした信用リスク削減策等の内容に関しては割愛しますが、部門評価の観点ではどうするかの方針決定は必要です。

　話を戻し、貸出部門に対して収益計画の前提条件としてどのような内容を伝えるかですが、一般的には与信限度（＋資本配賦）という制約条件と金額ベースでの収益目標を伝える方法が採用されています。貸出に関しては単純に短期と長期という区分の仕方もありますが、証書貸付や手形貸付、コミットメントラインや当座貸越等、種類が多々あるだけでなく、担保種類も多々あるので、社内ルールを厳密にしていこうとしても限界があります。収益目標を金額ベースにしているのはそういう点で簡略化されていてよい部分があり、理想のポートフォリオ構築を目的に詳細な目標設定を行っても、事後評価が複雑になるというデメリットが目立ってしまうことでしょう。

　金額ベースでの目標設定を中核とするかたちであれば、営業部店に知らされる内容としてはおおむね以下のようなイメージであると考えられます。

14　PDおよびLGDについては、第4章第4節参照。

【例：貸出部門（営業第一部）に対する収益目標設定】
・貸出利鞘部分……○○億円
・フィー収入……△△億円（ローンとデリバティブの組合せによる収益を除く）
・デリバティブとの組合せによるアップフロント収益……□□億円

　貸出関連の場合、現行の国内会計ルールでは区分経理によってデリバティブ鞘の部分がアップフロント収益として計上することが可能です。ただ本質的にはデリバティブのオファー・ビッドというよりも貸出の本源的な資金利鞘部分であるため、中長期的に考えれば貸出利益の前倒し効果となります。収益の前倒しということは将来に向けた会社の基礎体力が弱まる可能性があり、それでも単年度収益の向上をねらうのか、将来的な体力温存を目指すのか、経営方針の明確化が必要になります。そうした方針が目標数値から読み取れるようであればよいのですが、読み取れない場合には補足説明が必要になるでしょう[15]。

　次に補足する点としては貸出利鞘部分です。貸出残高がいくらである前提なのか、格付やデュレーションはどれくらいなのか、期中に償還を迎える貸出はロールオーバーされるのか、といった点が明確化されるかどうかで理解度は相当変わってくると考えられます。少なくとも「短期貸付はすべてロールオーバー」という前提条件が明確化されているとすれば、営業部門は短期のロールオーバーには注力し、どうしても償還する案件が出てくれば代替案

---

[15] 参考までにですが、仮にIFRSへの移行という話がある場合には、プレーンなデリバティブを組み合わせた貸出であれば一体処理扱いとなってしまう可能性もあるので、アップフロント収益を獲得することができなくなる可能性があります。たとえば変動貸出に金利スワップをつけて事実上の固定貸出とする場合、現状の国内財務会計では区分経理によって貸出利鞘部分をデリバティブ収益として一括計上することが可能ですが、IFRSの場合は一体処理として固定貸出とみなされるため、アップフロントでの前倒し計上ができなくなります。

件を探しにいくことになります。こうして考えていくと、営業第一部向け目標設定としては、以下のような追加情報があるとかなり動きやすくなることでしょう。

【例：営業第一部向け収益目標設定（下線が追加情報）】

・貸出利鞘部分……○○億円（原則として期中償還分は期末までのロールオーバー前提）

・フィー収入……△△億円（ローンとデリバティブの組合せによる収益を除く）

・デリバティブとの組合せによるアップフロント収益……□□億円

・貸出残高……前期末対比で＋100億円（A格相当：＋200億円、BBB格相当：△100億円（注））

　（注）　半期終了時点での入替え前提で資金利鞘は計算、格付別残高増減に関しては努力目標とし、定性評価対象とする。

　営業第一部が追加情報も含めた目標設定を伝えられると、目標達成に近づくために、A格相当で＋200億円を実現できる先があるか、BBB格相当で100億円程度の償還があるか、デリバティブを取り組むような取引先がどこか、といった点で調査をし、重点的に営業を行うことが可能になります。市場金利想定やクレジットスプレッド想定も示されていれば、上期／下期重点項目ということも部門内で共有できるので、資源配分の観点でも業務効率性は向上することが期待できます。期中の進捗状況まで把握できれば順調かどうかも理解できるので、目標達成のために何をしていくべきかを常に考えた業務運営に近づくことでしょう。

(3) 特定取引勘定との共有化

　バンキング勘定の市場部門と貸出部門での目標設定に関してはこれまで述べてきたとおりですが、ポジション量としてはバンキング勘定が圧倒的に大

きいため、全体的な影響度はバンキング勘定ほどではないものの、特定取引勘定に関しても目標設定の前提条件を詳細に伝えることは重要です。背景となる会計処理が時価会計であることから、リスク計測上の考え方とも合致しやすく、管理会計も合致させやすいので、リスクと財務会計・管理会計のミスマッチは生じにくいと考えられます。

　財務会計面での話として考えれば、銀行の特定取引勘定も証券会社のトレーディング勘定も特に差はありません。違いが出てくるのは資金調達コスト配分の取扱い、有担保取引に関する取扱いの違いといった、組織分掌の違いから生じる管理会計面での取扱いです。大手総合証券会社をイメージすると、おおむねフロントと呼ばれる市場部門は、部門で保有している有価証券（営業用の品揃えとして保有している有価証券）を使ってセルフファンディング（レポ等の有担保調達）を行っており、無担保調達を含めた全社的な資金調達を財務部門が行う分掌となっていることが一般的です。フロントのセルフファンディングにかかるコストはフロント側で把握できるため、財務部門が行う資金調達分（事実上無担保取引、資本性資金を含む）をフロント側に管理会計処理として転嫁するような発想になっています。銀行の場合はALM全体を財務企画部門、市場性資金の調達オペレーションを市場部門が行っているため、営業部門向けの資金調達コストや担保コスト等は市場部門を通じて財務企画部門が示す本支店レート等に反映されますが、特定取引勘定へのコスト転嫁については、市場部門と直接内部取引を行うケースもあれば、本支店レート等による仕切りレートで評価されるケースも考えられます。

　背景をふまえたうえで、ここでは銀行の金利系デリバティブ部門に対する目標設定について考えてみましょう。時価会計ベースなので、収益目標設定は金額ベース、制約条件としてはリスクリミット等が設定されます。制約条件は本題ではないのでここでは割愛し、収益部分について目標金額のみを通知したとしましょう。

> 【例：金利系デリバティブ部門向け収益目標】
> ・金額ベース（評価損益を含む）で○○億円（前年度比＋△億円）。

　デリバティブ関連部門については、証拠金規制が9カ月延長され2016年9月より適用という規制強化がこれから進むので、今後管理会計上の取扱いについても高度化が必要な業務になります。そうした背景をふまえると、今後については規制強化の影響度等を勘案して横ばいくらいが限界かもしれませんが、仮に実際に設定される目標が前年度比プラスとなると、相応の根拠が当然あるはずです。たとえば貸出に付随するデリバティブ取引を積極的に行うといった経営方針が前提となっていて、「新規長期貸出の半分はデリバティブ取引を付随させることを目指す旨、貸出部門に周知徹底する」といった方針を打ち出しているような場合であれば、前年度比プラスとなる目標設定の可能性はありうるでしょう。ただその場合においては収益部門評価として市場部門と貸出部門との間における収益の二重計上問題をクリアにする必要が出てきます。本質的には単体デリバティブ（自社の資産に付随しない取引）での収益確保を目指すことが重要です[16]。

(4) その他市場関連等

　デリバティブを含め、市場部門（自己ポジション関連）全体としていえる

---

[16] 銀行が行う貸出にデリバティブを付随する場合は、貸出利鞘部分（の一部）をアップフロント化するため、将来の受取利息部分を前倒し計上する効果があります。これに対し証券会社のMTNでは、自社の調達手段にデリバティブを付随させているものの、財務コストの一部を収益計上して収益前取り＋コスト後払いのような効果ではなく、財務コストは一定のままでデリバティブ部分のオファー・ビッドとして収益が勘案されるかたちになります。
　つまり、貸出の場合では、期間5年の貸出金利（固定）が1.5％（うち信用スプレッド部分が0.3％）であれば、0.3％×5年相当分がアップフロント計上されますが、証券会社のMTNの場合、期間5年の財務コストがLIBOR、スワップレートが1.0％であるとき、投資家へのクーポン支払を0.9％とすることで0.1％×5年相当分が収益計上されるかたちになります。

ことは、目標収益の達成において顧客取引によるオファー・ビッドの獲得がどの程度見込まれるのかは重要なポイントになります。顧客取引で確実にオファー・ビッドが獲得できる取引が多いほど目標達成に近づくのですが、オファー・ビッドが十分に確保できない案件が多い、あるいは顧客案件そのものが少ない、という場合には、その分だけ自分たちの相場観に基づくポジショニングで収益を確保する必要が出てきます。業務分掌上の役割としても、自己ポジションで儲ける部分が大きいかどうかで、最終的には報酬制度にまできちんと整合性を保たないと、部門メンバーとしてはモチベーションに直結します。つまり目標設定の前段階で、市場系取引に関する顧客層がどの程度あるのかといった潜在的な能力と、実際の営業力や商品開発力、そして市場予測の的確性を評価したうえで収益目標の正確性が担保されることになります。想定する市場変動のレンジ設定がここ数年ではつけていない水準を含んでいるのか、ここ数年での実際のレンジ内で設定する想定レンジなのかによっても顧客動向は変化しうるので、想定レンジやボラティリティ、貸出関連取引に関する見通し等をふまえておくべきです。目標設定段階で金利の想定レンジが0.8％だったのに対し、期末までの１年間見通してみたら0.2％だったという結果であれば、仮に目標達成できなくても妥当であると考えられるように、事後検証として「どうして達成できた／できなかった」という理由を明確化するうえでも、収益目標の設定根拠はより明確にするべきです。

　３つの部門を通じて収益目標設定の根拠を示す意義を説明してきましたが、大前提として「収益目標そのものに経営側の意思が組み込まれている」ことが重要です。きちんと組み込まれているのであれば、収益目標の詳細な内容を伝えて収益部門に理解されることは、その経営側の意思を行動に移す手段となります。後述するリスクカルチャーの話とも関係してくると思いますが、業務計画の達成という目標に対して、会社全体としての状況と望まれるオペレーションが明確なのかどうかによって、フロント側のモチベーションにも変化が期待でき、オペレーションの進捗や環境変化に対するフロント

からの意見も活発になる可能性も期待できます。単純な数値目標のみ伝達しても、収益部門への尻たたきと解釈されて低いモチベーションでの行動になってしまうと、RAF態勢構築までの道のりは遠いものとなりかねません。

第5節 収益目標の妥当性検証

(1) RAF態勢と業務計画

　会社全体の収益目標に関して「天の声」という表現を使ってきましたが、「天の声」というのは実際にはおそらくCEOや経営企画担当役員等がなんらかの根拠に願望を加えて出てきた数値であり、その数値が実現可能なのかどうかを経営企画部門が調査し、各収益部門との意見交換を経て現実味を交えた数値が目標となっているケースが多いと想像されます。もしその推測が正しいということであれば、ある意味ではその目標設定は経営者の意図を最大限反映しているという考え方もでき、コーポレートガバナンスとして決して間違ってはいない側面はあると考えられます。

　ではRAF態勢というものを意識した場合、天の声方式はそのかたちで理想形といえるでしょうか。RAF原則に照らし合わせても、表面的には問題ないようにもみえます。経営者側からの強い意思表示をクローズアップしてしまうと、明確な意思表示ということでプラス評価といえるかもしれません。しかしRAF全体像からすると、逆に経営者に対して「本当にそれでいいのですか」と質問したくなるはずです。この点についてはRASをどうとらえるのかが重要なポイントになります。

　話を単純化させるうえで、RASとして「新年度の収益は前年度の+10%増を目指す」という趣旨のものを掲げたとしましょう。もし各収益部門における部長クラス以下が、周辺環境等をふまえてきわめて困難というような判

断であった場合、おそらくその目標はクリアされることなく終わってしまうことでしょう。きわめて困難という度合いにもよりますが、前年度比＋10％の根拠が不明確であればあるほど、単なる思いつきになってしまい、RASに掲げていれば未達がクローズアップされて責任問題や風評リスクにつながりかねない話になります。事前に経営者と関係部署間において議論が行われ、共通認識のもとで設定される目標であれば、各収益部門も目標達成に向けたモチベーション維持も可能になり、本当に達成できる可能性もあるでしょう。業務計画そのものが経営者の「根拠なき熱狂」にならないようにするためには、たとえ経営者が持ち出してきた目標数値であるにせよ、その根拠を検証する必要があります。そこで前節と重複する部分はありますが、この節では目標を設定・通知する本部側の視点で検証することの重要性を考えていきます。

　経営者の立場でステークホルダーと新年度の業務運営に関して交渉する予定があるとしましょう。ステークホルダーは業務運営に関して要望を述べる立場であり、実現可能性の高さの問題ではなく、要望の強さの問題で主張すると考えられるので、要望として伝えてくる内容は（達成までの時間の配慮はあるとしても）実現させることを前提として伝えてくるものと考えられます。当然企業運営においてはそうしたステークホルダーの要望は重視せざるをえませんが、すべてにおいて達成できるとは限りません。達成できることも達成できないこともその根拠が必要であり、理路整然と反論をいえずにステークホルダーに押し切られた事項があるとすれば、もはやそれは公約へと変化したということもできます。RAF態勢におけるRASの位置づけは、こうしたステークホルダーとの交渉内容とほぼ同じであり、ステークホルダーの要望を強く反映したものになるはずです。ステークホルダーのなかでも特に株主にしてみれば「いくら儲けていくら還元してくれるのですか」というのは、RASの掲載いかんにかかわらず、株主としては必ず要望する話であり、経営者としてのコミットメントとして考えれば「収益目標を前年度実績＋α（根性）としました」というのはあまりに単純すぎる無謀な話です。

(2) 客観的な収益力評価と目標設定方法の検討

　収益目標としては自助努力で頑張ることができる最大限の数字が1つのターゲットになってくるのでしょうが、前提条件を前年度環境としてしまうと、いったい何のためにさまざまなストレスシナリオを考えてリスク管理をやっているのかわかりません。いろいろなリスク分析をした結果債務超過にはならないような業務運営を維持できているというノウハウがあるのであれば、その分析力をもっと収益獲得のために生かすべきです。リスク管理部門は中立的な立場で牽制機能をもっていること、（高度化が進んでいる前提では）すべての収益部門のポジション把握が可能な立場であり、環境認識といった情報収集も比較的容易な立場にあること、といった要素を考慮し、経営者や経営企画部門が考える収益目標設定内容を客観的な立場で検証することにより、新年度収益目標の妥当性を高めることを目指すということです。外部環境をふまえたリスクシナリオの実現可能性や、メインシナリオそのものの妥当性、リスク／リターンを意識したガバナンス態勢構築の第一歩として、リスク管理部門にその集計・検証任務を負わせてみるということです。牽制機能という意味では監査部門にもありますが、フォワードレートの意味を監査部門に理解させるところからスタートすることや、データ集積面での問題等を考えれば、監査部門よりもリスク管理部門がその責務を負うにふさわしいことは一目瞭然です。

【例：全社的な収益目標設定に関する考え方】

① 前年度実績（2,500億円）＋α

② メインシナリオ実現による期待収益3,000億円（メインシナリオ発生確率70％）

③ リスクシナリオ実現による期待収益1,500億円（リスクシナリオ発生確率30％）

④ メイン／リスクシナリオの加重平均による期待収益2,550億円（＝

3,000×70％＋1,500×30％）

　上記例は、全社的な収益目標設定方法を検討するにあたり、どのような決定方法がよいかを考えたものです。もちろん最終的にどうするのかは経営者の意思決定になりますが、コーポレートガバナンスの観点でそれぞれをみていけば、どの方法で決定されているかによってガバナンス水準が想像できそうです。

　①のケースでは、＋αの内容次第ではあるものの、ベースが前年度実績であるため、前年度と新年度の環境認識差異がどこまで勘案されているかわかりません。この方法はあまりに一般的すぎて、＋αの根拠の有無にかかわらず、これまでとは変わらないという意味で社内が混乱することはないと考えられます。「収益合計さえ達成できるなら、部門別などどうでもよい」ということであれば、こうした方法も決して悪い材料ばかりではないでしょう。社内で想定するシナリオと関係なく目標設定をするので、各収益部門のフリーハンド部分が大きくなるはずです。それが逆プレッシャーとして統制が利くような社員教育がなされているのであれば、それもまたコーポレートガバナンスの1つの方法かもしれません。

　②および③のケースでは、リスク管理高度化のノウハウを使って、期待損失を期待収益に発想を変え、シナリオごとでどの程度の収益を獲得できるのかを考える方法です。会社の基礎体力というか本源的収益力を知るうえでは重要な考え方でしょう。リスク管理高度化という表現を使いましたが、必ずしもむずかしい計算式を使って数値を算出しなくても、ポジション量や想定簿価、市場実勢変化等の一定の前提条件のもとで算出する方法も可能です。

　この方法で算出されること自体は①の方法よりもガバナンスとして進化した考え方ではあると思いますが、会社の単年度業務計画において③を選択することは常識的にありえないでしょう。会社が想定するリスクシナリオが実現しても1,500億円の収益があるということは、ステークホルダーに限らず「何の努力もしなくても達成できる水準」と受け止められ、「企業努力による

＋αを示すべき」といわれてしまうからです。仮に裏側では、ポートフォリオ組換えやコスト圧縮等のさまざまな施策が組み込まれた内容によって、かろうじて確保される収益であるとしても、発生確率30％に対する目標ということでは理解されにくいでしょう。つまりここから読み取れることは、「精緻に計算されていても、対外的に理解を得られるとは限らない」ということです。前年度実績も下回る水準であるため、想定するリスク事象とその影響をどれだけ詳細に説明したところで、発生確率80％というなら話は別ですが、所詮は30％であり説得力に欠けます。

では④に準じた考え方はどうでしょうか。④は数学的にはじいたというだけですが、偶然の一致としてほぼ前年度相当になっており、算出根拠の説明をかいつまんで聞くだけでは①と④の相違点ははっきりしないでしょう。数字の根拠という意味では①よりも④のほうが精緻化されている印象をもちますが、単純な加重平均では数学的根拠としては少し残念な内容です。ステークホルダーからすれば（①から④のすべてをみせた場合）②を希望することはほぼ間違いないなかで、30％という決して低くはないリスクシナリオ分をどのように織り込むかについて、経営者としての強い意思表示が必要になります。

この①から④の例において、もしメインシナリオやリスクシナリオだけではなく、それ以外のさまざまなシミュレーションを実施していて、②以上のベストシナリオが存在し、そのときの期待収益が3,500億円という計算結果が出ているとすれば、経営者としては（あえて保守的に）②を選択するということは十分考えられるでしょう。3,500億円を実現させるシナリオの存在を知らなければ、3,000億円という収益目標が期待収益の最大値という印象をもってしまう可能性がありますが、3,500億円シナリオがあると理解するだけで経営判断は変わりうるということであり、シミュレーションを行うことは意味があるということになります。

(3) 組織態勢面

　収益計画の妥当性検証の実施目的としては、能力面や環境面からの限界を超えている、あるいは不当に低い目標設定を回避することにあり、収益部門の不公平感の是正や、目標未達による風評リスクの高まり等を統制しようというものです。このため検証をする必要条件として、社内で中立的立場にあり、社内外のさまざまなデータの取得が可能であり、そのデータや情報を分析する能力があることが求められます。分析・検証結果は当然収益目標設定に反映されることになりますが、単年度収益目標に限った話ではなく、中長期ビジョンも含めたRASの決定にも影響を与えることになります。万一RASとして実力をはるかに超えた収益獲得に関する事項が記載されていれば、目標未達ということももちろんですが、ガバナンスの精度に対する不信感になってしまうと、株価下落や格下げリスク等にもつながる事態になりかねません。そしてその責任は経営者に向けられ、任期途中で会社を去ることにもなりかねないということです。

　一方、組織の現実論として、収益目標設定に関する事前検証や各種分析を行えるだけのリソースがあるのかは大きな悩みです。仮にリスク管理部門がその責務を担うとして、潜在能力的にはもちろん可能だと思いますが、これだけ複雑化した規制・制度対応で疲弊してしまっているのも事実です。マイナス金利適用の影響によって利鞘縮小が発生し、追加的なIT予算捻出も簡単ではないでしょう。リスク管理部門の人にとっては「冗談はやめてくれ」の感覚だと思います。

　しかしRAFというものをもう一度考えてみましょう。完全に態勢構築されるまではとても大変だとは思いますが、完成されているとすれば、リスクアペタイトが決定されていて、どこに資源投入していくのかがわかるので、ありとあらゆるリスク事象を想定する必要もなくなってくるはずです。つまりリスク計測作業の（将来的な）負担軽減という考え方もあり、存在するリスクが特定しやすくなるというメリットがあります。存在するリスクを特定

できるということは、仮にリスク事象が発生しても対処方法もあらかじめ検討できるということです。リスク事象発生時におけるドタバタに振り回される機会は徐々に減ってくるはずです。

本質的には、これまでVaRという予想最大損失を計測していたようなことを期待収益という発想に切り替えてこれまでの作業に加えることと、業務計画策定時や期中のALM委員会・リスク管理委員会等の会議体での議論促進のための客観的データの収集・加工作業が追加されることに対し、リスク事象発生時負担が軽減されることが期待できるということでしょう。これから態勢構築をしていく作業負荷もあるので全体として作業は増えるかもしれませんが、コーポレートガバナンス高度化という点で追加的に人員を投入するだけの意義はあると思われます。

 ## RASの策定と内部管理

(1) RASの位置づけと課題認識

前章にて説明したRAF原則において、RASとは「経営目標を達成させるために、金融機関が積極的なもしくは消極的な姿勢をとるリスク種類とその合計水準を文書化して示すもの」と定義されています。具体的なRASに関する項目をみていても、直接的に収益統制に関するような内容ではなく、リスク管理側からのアプローチによる内容が列挙されています。その意味では業務計画や経営計画という記述に関してどこまで拡大解釈するかによりますが、前節で述べたような収益目標金額を無理にステートメント化させる必要はなさそうにみえます。

欧米の金融機関の開示情報から具体的なRASの内容を検索しても、現状では実際にヒットすることは少ないと想像されます。その意味ではまだ

RASは一般開示情報の位置づけというよりも、国内金融機関も行っている資本配賦の延長線上的位置づけだと考えられます。開示資料のなかではリスクアペタイトの見直し（期中変更）に関する記載を行っているところがあり、想像ではありますが、資本配賦額合計はRASとして決定するも、個別のエンティティやビジネスラインの資本配賦額を随時見直しできるようにしていると推測されます。

しかしそうした海外事例はさておき、RAF原則の内容に基づいて、リスクアペタイトやリスクリミットを設定しただけでは残念ながら業務計画と整合的になるとは限りません。リスクアペタイトやリスクリミットはおそらくとれるリスクの限界量をイメージして決定されると考えられ、期初時点や期末時点のリスク量を明確化するものではないので、それだけではどれくらいの収益が獲得できるのかは特定できません。一方、業務計画では通常収益計画が付随しており、最終的なB/SやP/Lを想定できるかたちになります。そこでRASと業務計画の関係性を整理するうえで、収益に関する事項がどれだけ重要なのかを把握するため、それぞれの検討案をイメージして比較してみましょう。簡略化のため、業務計画策定段階におけるポートフォリオとしては、日本国債1,000億円（平均残存5年）、貸出1,000億円（BBB格相当、平均残存5年、自由に流動化が可能）であると仮定します。

【例：リスクアペタイト・リスクリミットと業務計画】

［RASとして検討される内容］
・日本国債での運用方針として、保有限度1,200億円、損失限度60億円
　（＝1,200億円×1％×5年）
・貸出での運用方針として、貸出残高限度1,200億円、損失限度120億円
　（＝1,200億円×2％×5年）

［業務計画として検討される内容］
・日本国債での運用に関し、収益目標は30億円（＝1,200億円×0.5％×5年）

・貸出での運用に関し、収益目標は60億円（＝1,200億円×1％×5年）

　RASとして日本国債や貸出に関する方針が掲載されていれば、第三者がみた際に、リスクをとって収益をねらっていることはもちろん把握できます。業務計画と整合的かどうかという観点では、ポジション量や平均デュレーションという点で整合的ではありますが、RASの内容だけではポジション積増しのタイミングや運用利回りターゲット等はどこにも出てこないので、実際のオペレーションであっても収益計画の説明であっても、それぞれ0.5％や1.0％といった運用利回りを上回る水準で運用しないと収益目標は達成されないということを把握できません。ステークホルダーが実際のオペレーションに関して何か物申すということはないでしょうが、ポジションを積み増すタイミングを間違えて、収益目標上のターゲット金利を大幅に下回る金利水準で運用してしまうリスクがあり、それがどれくらいの可能性なのかを把握するすべもありません。ステークホルダーに十分理解してもらうには補足情報が必要であり、社内としてもオペレーションに反映できるよう情報共有しておくべきです。

　RASというものをどういう位置づけにするかはとても重要でしょう。「社内外に対して組織運営上の目標を明記して、ステークホルダーを含む外部からの信頼を獲得する一方、それを実現するためのオペレーションを行いやすくすることを目指す」というのが理想でしょうが、規制・制度対応の範疇を超えることなく「RAF原則にある内容に対して（最低限）遵守する」というスタンスであれば、収益に関してはうかつに触れないということになるでしょう。RASにはステークホルダーを含めた外部向けコミットメントという色彩があるので、いったんRASが世の中に出てしまうとどのように世間が評価するかは不明です。そこで風評リスクを抑えるためにどのようなことが必要になるかを考えてみましょう。

【例：RASの位置づけと風評リスク発生可能性】

［位置づけ］

① 会社組織の方向性を示すため、具体的な実務運営において志向するリスクならびにその統制方法を示す。

② 会社組織の方向性を、志向するリスクと統制方法だけでなく、目標とする収益や配当政策も含めたかたちで示す。

③ 会社組織の維持の観点を含めた、将来の可能性を含めた経営戦略全般（M&A等）で示す。

［風評リスク］

① 内容に不明瞭な点が出やすく、狭義の経営戦略となるため、開示に関する不信感が出てこないようなかたちでのIR活動等による補足が必要。

② 収益不足発生となった場合での不信感を封じ込めるための、計画時の根拠と現実のミスマッチ要因に関する分析や補足により、ステークホルダーからの理解を得ることが必要。

③ 不確実性が大きいものや優先順位といったかたちでの、実現可能性とそのスケジュール、期待される効果や付随するリスクが不明瞭であることによる不安感の払拭が必要。

RASに盛り込まれる内容について、その範囲が大きくなるほど、ステークホルダーを含む第三者の目としては、広がる項目に対して興味が集中しやすくなると考えられます。上記例では触れていませんが、RASによる社内統制という側面もあるため、話が広がりすぎると逆に足許で何をするべきなのかが不明瞭になる一方、短期的な目標と中長期的な目標の整合性も求められることになります。あらゆる意味でその時点における企業としての能力をふまえたうえで、現実感がある内容に仕上げることは簡単ではなく、なんらかの検証に基づいた内容に近づいていくと考えられます。

またRASが第三者の目にさらされる前提で考えた場合、その継続性・連続性は重要であり、頻繁に変更することが許される性質ではないということもいえるでしょう。経営方針を示しているものなので、RASの内容に抵触するということは、基本的には環境変化に関する予測が甘かった、統制能力が低かった、といった理由が考えられます。リーマン・ショック級の市場変化があれば正当化できるかもしれませんが、規制強化の理念からして、少なくともそうしたストレスには対応できる組織運営が実現している前提となるため、精緻につくられたRASであれば本来抵触することはまずないと（現実はともかく、第三者的には）考えるでしょう。逆に経営者の立場で考えると、抵触するような事態は自分の立場も危うくするということなので、より保守的な内容で作成することを考えるかもしれません。つまりRASを理解すればするほど多くの内容を盛り込むことが困難になってくる力が（経営者側から）働く可能性があり、RASに盛り込まれる重要指標と簡単にいっても、稼働するまでには相当な社内外での調整が必要になります。

(2) RAF態勢構築に向けた実験的試行

　RASの性質をふまえて問題を解決するため、まずはステークホルダーとの間で優先順位事項を交渉することが先決です。ステークホルダーや経営者の要望範囲が広すぎると、組織を動かすエネルギーも分散するので、重要事項に配分できるリソースも限られてしまいます。なるべく恒久的で理解しやすい経営方針を打ち出すことはステークホルダーとも共有しやすいと考えられるため、共有化できる事項がまずRASとして掲げられ、社内統制に関しては別途KPI（Key Performance Indicators）やKRI（Key Risk Indicators）といった社内指標を設けて統制していくことが必要になってきます。RASの記載範囲が広範囲になってしまうことによる組織力の分散により、結果的にRASの内容に抵触し変更を余儀なくされるような場合、それが風評リスクにつながってしまうことはステークホルダーにとってもデメリットです。十分な意見交換をしたうえで、企業としての実力に見合ったRASを策定する

ことが理想です。

　RAF態勢構築の初期段階においては、稼働までの十分な準備期間を設けることが望ましいでしょう。十分な準備期間を設けていれば、実際に考えてみたRAS候補が変更を余儀なくされる事態に陥っていないか、風評リスクを含めた統制困難な事態が発生していないか、といったことが確認できるからです。RASには盛り込みにくいがなんらかの統制が必要なものや、ステークホルダー等から質問が出てきそうな事項や、実際には業務運営上あまり有効ではないものがみえてくるかもしれません。頭のなかでシミュレーションをするだけでもRASに盛り込みにくいものが出てきますので、経営方針をRASに落とし込めるかどうかを考えるうえでいくつかサンプル的に考えてみましょう。

　文案例としてはどのようなものでも考えられますが、初期段階として置きやすいのは規制内容に準じたものです。「普通株等TierⅠによる自己資本比率10％以上」や「流動性バッファーの維持・強化を目的としてLCRを110％以上で維持」といったようなものです。規制値が数値目標なので特段の工夫も必要ないことや、規制値クリアが業務運営上の絶対条件でもあるため、数値化された目標水準を設定しやすく、また同業他社比較もやりやすいというメリットがあります。しかし規制値に準じた内容だけでは企業として何を目指しているのかがわかりにくく、単に保守的に運営している印象がぬぐえません。積極的にリスクをとりにいくものを選択するのがRAFであるという前提で考えると、規制値関連は制約条件を述べているだけになってしまい、何に積極的なのかを示す必要があるでしょう。RAF原則では背景として「単に積極的というだけでは統制できないので、リスクリミット設定等を検討するべき」という考え方でしょうから、積極姿勢であるビジネスの内容とその統制方法が理解されるものであればRASとしては一応の合格点となり、本当にそれが組織的に機能すればRAFとして合格点になっていくということでしょう。

　表7を全体的に見通すと、「中長期的にはアジアを中心とした業務拡大を

表7 RASへの盛込みに関する事前検討例

項　目	内　容	検討例	文案例
経営戦略に関する事項 （比較的中長期）	国・地域・商品等のみならず、M&A等による企業規模や危機対応等、企業の将来形をイメージさせる事項に関する内容	・海外戦略やM&A等に関する事項 ・自社格付に関する事項	「東南アジアを中心とした与信業務拡大として、3カ国の現地金融法人の買収・業務提携を実施する」
ポートフォリオ・バランスシートに関する事項 （短期から中期）	具体的なALM運営や収益獲得のための注力分野等、主にバランスシート面に関する事項	・アセットポートフォリオに関する事項 ・ライアビリティーコントロールに関する事項	「外貨流動性の確保の観点より、外債投資の60％以上を換金性が高いソブリンものとする」
収益・配当に関する事項 （短期から中期）	具体的な収益確保および獲得後の処分等、主にP/L面に関する事項	・配当政策に関する事項 ・短期／長期の収益性、リテール・ホールセールの収益性に関する事項	「1株当り年間20円配当を目指す」
経費・費用・報酬に関する事項 （短期から中期）	拡大業務への先行投資や縮小分野のコストカット、業務全般での成功に対する報酬に関する事項	・人員配置や各種リストラに関する事項 ・報酬に関する事項	「国内店舗統廃合により3億円の経費支出を抑え、海外出店費用に振り分ける」
その他事項	不良債権処理、グループ・子会社戦略、その他に関する事項	・監査を含めた社内体制整備に関する事項 ・社会的責任に関する事項	「グループ各社のデリバティブ取引を銀行に一本化し、業務効率を向上させる」

目指すものの、規制対応やストレス対応を意識して流動性の高い資産を保有しつつ、連結ベースでの業務効率化も促進させる」というありきたりなかたちになっています。ただもう少し深読みをすれば、アジア進出はM&A関連での業務拡大（各国内での業務基盤や規制対応等は一定水準あり→規制等の追加コストはなるべく発生させない）ということになりますし、デリバティブ一本化ではクレジットラインの有効活用（大口信用供与規制を意識）や店頭デリバティブ証拠金規制対応も意識したものであり、単純な業務改善にひと工夫加えるような想定になります。単体ベースで物事を考えるのか連結ベースで考えるのかという点もRASの内容に違いが出てくるポイントでしょう。第三者からみてインパクトがあるRASを掲げることができる企業は、それだけで同業他社との違いを示すことが可能になります。

　次に文案例を使って、期中変更等の見直しが発生しうるものかどうかを考えていきましょう。途中で見直しが頻繁に発生するようではRASとして掲げるには不安材料となるので、どの程度恒久的なものになるかを考えます（表8参照）。

　みてすぐにおわかりになると思いますが、詳細な内容になればなるほど見直し可能性は高まります。たとえば収益部門が2つあると仮定し、収益部門Aの収益目標が1,000億円、収益部門Bが2,000億円、組織全体としての収益目標は2,800億円である場合、組織全体としてRASとして記載する場合と、AとBと合計のそれぞれの内容を記載する場合では、見直し可能性は変化します。もちろん達成確率がどのようなものかにもよりますが、内訳を含めたかたちの場合はすべてが達成されないといけなくなるので、ハードルが高くなってしまいます。こうしたケースではRASでは全体のみ、内訳に関してはKPIによって社内管理というかたちにすればよく、環境変化等に弱い内容は恒久性を維持しにくいので、KPIやKRIによって管理していくということになります。

表8　RAS文案の恒久性に関する検証イメージ

前述のRAS文案例	周辺環境変化時の影響等	恒久性に関する補足等
「東南アジアを中心とした与信業務拡大として、3カ国の現地金融法人の買収・業務提携を実施する」	なんらかの金融危機が発生する可能性、政治的混乱等がある場合、実現可能性が大きく変化	達成までの時間軸（途中経過の詳細）を示すとRASの見直しが生じる可能性が上昇
「外貨流動性の確保の観点より、外債投資の60%以上を換金性が高いソブリンものとする」	残高ベース・収益目標ベース等の明確化は必要ながら、自助努力で対応できる内容	60%という数値をリミット的な扱いとすれば制約条件化するが、国別・通貨別といった詳細内容まで明確化すると見直し可能性が発生
「1株当り年間20円配当を目指す」	環境変化等による減収があれば実現不可能となる可能性あり	シミュレーション実施等による実現可能性を把握し、統制することで見直しを回避したい事項
「国内店舗統廃合により3億円の経費支出を抑え、海外出店費用に振り分ける」	基本的に店舗統廃合は自助努力で対応可能（海外新規出店に関しては認可等の問題あり）	コストカット面の数値は必達だが、統廃合・新規出店に関する詳細内容があると見直し可能性が発生
「グループ各社のデリバティブ取引を銀行に一本化し、業務効率を向上させる」	作業遅延等は起こりうるが、自助努力で対応できる内容	時間軸や達成後の効果を示そうとすると見直し可能性が出てくるが、一本化そのものは必達事項

(3) RASとして記載される事項の検討

　なお、RASに記載する項目に関する筆者としての私見ではありますが、「外部格付○格以上の維持」というようなものをRASに記載できるのかという点については、もう少し整理して考える必要があるような気がしています。組織運営目標として掲げる意義は十分感じ取れますが、格付維持のための具体策をどうするのかがあいまいになり、その統制方法を示すのかどう

第3章　業務計画の精緻化　107

表9　ローンポートフォリオと業務計画

		2016年3月末		
		残高	平均残存	スプレッド
AA格以上	円貨	1,500	2.5年	0.06%
	外貨	0	−	−
A格	円貨	2,500	1.8年	0.13%
	外貨	0	−	−
BBB格	円貨	3,500	3.8年	0.36%
	外貨	0	−	−
BB格以下	円貨	2,000	1.2年	0.64%
	外貨	0	−	−
延滞債権	円貨	500	−	(0.71%)
合計	−	10,000	−	−

（注）　期中償還予定150があっても、回収困難ということで、部門評価上は延滞が続く前提。

か、あるいは示すことが可能かどうかまで考えるべきでしょう。格付維持のためには、安定的な収益を確保するというだけではなく、さまざまな格付機関なりの指標の安定性が必要であり、しかもカントリーシーリングの観点で「ソブリンが格下げされたので自社も格下げ」ということも起こる可能性があるからです。格下げされた場合の影響を考えることはこれまでも検討されてきているのでしょうが、格付維持に関する施策を明確に理解しきっているとは言いがたく、万一「格付機関による経営者インタビューのときの印象が悪くて1ノッチ下げられた」などというような事態があると、もはや統制の世界の話ではなく、RAFどころの話ではなくなってしまいます。それでなくても、国内セーフティーネットの評価に関して格付機関側が評価方法を変えることによって格付が変わるということもあります。

　以前聞いた某米系金融機関の話ですが、「高格付を維持するために、保有する資産の格付はもちろん、負債サイドの取引先も統制対象として考える」

	2017年3月末		
	残高	平均残存	スプレッド
期中償還▲500	1,000	1.5年	0.06%
新規＋500	500	2.0年	0.20%
期中償還▲1400、ロール＋400	1,500	0.8年	0.10%
新規500	500	2.5年	0.45%
ロール±0	3,500	2.8年	0.36%
新規＋500	500	2.0年	0.65%
ロール±0	2,000	0.8年	0.64%
変化なし	0	－	－
変化なし（注）	500	－	(0.68%)
	10,000	－	－

ということがあり、取引の一つひとつにまで配慮して全体を統制することでようやく格付維持が可能と考えていました。こうした自助努力を積極的に行うと、運用利回り低下や調達基盤の変化に直結する可能性があります。また日本の場合は他の先進国と比べて債務が大きいといった問題がソブリン格付を変動させる要因になっており、ソブリン格付のダウンサイドリスクが小さくならないと格付維持もむずかしい状況にあると考えられます。RASをどこまで重視するのかのスタンスにもよりますが、風評リスクは必ずついてくることと、格付維持の統制方法はすごく広範囲であることをふまえ、抵触後の対応まで想定して記載するべきかどうかを検討してほしいところです。

RASとして記載するべきかを考えるうえで、リスクアペタイトというものを整理してみましょう。RAF態勢の構築においてリスクアペタイトがすべての根源という発想でRASを記載するのか、それともRAF態勢が高度なコーポレートガバナンス手法の1つであると解釈してRASを重要な経営目

標として考えるのか、によって候補となりうる内容が当然変化します。いずれのかたちであっても業務計画には必ずリンクするはずなので、具体的にローンポートフォリオを例に関係性をみてみましょう。

表9は業務計画策定におけるローンポートフォリオの入替えを想定したものです。従来型の業務計画策定においては直近期末時点（2016年3月末）を前提として、（実際に貸出部門と共有化されているとは限りませんが）ロールオーバー案件や新規案件を考慮して2017年3月末のポートフォリオができあがることを想定します。一般的に直近期末時点をベースとする考え方からスタートしているので、リスク量や貸出残高等に関しては2016年3月末時点±αとして、ロールオーバーや新規分が勘案されます。

もしこのポートフォリオ入替えをRASに記載するという決断をした場合、ゴールに対して記載するのであれば、2017年3月末時点のリスク量や貸出残高等をイメージしたものになり、入替内容に関して記載するのであれば、円貨や外貨に関する増減等をイメージしたものになります。リスクアペタイトをクローズアップするということは、どこにどれくらいの資源配分を行うのかが重要と考えられるので、2017年3月末時点で残高があるポジションがクローズアップされるべきであり、そこに至るオペレーション（ポートフォリオ入替内容）が補足説明として記載されるイメージになると考えられます。

一方、コーポレートガバナンス高度化という位置づけでRAF態勢をイメージし、RASに関しては重要な経営目標ということを前面に出すのであれば、ポートフォリオ入替内容がクローズアップされるはずであり、上記例においては外貨貸出による収益拡大ねらいということです。リスク管理的要素を加えるのであれば、外貨貸出にどれくらい注力して残高はどれだけになるかを追加することになり、RASの内容としては具体的な変化に関する部分が主となるような表現になると考えられます。従来の業務計画策定プロセスを前提とすると、基準が2016年3月末の入替え前で有しているものをベースとしてリスクアペタイトが選定され、2017年3月末に追加されているはずの外貨貸付が追記されるということになるでしょう。

もし経営者のコミットメントという色彩を強めるのであれば、RASの記述テクニックとして達成までのスケジュールを表現する方法や、期待収益を表現する方法もあるとは思いますが、このようにRASの位置づけによって表現方法も変わりうるので、組織運営方針をきちんと整理しながら文案を検討することが重要です。

(4) KPIによる補完

リスク管理の観点では、ストレステスト等を通じて資本配賦額の決定やポジションや損益に関するリミット設定、アラーム設定を行っています。重要な経営指標のうちRASに記載されるものはともかく、RASにはしないものの重要であるというものもあろうかと思います。そこで考えられるのがKPIやKRIを補完的に使用し、ガバナンス強化を図ることです。RASの性質上、頻繁な記載内容変更はなるべく回避するということを前面に出すとすると、目標がそもそも高そうなものや、内容が詳細すぎるもの等はRASとして機能しにくいと考えられ、収益に間接的に影響を与えるようなものも表現しにくいため、内部管理用としてKPIを導入することを検討するものです。目標が高すぎるものや、内容が詳細すぎるものは感覚的にとらえやすいと思われるので、ここでは理解しやすくするために、証券会社の収益獲得の観点でKPIを導入することを考えます（表10参照）。

証券会社の収益構造において、債券にしても株式にしても、リテール／ホールセールともに顧客からの注文を受けるということが重要な収益獲得手段の１つであることは周知の事実です。証券会社はフロービジネスといわれるように、顧客注文でのオファー・ビッドを獲得することがフロー収益となっています。引受業務も発行体からの購入と考えればほぼ同じ意味になります。大手証券会社ではこうした顧客注文に対して迅速に対処できるよう、通常は一定の在庫を抱えています。この在庫がまったく動かずにそのまま保有し続けると、収益が伸びてこないのはもちろんですが、（本来はトレーディング勘定で短期売買が前提となっているはずなのですが）まるで銀行のその他有

表10 営業用有価証券回転率関連KPIの導入（例）

KPI指標	内　容	補足等
商品回転率	営業用資産に係る売買回転率	商品保有期間でも可
投資家別発注件数	投資家ごとでの受注件数	投資家動向把握が目的
市場ボラティリティ	担当商品に関する市場全体の変動幅	外部環境の把握
市場出来高	担当商品に関する市場全体での出来高	自社と市場の相対関係の把握
1売買当り収益	顧客取引における1取引当り収益	オファー・ビッドのワイドニングやタイトニング状況の把握目的

価証券のように長い期間保有することになってしまうにもかかわらず、会計的には時価変動がP/Lにヒットするということで、リスク管理上の保有期間ともミスマッチを起こすことになります。

　そこで収益管理の観点からアプローチしても、リスク管理の観点からアプローチしても、営業用として抱えている在庫の回転率に対して無視はできません。一定の回転率がないと赤字転落の可能性もあり、リスク管理上も保有期間の再検討を余儀なくされます。このため回転率そのものや回転率に影響を与える要素をピックアップし、KPI化してモニタリングすることが必要になってきます。

　顧客が発注をする理由を考える場合、顧客自体の理由によるものなのか、外部環境や相場の位置等によるものなのかを把握する必要があり、発注件数の変化や環境変化によってオファー・ビッドの幅も変化することが予想されます。そのため、顧客業務に伴う収益変化要因として表10のようなKPIを導入し、今後の戦略を検討する必要があります。場合によっては営業用資産そのものの減額や増額も必要となる可能性もあり、そうなると資金計画等にも影響を与える可能性が出てきます。バランスシート全体の変化あるいは収益構造の変化にもつながりかねないため、こうした指標を使ってモニタリング

することになります。

　上記を例とした場合、商品回転率や市場ボラティリティ、市場出来高等は自助努力だけではどうしようもない部分があり、RASに記載するべき事項にはなりません。商品回転率は営業努力が多少影響はするものの、それだけでは語れない市場の冷え込みのようなことも想定しうるからです。税制変更のような外部圧力も受ける可能性があり、恒久性をもったかたちでの導入はきわめて困難です。

　ここでは証券会社を例にしましたので、銀行の特定取引勘定においても応用は可能だと思われますが、銀行のバンキング勘定においてもさまざまなKPIは候補になると考えられます。黒字確保を前提とした業務運営において、貸出債権の焦付きのようなものでもKPIになりえます。たとえば黒字確保のためのデフォルト発生による限界的損失額をあらかじめ把握し、そこに抵触した場合には、以降の新規貸出はデリバティブを使ったアップフロント計上を目指すといった運営です。単年度収益にどこまでこだわるかの問題はありますが、黒字前提とした場合には、KPIを使ってモニタリングすることで施策と連動させることが可能になります。規制値を統制する場合においても同様で、たとえばLCRを一定水準以上に保つために、「処分上制約のない資産の一定額保有」をKPI化する場合や、「一定期間内での期落ち限度設定」をKPI化する等のさまざまな可能性が考えられます。

(5)　意思決定上の留意事項

　業務計画策定段階においては経営判断するべき範囲を考える必要があります。ここでいう「経営判断するべき範囲」というのは、具体的に示された資本配賦や収益目標、RASの記載事項といったような話ではなく、表面的な決裁文書等ではあまり表現されないリスクの話です。

　リーマン・ショック以降続いている金融規制強化は、いまでも未確定部分を残しており、実務対応をするべきリスク管理部門等はかなりの労力を注いでいます。このため社内統制上できていることが望ましい事項（たとえば

データ面でのリスクと収益の融合）でありながら、現時点では未対応となっている事項は多々あるはずです。そのようななかで収益獲得に向けたリスクアペタイトを選定する（あるいは業務計画を策定する）としても、「現状できていない事項を含めて意思決定しているのか」ということを考慮する必要があるということです。具体的なイメージをもちやすくするため例示してみましょう。

【例：意思決定において重視する方針とリスク】
・マイナス金利適用によって運用利回りが低下しているため、黒字確保のための施策としてどれを選択するか。

	ケース1	ケース2	ケース3
内容	円貨貸出（国内案件）で適正スプレッドがカバーされない金利条件となる案件	円貨貸出（国内案件）で投資不適格級の信用力となっている債務者向け案件	外貨貸出（海外案件）でA格以上の信用力となっている債務者向け案件
課題・問題点	リスクとリターンの関係において、クレジットスプレッドが激しくタイトニングしている状況	投資不適格級の債務者の信用力分析能力に不安あり	外貨貸出における適正スプレッドが不明（トランスファー・プライシングとして貸出部門に提示できない）

　組織全体としての業務運営において、マイナス金利適用のような話は、その後の影響がわかりにくいなかで意思決定する必要が出てきます。しかし十分な準備ができない場合、上記のようにリスク管理上完全ではない状況においてもオペレーションを実施しなければならない場合が出てくるため、それに伴う損失発生可能性等を含めて意思決定することがポイントになってきます。これまでの業務ノウハウや経営の方向性を考慮してどのリスクを許容するのかを決定するということも、本来リスクアペタイトに含まれる項目としてとらえるべきでしょう。態勢が不十分であることはRASに記載するべき

内容ではないとは思いますが、そこで生じるリスクをどのようにマネジメントするのかも含めて議論が必要なところです。

　筆者自身の経験話ではありますが、いまから12年ほど前に、商社の財務部門の方に対してカントリーエクスポージャーの擬似的なヘッジとしてソブリンを対象としたCDSの提案をしたことがありました。商社はご承知のとおり新興国向けエクスポージャーが大きいため、ブラジルやインドネシアといったさまざまな新興国向けの投資をどのようにマネジメントするかは重要な課題です。何度か打合せをしていくなかで、次のような話がありました。「ヘッジしたいリスクが多々あるのは事実だが、ヘッジ不可能である案件であるということを認識したうえで、それでも投資をする判断をしている（はずだ）。その意味ではもしかしたらヘッジする必要がないのかもしれない」ということでした。重要な点としてはヘッジ不能な部分があることを承知して意思決定するということであり、理想としてはそれがきちんと各担当部門にも認識の離齬がないということです。なお、個別案件で同様の話がある場合においても、決裁権限者に対して不完全な部分を正しく理解させることも重要です。それは担当部門としての説明責任があり、正しくリスクを認識し意思決定者と共有することは、リスクカルチャーの観点あるいは社会的常識の観点としても当然行われるべきことになります。

第 **4** 章

収益管理と業務分掌

実際の業務実績が計画値に近いかたちで着地することができれば、経営者も従業員もひと安心となります。期中の進捗状況が芳しくない場合、その収益部門の担当役員が部長クラスに対してプレッシャーをかけることはありますが、各収益部門はおおむね決裁権限遵守のなかでのフリーハンド（任された状態）で運営を行っています。

　何のストレス事象もなく順調に収益が積み上がる状況であればクローズアップされない話ですが、精緻な業務計画を策定していたとしても、業績が伸び悩んだり落ち込んだりするような状況下では、「管理会計に問題があるのでは」「フリーハンドに近い運営方法でよいのか」といった議論は出てくる可能性があります。

　経営者の立場で考えると、計画に近いかたちで実績が伴うということが期待できるということは理想です。しかしそれを実現するには、各収益部門の責任範囲の特定や収益管理方法において検討するべき事項が多々あります。そこでこの章では、RAF態勢における収益管理面で定義するべき事項（管理するべき収益の考え方や業務分掌等）に着目し、各部門での統制するべきリスクの範囲を特定するアプローチで収益管理と業務分掌を考えていきます。

 ## 統制のための収益の定義

(1)　会計効果とその性質

　第2章第3節で収益の定義について簡単に触れましたが、ここではもう少し詳しく考えていきます。まず収益と一言でいっても財務会計上の収益、管理会計上の収益、時価会計ベースでの収益といった違いがあり、もしRASに収益関連項目を記載するのであれば、この収益の前提をステークホルダーや社内でしっかり共有しないといけません。まずはそれぞれの目的や性質に

表11 それぞれの会計上の特性と考え方

種　類	取扱上のねらい、目的等	補足、特記事項等
財務会計ベース	同業他社との比較を含め、共通ルールのもとで企業の状況を把握するために開示されるもの	・対外的な開示内容に準じるため、第三者を含め、理解しやすい ・評価損益が反映されない可能性あり
管理会計ベース	企業の方向性に関するメリハリをつけるだけでなく、ルールに基づく実績比較やコスト認識等を社内で共有させるために管理するもの	・セグメント情報で対外的にも使われる部分がある ・方向性を反映させるという点では効果を発揮しやすい
時価会計ベース	保有資産や取引をすみやかに処分した場合の影響や、将来への影響度を知るために算出されるもの	・評価損益が実現していくまでのタイムラグあり ・一部で算出困難なものが存在する

ついて整理してみましょう。

　それぞれの特性は表11のとおりですが、理解しやすくするため、貸出を行った場合、それぞれのベースではどのようになるのかを例示してみます。概念の理解なので、保全状況等はここでは割愛します。

【貸出に関する評価（例）】
［前提条件］
・貸出金額は100億円、期間5年（残存期間4年）の期限に一括償還
・貸出金利は2.0％（固定）、社内での調達コストは0.8％（固定）
・貸出当初はBBB＋格相当、1年経過しA－格相当に信用力が向上
　（残存4年の信用スプレッドは、BBB＋格が1.0％、A－格が0.7％）
［各会計ベースでの比較］
①　財務会計ベース
・貸出に関する受取利息（当該年度）……100億円×2.0％×1年＝2億

> 円
> ・調達コストに関しては特定できない（管理会計上0.8％であるとみなしている）
> ② 管理会計ベース
> ・部門の貸出収益（当該年度）……100億円×（2.0−0.8）％×1年＝1.2億円
> ・信用コスト変化を反映する場合、PDやLGD変化に伴う期待損失の変化がプラス寄与（内部格付手法採用行の場合）
> ③ 時価会計ベース（ここでは貸出部門の利鞘部分を対象とする擬似的時価会計)[17]
> ・部門の貸出収益……100億円×（(2.0−0.8)＋(1.0−0.7)）％×4年＝6.0億円

　最近は「リスク調整後収益」ということが意識される流れではありますが、この「リスク調整後収益」は概念的にすぐに理解できても、数値として正しいものを算出するには高いハードルがあります。そのハードルの高さは国内金融機関のガバナンス水準やIT水準、目指す方向性等によっても変化します。次項では具体的には何が必要になるのかを例示して整理してみましょう。

(2) 収益統制におけるミスマッチ

　表12をごらんください。まず会計のミスマッチ解消についてですが、概念把握においては有価証券保有をイメージすると理解しやすいでしょう。価格変動リスクがあるために購入した次の瞬間から時価変動が発生します。たとえばバンキング勘定においては、実現損益は期中売却時であれば簿価との差額分が実現し、売却しない場合はクーポン収入が主に反映されます。評価損

---

[17] 貸出利鞘に残存期間を考慮したもの。擬似的時価会計に関する詳細は第4節参照。

表12　リスク調整後収益算出に係る主な論点

	詳　細	補足等
会計のミスマッチの解消	リスク計測における考え方と（管理会計上の）収益に関する会計の考え方が一致することが必要	時価会計とAccrual会計といったミスマッチ要因があると正確性は担保されない
時間軸のミスマッチ解消	リスク計測における時間軸（VaRの保有期間等）と収益評価に関する時間軸（期間損益）の考え方が一致することが必要	不一致があると、正確性が担保されず、不公平感にもつながる可能性
各種コストの反映	（貸出を例にした場合）信用リスクを裏付けとした収益獲得を目指すため、コスト配分を行う場合には、信用リスクにかかわるオペレーション権限が必要	オペレーション権限がない部門に信用リスク管理にかかるコスト責任をもたせても意味がない

益はその他包括利益となるため、そもそも評価損益を部門評価に含めるべきかどうかという判断が必要になります。評価損益を考慮するということであれば、有価証券の評価は時価評価がベースとなりますが、評価損益を考慮しないということであればAccrual会計ベースという概念になります。一方リスク管理では基本的には時価会計的発想に基づいて行われるので、会計面でのミスマッチが発生する可能性が出てくるということです。

　次に時間軸のミスマッチ解消についてです。リスク管理においてはよくVaRが使われますが、こうした統計的な分析手法においては観測期間や保有期間、信頼区間といったものを定義する必要があります。ここでたとえば期間5年の貸出を想定した場合、本来であれば5年間のうちにデフォルトする確率がどうなっていて、その損失見通し額に見合った貸出金利条件であるべきですが、もし管理会計上で使われる信用VaRの保有期間が暫定的に3年に決まっていたりすると、当然貸出期間とのミスマッチによって貸出部門に転

嫁されるコストが異なってくるため、不公平感が生じることになります。

　各種コストの反映については、まずどのコストがどの部門に転嫁されるべきかの議論からスタートさせなければなりません。信用コスト変化に関しては貸出スプレッドの変化によって反映されるため、時価会計ベースであれば気にする必要がありませんが、資本コストに関しては別途検討が必要です。またIT面等の問題から各収益部門への転嫁がむずかしいような場合には、どのような代替手段を講じることができるかを検討する必要があります。

　理想像かもしれませんが、業務分掌とリスクの間で整合性が維持され、リスクの拡大・縮小について当該部署がオペレーションによって統制可能であることが重要です。そのうえでリスクと収益に関する背景となる会計等の考え方が一致してはじめて共通軸による社内評価が実現できるかたちになります。管理会計の社内的位置づけとしても、財管一致を目指す場合と、リスク管理や時価会計との一致を目指す場合では社内エネルギーの出方もかなり異なってくるでしょう。国内金融機関では国内財務会計ベースでの収益を前提として、これまで業務計画を策定しているケースがほとんではないかと推測されます。しかし規制強化やリスク管理高度化の流れのなかで、時価評価を考慮するケースが増加しつつあるため、今後はバンキング勘定であっても、国内財務会計ベースを基本とした管理会計制度構築を選択するとは限らず、なるべく早期にこうした概念を研究しておくことは重要と思われます。

本支店レートの考え方

(1) 管理会計上のコスト把握と業務分掌

　国内銀行では長年本支店レートを使った管理会計制度を確立してきました。基本的な仕組みは銀行のなかに仮想銀行を設置したようなかたちで、財

務企画部門が資金センターとして運用と調達の仕切りレートを設定し、運用部門はその仕切りレートよりも高い利回りで、調達部門はその仕切りレートよりも低い利回りで、運用や調達を行うことによって部門収益としてその差額相当分が計上されるという内容になっています。

　前節では業務分掌との整合性をもたせるという考え方を説明しましたが、当然それが本支店レート（ないしはトランスファー・プライシング）にも反映されるべきです。業務に付随するコストをある程度細分化し、統制するべき部署に統制してもらうということで役割分担を決めていくことになります。原始的な本支店レート制度においては、期間と資金コストが示されるかたちであり、本支店レートの運用と調達の差が経費部分に充当されるというかたちとなっています。

　近年では規制強化もあって多大な規制対応コスト（自己資本比率の維持や流動性バッファー保有等）がかかっていると考えられますが、一方では長期にわたるゼロ金利政策（直近ではマイナス金利政策）の影響で、本支店レートを変動させることによって調達量を変化させる調整機能がほとんど利かなくなり、資金流出するかどうかは周辺環境の影響のほうが大きくなっていると考えられます。実際にはヒストリカルデータから本支店レートを変動させた場合の影響度が把握できていればバランスシート調整には有効ですが、国内金利はずっと低金利で推移していたため、少なくとも負債統制にはあまり実のある結果には至らないと推測されます。

　とはいえ、これだけ長い間続けてきた本支店レート制度ですから、それを放棄するよりも見直しによる改善を図るほうが理想にはより近いと考えられます。本支店レート制度自体は銀行のストックビジネスにおいて利回りベースで安定性を図ることに主眼が置かれているため、証券会社のようなフロービジネスでは直接的に有効活用するのはむずかしいですが、少し掘り下げてみましょう。

　図11では伝統的な本支店レート構造を示しており、貸出金利を構成する内訳が記載されています。貸出部門としての管理会計収益の一般形として信用

図11　貸出金利から考えた本支店レートと業務分掌（円貨貸出）

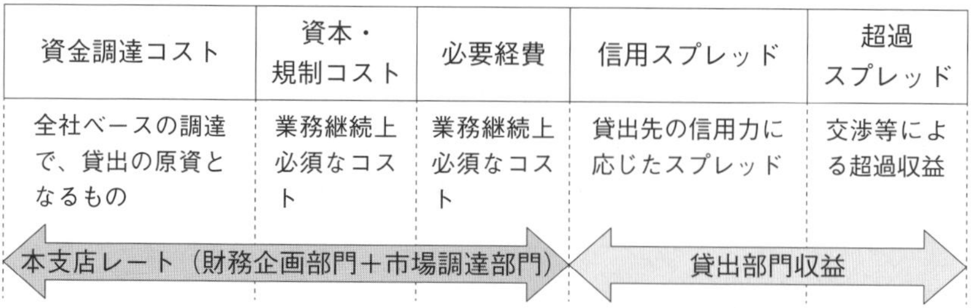

資金調達コスト	資本・規制コスト	必要経費	信用スプレッド	超過スプレッド
全社ベースの調達で、貸出の原資となるもの	業務継続上必須なコスト	業務継続上必須なコスト	貸出先の信用力に応じたスプレッド	交渉等による超過収益

←――本支店レート（財務企画部門＋市場調達部門）――→　　←―貸出部門収益―→

スプレッド部分と超過スプレッド部分を貸出部門収益としていますが、管理会計制度と業務分掌の関係で別の区切り方ももちろん考えられます。

　本支店レート制度は管理会計のために導入しているものですが、部門収益としての把握についてはグロス計上とネット計上の二通りが考えられます。グロス計上は貸出収益全体を貸出部門に計上する一方、資金調達コストや資本・規制コスト、必要経費をマイナス評価として計上し、最終的な貸出部門の管理会計収益は図11のような信用スプレッド＋超過スプレッドになるというものです。このためマイナス計上される部分の把握が仮に事後的になってしまうと、貸出部門としてはいくら差し引かれるのかが不明となり、プライシングに悪影響を及ぼす可能性があります。これに対しネット計上では、マイナス計上される部分があらかじめ示されているかたちで運営されるので、信用スプレッド＋超過スプレッドで評価され、結論としてはグロス計上のやり方と同じですが、貸出部門としては部門収益が一目瞭然で理解できるというメリットがあります。コスト転嫁という意味では、貸出部門に対していずれの方法であっても、資金調達コストや資本コスト等は転嫁されていることになりますが、ネット計上方式では資金調達コストや資本コスト等の変動に対する統制責任は負っていないと考えることができます。

　最も原始的な本支店レートのイメージは表13のようになります。貸出部門の視点で整理すればネット計上方式が理想ということになるかもしれませんが、本支店レートとして基準金利を設定する財務企画部門とすると、取引さ

表13　原始的な本支店レート（イメージ）

（円資金）

（運用）		（調達）
0.150	1M	0.001
0.155	2M	0.002
0.160	3M	0.003
0.165	4M	0.004
0.170	5M	0.005
0.175	6M	0.006
0.190	9M	0.009
0.200	12M	0.010
0.210	2Y	0.015
0.220	3Y	0.020
0.230	4Y	0.025
0.240	5Y	0.030
0.250	7Y	0.040
0.300	10Y	0.050

> 原始的な本支店レート運営の基本として、たとえば期間6カ月の短期貸出を行う場合の資金調達コストは（運用）6カ月である0.175％となり、0.175％を上回った貸出金利条件であれば利鞘が確保できるという考え方。
> 同様に、6カ月の預金獲得を考える場合、（調達）6カ月の0.006％がベースとなるので、これを下回った調達金利であれば利鞘が確保できることになる。

え発生すればコスト転嫁は確実になるものの、バランスシート調整を含めた本支店レート上の仕切りと実際にかかったコストのミスマッチを回避させる統制が必要になり、その責任を負うことになります。収益管理の観点で財務企画部門はALMとしてさまざまなコスト調整の機能をもつことは十分考えられますが、そのカバー範囲が広くなればなるほど統制しにくくなります。

　理想的な貸出金利を考えると、「信用リスクに見合った貸出スプレッド」と「貸出期間にマッチングした資金調達コスト」と「その他必要経費」がきちんと確保されることにあります。通常、財務企画部門（オペレーションは市場部門）が資金調達部分に関して責務を負い、信用リスク部分に関しては貸出部門が責務を負うかたちで業務分掌が決められています。もし資金調達

および信用リスク部分に関していまの話が正解であれば、社内業務分掌を含めて論点になるのは「その他必要経費」の部分であり、図11で考えると「資本・規制コスト」と「必要経費」の部分が論点になると考えられます。

　原始的な本支店レート制度では、たとえば3年の貸出が発生する場合、マトリックス表より期間3年のところをみて、その金利水準で管理会計上の資金調達コストが確定するかたちをとっています。実際には国内銀行のALM運営は長短ギャップと呼ばれる短期調達と長期運用の金利差によってAccrualベースでの収益を確保するのが一般的であるため、本支店レートの3年の水準がきちんと提示されていたとしても、銀行全体としては本当に期間3年の調達を実施しているとは限りません。管理会計上の仕切りレートであるので、3年間を通じて本当に得をしたかどうかはわからないということがいえます。

　また最近の金融規制強化により、自己資本をより厚くすることや流動性バッファーの保有等が必要となり、資本・規制コストも多くかかるようになってきています。こうした資本・規制コストに関しては、経済資本運営を行っている金融機関であれば、資本・規制コストを相応に収益部門（資本配賦対象部門）に配賦するという考え方もありますが、どこまでが資本調達に必要なコストなのかといった厳格化はむずかしく、結果的に（現状では）どこにも転嫁せずに本部コストとしているケースもあるでしょう。どちらが正しい／間違っているということよりも、データ整備が不十分であることや組織分掌等を考慮して、直近では苦渋の決断をしているかもしれません。たとえば流動性規制LCRにおける流動性バッファーのコストをどこかに転嫁しようとしても、担保を使う場合と受け入れる場合で管理会計上の収益を付替えするのはひと苦労です。必要経費も同様のことがいえ、たとえば電気代や水道代を各部門に完璧に振り分けることなどできませんし、意味があるとは思えません。人件費に関しては原価計算において反映させることがあるので、人員にあわせてコストを割り振ることが可能でしょうが、各人員の能力は異なるので、不公平感が出てもおかしくはなく、「あまり細かいことをいいす

ぎてもよいことはない」という暗黙の了解によって統制されていると考えるべきでしょう。

(2) 管理会計における収益部門の責任範囲

次に業務分掌とオペレーション権限を理解するうえで、先ほどの円貨貸出ではなく外貨貸出とした場合の課題整理を行ってみます。

外貨貸出においてはアプローチ方法が2つあります。外貨でのスプレッドを確保して外貨ベースの収益を目指す方法と、為替変動リスクをフルヘッジして円貨ベースでのスプレッド確保を目指す方法です。社内統制水準や既往取引残高等に依存しますが、システマティックにルール化する必要がある金融機関とすべて個別対応する金融機関が存在することでしょう。外貨でのスプレッド確保については、資本コストや必要経費等が外貨ベースで集計しているわけではないので、外貨での適正スプレッドを瞬時に把握できる金融機関はおそらく存在していないと思いますが、ここでは管理会計制度とオペレーション権限の関係を知ることが重要なので、調達している通貨は円、貸

図12 外貨貸出における責任範囲とオペレーション権限

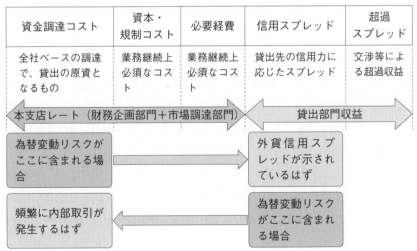

出は外貨とした場合を仮定して責任範囲をみていきます。

　原資の調達という観点での為替変動リスク、あるいは利鞘確保という観点での為替変動リスクを仮に貸出部門に転嫁しない場合、(最終的には一定ルールに基づいて外貨でのスプレッド収益は管理会計として円ベースで評価されることになると想定されますが)貸出部門は信用スプレッド部分を確保するため、適正スプレッドを把握する必要があります。もし財務企画部門等がその適正スプレッドを掲示していれば、貸出部門はそのスプレッドを確保するような条件交渉を行い、結果的にはしかるべき収益を確保することが可能になります。しかし為替変動リスクを貸出部門に転嫁する方法では、貸出部門としては収益の安定確保を目指すためになんらかの為替変動リスクのヘッジオペレーションを検討することになります。一般的には内部取引の為替取引を行うと考えられますが、貸出に限らずすべての外貨取引において同じように各部門にリスクとコストを転嫁すると、内部取引が入り乱れることになります。さらに、もし外部カウンターパーティーとの取引も可能ということになると、外部カウンターパーティーとしては取引する際に本人確認ができなくなるかもしれませんし、市場部門が行っているクレジットライン管理も収拾がつかなくなります。

　次に信用スプレッド部分に着目してオペレーション権限を考えてみましょう。貸出の信用スプレッド部分に関しては、原則として貸出部門が責務を負うことには違和感はないでしょう。ではこれが貸出ではなく社債運用であればどうでしょうか。時価変動が貸出よりもみえやすいため、価格変動リスクをヘッジしたいというニーズも出てくると思います。本支店レートでの基準となる運用利回りを知るうえでは図12は概念上成立すると思いますが、その後の価格変動リスクのヘッジという観点で、おそらくCDSの利用(プロテクションの買い)という話が出てきて、管理会計上はどう処理するか、業務権限はどうするかという問題がクローズアップされてきます。もし貸出部門全体にCDSを取り扱う権限を設定したとしたら、貸出案件が見つからない場合にプロテクションを売って貸出代替としてポジショニングするかもしれませ

ん。複数の部署がCDSを自由に扱えるということになると、為替リスクの話と同様、内部取引が頻繁に発生するか、外部カウンターパーティーが混乱するかのどちらかが起こりえます。もし外部カウンターパーティーとの取引を認めるとなれば、必要となる証拠金のコストやISDA-CSAに基づく担保コストも貸出部門で責任をもってもらわねばなりません。

　このように、本支店レート設定と業務分掌は密接に関係する話であり、どのリスクやコストに対して責任を負うのかは組織運営上重要なテーマになります。管理会計上の収益把握と責任範囲、オペレーション範囲は、置き方次第で内部統制全体への影響が大きくなるため、より適切な方法はどのようなかたちなのかを検討する必要があります。理想的な管理会計制度を構築するうえでは、適切な業務分掌と権限設定が重要になります。業務別・商品別等で所要コストを細分化することは高度化かもしれませんが、オペレーション権限まで何でも与えてしまうと、むしろ内部取引や外部取引が急激に増加して、コーポレートガバナンス全体としてみた場合に混乱をきたすだけという結果になりかねません。またALM運営という観点からも、その対象範囲が広くなりすぎないよう工夫することも重要になります。

(3) 本支店レート運営上の課題

　本支店レート運営を行っていくうえでは、今後高度化させるうえで改善するべき課題があります。従来の本支店レート運営での課題を認識してFTP（ファンド・トランスファー・プライシング）制度へと移行してきている金融機関は多いと思いますが、部分的FTP導入ずみのケースも含めていったん課題整理してみましょう。

　本支店レート運営で貸出の信用スプレッドを貸出部門に転嫁する場合、本来標準スプレッドの提示が必要になります。格付別・年限別で確保するべきスプレッドを示すことでP/Lを安定化させることが目的になりますが、適切な見直し頻度や外貨に係る評価等において留意が必要になるほか、本来はスプレッド提示だけでなく貸出総量や業種バランス等のポートフォリオ全体調

整が必要なので、本支店レートだけでは解決できない課題を業務運営でカバーすることも必要になります。本支店レートは管理会計収益を把握するということを目指していますが、それは取引を行う際のプライシングにつながっているので、適切なプライシングを行うという観点で正確性と迅速性が求められます。しかし一方では、頻繁に見直しがあると、貸出のように条件決定までに時間を要する場合、適正スプレッドを確保したつもりが結果的には確保できなかったということも起こりえます。国内金融機関のなかでは、貸出業務において標準スプレッドまで確保されている案件かどうかで決裁権限を変えるといった工夫もなされており、業務フロー効率化にも関係しているので、本支店レート運営におけるルール化は、その後の業務統制まで意識したかたちで検討する必要があります。

　コスト計算についてもやはり管理会計でどこまで反映するのかはむずかしく、絶対額ベースでかかるコストに関しては、いったん利回りベースに置き換えないと本支店レートを使ったプライシングには反映できません。たとえば前年度に費用としてかかっている金額を総資産ベース等で利回りベースに置き換え、そのコストを収益部門に転嫁するような方法はありうるでしょうが、実際にかかる費用は固定的なものや変動的なもの、時間の概念があるものとないものがあり、すべてを年率利回り換算することはむずかしいでしょう。どうしてもむずかしいものはALMのなかでカバーするということは考えられますが、その分管理会計として正確性が確保できなくなります。

　資金コストや資本コストに関しては、本当に資金や資本を使っていることが前提条件であり、通常はその逆サイド（資金や資本を集めている）である場合にゼロとするのかマイナスで計上するのかもむずかしい問題です。たとえばデリバティブ取引で顧客が常にオプションを購入するような場合、銀行としては資金が入ってくるようなケースです。オプション取引に基づくプレミアムの動きであれば、通常オプションのプライシングで考慮するのみというケースが多いと思われますが、エクスポージャーベースでも銀行は得をするかたちになるので、インターバンクで考慮されているCSAと、顧客取引で

の信用枠による担保ミスマッチがあれば、その分だけ部門収益に考慮されるという考え方も出てきてもおかしくはありません。一般的に管理会計制度において、確保された収益に関するコストの戻りは反映することがむずかしいので、資金コストや資本コストの厳密な計算を行っていくには相応のデータ整備とIT開発が求められます。

　それでもさまざまな業務におけるコストを仮に算出できたとすれば、トランスファー・プライシングとして進化させることは可能になってきます。実際には業務にかかるコストを精緻化し、各要素にかかるコストを明確化して反映することに加え、新たな取引による運用／調達においてマッチングの有無をふまえたかたちでプライシングするということなので、概念自体はむずかしいものではありません。（データ整備とIT化ができている前提では）問題は時間的要素をどうするかであり、取引期間が3カ月であっても10年であっても、「○○のコストは一律年率0.1％」というようなルール化をされると、当然期間が短いほうがその影響度は大きくなります。割り振られるコストが固定費的なものであれば、取引期間で日数計算してもあまり意味はなく、「トランスファー・プライシングを適用するのは取引期間がマッチングするものや、必要経費のなかでも変動費に該当する部分が中心」というかたちにしないと不公平感が出てくる可能性があります。

　本支店レートの見直し頻度に関しては、データ整備面からの見直し可能頻度も考慮する必要があります。時価評価ベースであるものは本来リアルタイムで変動するべき話ですが、貸出業務でも預金業務でも、顧客取引に関してはある程度タイムラグが生じるため、そのタイムラグをどこかの部門がカバーすることになります。原始的な本支店レート運営においては、通常資金コスト部分は週1回程度の見直し頻度と考えられますが、信用スプレッドを週1回見直せるのか、月次が精一杯なのかといった問題はIT高度化がどれだけ進んでいるのかによっても影響を受けます。

　表14は本支店レートを掲示するうえでのイメージ図ですが、実際には前提条件を追記しておく必要があり、たとえば円資金の運用において「資本コス

表14 本支店レート提示と課題

(円資金)

(運用)		(調達)
0.150	1M	0.001
0.155	2M	0.002
0.160	3M	0.003
0.165	4M	0.004
0.170	5M	0.005
0.175	6M	0.006
0.190	9M	0.009
0.200	12M	0.010
0.210	2Y	0.015
0.220	3Y	0.020
0.230	4Y	0.025
0.240	5Y	0.030
0.250	7Y	0.040
0.300	10Y	0.050

(円信用スプレッド)

	AA格	……	A格	……	BBB格
3M	0.18		0.23		0.33
6M	0.17		0.23		0.34
1Y	0.16		0.23		0.35
2Y	0.24		0.32		0.45
3Y	0.27		0.36		0.50
4Y	0.31		0.41		0.56
5Y	0.35		0.46		0.62
7Y	0.44		0.58		0.75
10Y	0.46		0.62		0.82

6カ月での運用／調達の差は0.169％(＝0.175－0.006)となっているが、この0.169％に何が含まれているのかを明確化する必要がある。
(例) ALM上のオファー・ビッド、必要経費の一部、資本コスト、etc.

トを含む／含まない」「円資金の10年超や外貨の場合には財務企画部に要確認」といったような事項が必要になってきます。前述の図12と照らし合わせると、この本支店レートイメージでは、資金調達コストは本支店レートでの運用／調達によって示されており、資本・規制コストと必要経費が含まれているかどうかは不明な状態にあるので、その点を定義する必要が出てきます。

仮に資本・規制コストや一般経費が信用スプレッドのようにマトリックス化していれば、事実上のトランスファー・プライシング運営に近づくという言い方もできるかもしれませんが、各収益部門に転嫁するのかどうか、転嫁して管理できるだけの管理能力があるのか、といったようなガバナンス能力

を勘案して実務運営することが重要でしょう。

業務分掌の見直し

(1) 収益部門における共通事項

　収益部門に対して収益目標を設定するということはごく当たり前だと考えると思いますが、いわゆる本部機能に属している部署となると話は少々異なってきます。必ずしもオペレーション権限が直接的にあるとは限らないため、間接的なオペレーション権限があると考えられるような部署であれば、収益目標を設定するべきかどうかといったことも悩ましいことになります。

　本書においては理想的なRAF態勢を意識しているため、これから説明する内容は一般的な業務分掌とは少々異なる部分も出てきますが、その理由もふまえながら業務分掌を考えていきましょう。前節でも少し触れましたが、管理会計を考えた場合、各部門の業務分掌と収益責任、オペレーション権限がきれいにマッチングしていることが社内統制上理想であると考えられ、さらに黒字確保の観点ではすべての経費が収益部門に転嫁されているかたちが必要です。経費に関しては、目標設定段階で少なくともメド値的なものを示しておくことも有効で、プライシング後に転嫁されても無意味であるため、正確さという点で難点はあるにしても、あらかじめ示すことにはそれなりの意味はあるでしょう。

　収益責任とオペレーション権限に関しては、社内統制という点においてなるべく同一商品や同一の取引先等の重複を回避するという観点が重要です。複数の部門が、背景となる会計処理も含め、すべてにおいて同一のものを取り扱えるということは、ミドルやバックの業務に支障をきたす可能性があるほか、フロント同士でも調整作業が必要となる可能性があり、無駄な体力を

使ってしまいます。特に市場取引では外部カウンターパーティーも混乱してしまう可能性もあるので、クレジットラインの有効活用といった観点でも収拾がつかなくなる可能性があります。業務を効率的に運営していくうえで分掌を明確化し、その責任範囲も特定することが業務分掌見直しの意義です。

(2) 貸出関連部門

① 業務計画と貸出部門の役割

貸出関連部門の業務としてまず中核になることは、貸出案件の審査、債務者の返済能力の評価、保全状況に関する管理、収益確保の4点と考えられます。銀行全体として考えれば、この4つのポイントを軸としてポートフォリオとして考えることになり、加えて業務運営上の制約条件（資本配賦やリスクリミット運営等を含めた規制上や業務運営上での制約）を遵守する必要が出てきます。このため、まずはポートフォリオの観点で企画・統制を行う権限をもった融資企画的な部署があり、個別貸出案件の審査や債務者の返済能力等の評価を行う審査機能をもった部署が必要になります。また銀行としての業態維持の観点でリスク評価を行う部署としてリスク管理部門が関与するかたちとなり、資金面で財務企画や市場部門等が関与してくるのが一連の関係部署というかたちといえるでしょう。

ここで管理会計とも関係しますが、資金調達コストに関して本支店レート制度によって独立していると考えれば、いったんは資金調達関連部署を除いて考えることができます。リスク管理部門は主に業務運営上の制約条件の遵守と損失回避のための計測作業やモニタリングを行っている部署であるため、個別貸出案件自体の関連性はほとんどありません。このためポートフォリオ全体を管轄する融資企画的な部署とリスク管理部門は関連性が相応に強くても、融資を行うオペレーション部門とは一線を画すのが一般的と考えられます。

ここからが本題になります。業務計画を策定する場合、リスク管理部門はリスクマップ等にまとめられている想定されるリスク事象を考慮しつつ、ス

トレステストを実施して、最終的に業務運営を可能とする資本配賦額を算出します。算出結果は経営企画部門や融資企画部門等と共有化をしたうえで、経営企画部門等から具体的な資本配賦額や収益目標額が通知されるかたちになっています。ポートフォリオ全体を管轄するのはALMを担当する財務企画部門ですが、そのうちのローンポートフォリオが融資企画部門に振り分けられるかたちです。このため個別の収益部門に対する制約条件や目標設定は経営企画部門から通知されるケースと融資企画部門から通知されるケースの両方が考えられますが、それ自体はステップを１つにするか２つにするかの違いであって、どちらにするべきかというのはそれほど意味がある話ではないでしょう。

　目標設定後の具体的なオペレーション実施段階になると、理想とするローンポートフォリオ構築を意識しながら業務運営を図っていくことになり、一義的には目標設定の段階でその理想像が包含されたかたちでなくてはなりません。たとえば収益目標設定の段階で、ローンポートフォリオ構築の目標としてはBBB格の案件を積み上げることを目指している場合、収益目標がBBB格を核とした収益が示されており、A格では（スプレッドの違いによる貸出利息の減少により）目標に達しない可能性が読み取れる、ということです。数値で理想像を示すことが困難であれば、意思疎通という運営面で業務運営をサポートするかたちになります。各貸出部門から集まってくる個別案件はすべてその内容が異なるため、融資企画部門には実際に案件を実行するかどうかの調整機能が必要になります。各貸出部門からするとストッパー的な意識がもたれがちですが、たとえば大口与信先のように何かあると銀行の業務運営を揺るがす可能性にもつながるため、ローンポートフォリオ構築のための調整機能は重要な役割となります。

　こうした調整機能がある以上、融資企画部門に対して収益目標を設定するべきではないのかという議論が出てくる可能性もあります。しかし筆者の意見としては、融資企画部門に対する直接的な収益目標設定は適切なものとは考えていません。融資関連業務に係る全体収益管理という意味で目標設定を

行うことはありうると思いますが、当該収益目標はそのまま各融資部門に転嫁されるべきものであって、調整機能と収益目標はリンクしないという考え方をしています。調整が行われた場合には、最終的な部門判断のときに考慮すればよい話であって、目標設定を行ったとしてもオペレーション権限はないので、「目標設定＝各融資部門との調整による不公平感の発生」につながるため社内が混乱するだけという理解をしています。

② コスト転嫁の検討

信用リスク管理において各種コストを貸出部門に転嫁するかどうかの観点でよく議論になるのは、資本コストの転嫁に関する事項です。一般的に信用VaRを算出して、期待損失（EL：Expected Loss）を差し引いた分に該当する非期待損失（UL：Unexpected Loss）が所要資本相当額であるという考え方があり、VaRの信頼区間をたとえば99％とした場合、99％の確率で債務超過を免れるという考え方に基づいているので、「VaR－期待損失＝所要資本相当額」としてそのコストを転嫁するかどうかの議論が生じるのです[18]。とはいえ、転嫁するかどうかの前に信用リスク計測においては業種や個別企業（グループ）等の相関性を考慮する必要があり、この相関性を考慮すると個別貸出案件に必要な資本額というのが厳密には差異が生じるので、この差異を含めたローンポートフォリオ全体に対する収益において融資企画部門に面倒をみてもらおうという話につながっていきます。

ではこうした資本コストを貸出部門に転嫁するかどうかと融資企画部門の業務分掌という問題を整理することを考えましょう。ローンポートフォリオの内容も組織体制のあり方も各金融機関すべてばらばらなのでどうしても万能な回答にはならないと思いますが、先ほどの相関性による要調整部分が大きいかどうかは1つの判断材料にはなりえます。この要調整部分が小さければ小さいほど個別案件ベースでの所要資本額に近づくという話になり、管理

---

[18] VaR、EL、ULの関係については、本章第4節(2)を参照。

図13 資本配賦のプロセス

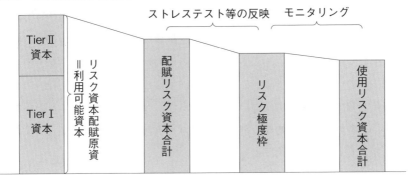

会計上転嫁してしまうという考え方は成立します。そして融資企画部門には調整範囲が小さくなるので、収益目標設定は必要ないということになるでしょう。

しかし筆者としては、相関性がたとえ小さくてももう1つ論点があると考えています。管理会計の発展水準にも関係してきますが、資本配賦を貸出関連だけで完結はできないということです。ローンポートフォリオのもう一段上、つまりポートフォリオ全体で物事を考えるべきということです。そこでまず資本配賦のプロセスを考えてみましょう。

金融機関としては自己資本比率等の制約条件があるため、現実的には調達している資本総額よりも資本配賦額は小さくなります。しかし現実的に調達している資本には間違いなくコストがかかっており、バッファーとして保有する資本のコストもまかなわなければなりません（図13参照[19]）。つまり信用リスクの相関性の話よりもこのバッファー分のカバーのほうが大きな課題になる可能性があるということです。ローンポートフォリオの世界ではなく、

---

19 実際の資本総額はすべて外部調達したものとは限らず、内部留保も含まれます。このためまかなうべき資本のコストを外部調達分のみとするのか、配当支払等も含めた全体額とするのか、といった整理が必要です。通常管理会計では収益分を考慮対象外としていると考えられるため、整合性を意識する必要があると考えられます。

市場リスクを扱うような収益部門との調整も必要になり、こちらの整理から行っていかないと全体調整は不可能でしょう。こうして考えると管理会計高度化の過程で個別案件ごとに資本コストを転嫁するのはありうると思いますが、それが最終形ではなく、さらになんらかのかたちで資本バッファー分も調整するのが正解でしょう。このため個別案件ごとで所要資本額相当のコストを転嫁してもうまくいかない可能性があり、コスト全体をまず算出したうえで、そのコストをまかなう別の方法を考えるほうが、厳格さや公平性が多少欠如するとしても重要度としては大きいでしょう。

③ 本部機能

業務分掌に話を戻しましょう。融資企画部門の機能を筆者なりに整理すると、本質的にはローンポートフォリオの理想形の実現を目指して必要な社内調整を行う機能が中心で、貸出部門間の収益目標調整や貸出に関連する各種情報収集や情報整理といった、業務の円滑化を目指すことが大前提です。ローンポートフォリオから生成される収益全体をどのようにコントロールするかを考える部門ではありますが、収益目標を設定されるような位置づけではないでしょう。あくまで調整機能があるだけでオペレーション機能はないので、目標設定される筋合いではないということです。一方、大口与信の残高コントロール等で信用リスク削減策を講じるケースがありますが、たとえばCDSを行う場合の貸出部門側のブッキングとして融資企画部門になることはありうると思います。実際に大口先を担当している部署にブッキングさせる方法ももちろんあり、収益目標設定と評価制度に関する前提条件の置き方次第だと思います。信用リスク削減策の取組みの必要性を訴えたのがどちらの部署なのかということも考慮するべきでしょう。ただ組織分掌規程がどのような考え方になっていて、どのように処理するのが適切なのかは各金融機関すべてばらばらなので、オペレーション内容の対象範囲も含めて結論を出すべきです。

次に貸出関連部署として重要な位置にあるのが審査部門です。審査部門は

個別案件だけでなく、内部格付付与作業も含めた評価の客観性を担保するべき機能であり、オペレーションに関する権限はなく客観的な意見を伝えるのが中心的業務になります。国内金融機関は長い歴史のなかでリスク評価という観点は高度化させてきましたが、個別案件の収益性評価の高度化に関してはいまひとつという印象はぬぐえておらず、貸出業務においてその収益性をどの部署が行うべきかどうかというのは大きな論点になります。特に貸出稟議においてよくある言葉として「総合取引の一環として」「当社信用力にかんがみ」といったような表現が使われることがありますが、実際に総合取引の収益性をだれも検証していないというのはよくある話でしょう。貸出残高や貸出利鞘はほぼ一貫して縮小方向であったので、厳格化ばかり求めていると貸出案件がなくなってしまうという環境に慣れてしまい、総合取引の収益性を真剣に調べてみるというのはどこかに忘れてきた感覚かもしれません。

　審査部門の場合は、個別案件に係る貸出金利や保全内容等を、債務者の返済能力の観点と同業他社等との相対比較の観点で比較・分析が可能です。もちろん時間的制約があるなかで十分な作業時間があるかどうかは別ですが、一義的には個別案件の収益性評価はできる立場にあるといえます。これに対し融資企画部門も集積させる情報次第で収益性評価ができないことはないと思いますが、収益統制という観点での両部門の役割分担としては、融資企画部門はマクロ的観点でのポートフォリオ構築のため、資金調達ニーズや業界の成長性、既往ポートフォリオのバランス是正（国別・業種別・格付別・残存期間別等）を意図したものであり、個別案件の収益性はあまり意識しない立場といえるでしょう。審査部門は業界動向等についてはもちろん必要な情報ですが、ポートフォリオ構築の観点ではなく、個別案件を評価するための情報収集という位置づけであると考えるのが妥当でしょう。ただ共通する部分はあり、融資企画部門と審査部門の情報共有は意義があると思われますが、個別案件の収益性という意味では、審査部門がどれだけ経営や融資企画部門等の意図を理解したうえで客観的評価をするかが重要です。

　こうした内容をふまえ、貸出関連部署の役割分担を整理すると表15のよう

表15　貸出関連部署の業務分掌

	一般的な業務分掌	RAF態勢下における追加・強化機能
経営企画・財務企画・各会議体（意思決定）	・業務計画全般に関する事項 ・ALM全般に関する事項 ・管理会計全般に関する事項 ・収益管理全般に関する事項	・収益管理（集計作業のみ）に関するリスク管理部門へ移管 ・本支店レート（トランスファー・プライシング）の高度化
営業推進企画・融資企画部門	・ローンポートフォリオ全般に関する事項 ・個別案件等に関する調整機能	・業務計画内容に関する収益部門への啓蒙 ・管理会計に関する啓蒙
審査部門・リスク管理部門	・信用リスク管理全般に関する事項 ・内部格付・案件格付・貸出審査に係る牽制機能	・収益計画策定時の牽制機能 ・リスク調整後収益のモニタリング ・業務計画変更トリガーのモニタリング
各融資部門	・収益獲得に向けた営業活動 ・与信・保全・顧客管理	・貸出環境変化に関する情報発信
信用リスクを扱う市場部門等	・収益獲得に向けたオペレーション ・信用リスク削減策に関するオペレーション ・CVA算出・統制	・信用スプレッド変化に関する情報発信 ・自社信用力変化に関する情報発信

になります。

(3)　市場関連部門（ALM関連）

　市場関連部門といっても特定取引勘定設置会社の場合、背景となる会計処理も異なれば、ポジション運営方法も異なります。まずはAccrual会計をベースとしたバンキング勘定（ALM運営）に関する業務分掌から整理していきましょう。

① 調達部門

　本支店レートのベースレートともいうべき、運用や調達に関する仕切りレートを決定するのは財務企画部門ではありますが、その判断根拠となるのはバンキング勘定における市場取引水準にあります。市場部門の調達部門と財務企画部門が日々情報共有を行い、財務企画部門がその情報を参考に意思決定している流れになっています。

　組織分掌上同じ部署になっている可能性もありますが、資金証券部といったような名称で短期資金を取り扱っているところが調達の根幹的位置づけになっており、日本国債を中心とした有価証券運用を行っている部署が運用の根幹的位置づけになります。簡単ではありますが、それぞれの業務分掌について説明していきましょう。

　市場部門の調達部門における最も重要な役割としては、日々の資金繰りを行いつつ準備預金制度への対応をすることです。準備預金の積み作業は銀行運営の絶対条件なので、当然ミスは許されません。長年続けてきた業務なのでオペレーショナルリスクもかなり小さくなっていると思いますが、万一資金調達環境にストレスがかかると、日々経営者向け資金繰り報告に追われる重要な業務分掌です。これに流動性規制が加わったことで、一定の流動性バッファー保有（つまり規制値クリア）が求められることになり、実際の規制値算出作業はリスク管理部門が行うかたちであっても、オペレーションによって遵守するのはこの部署になります。そのためLCR算出に関する統制方法がある程度確立するまでは定期的にリスク管理部門と規制対応のための情報交換が必要になります。

　日々の資金繰り作業は当日の資金過不足対応なので、あまり長期スパンでの発想にはなりません。このため、たとえば本支店レート上で３カ月の金利が設定され、運用部門が３カ月間の資金コストを確定させたと思っていても、それはあくまで管理会計上の話であって、現実は無担保コールO/Nを３カ月間続けたかたちになっているかもしれません。本来はこれをうまく統制しないと本当に儲かっているのかどうかわかりませんが、それを確かめるた

めにわざわざ検証もしないという金融機関もあるでしょう。資金繰り作業は資金だけでなく担保も関係してくることや、円資金だけでなく外貨資金に関する資金過不足と決済リスクまで意識しているので、場当たり的に「今後を見据えて3カ月の資金を調達しよう」ということはなく、あらかじめ償還見込みを確認して取り組むようなことがない限り、O/Nもので最終資金調整を行うことが一般的でした（最近は金融政策の影響から、資金余剰状態が恒常的になっています）。流動性ストレス時対応を含めた最終資金調整部門であるため、一般的な位置づけとしては収益部門という取扱いにはなっておらず、仮に目標設定がなされていても評価においてあまり意識されないことが多いと推測されます。最終資金調整の世界なので、業務として適切なオペレーションをずっと行ってきたとしても、大口の貸出案件が出てきた／なくなった、大口の預金解約／受入れがあった、ということですぐに計算が狂うので、それを一つひとつ他部門に転嫁できないというのが、収益目標を設定してもあまり意味がない理由になります。

【参考：フォワードレートの概念をもちにくい国内短期金融市場担当者】
　市場取引関係者は、その背景となる会計制度を理解しているがゆえに、仮に同じ商品を売買するにしても違った発想で取り組みます。このため行動パターンも当然変わってくることになるのですが、コール市場のような超短期的な市場では基本的にフォワードレートという概念が成立せず、取引水準もスポットレート的な発想で行われています。
　例としてはあまり現実的ではありませんが、仮に1週間先スタートの1カ月の取引を実施する場合、デリバティブ等ではフォワードレートによる理論価格という概念が出てきますが、コール市場ではスポットスタートとほぼ同じをベースとして、リスクプレミアムを乗せるかどうかという考え方になっています。リスクプレミアムという考え方であってフォワードレートではないと断定できる理由は、その取引期間中において日銀の金融政策決定会合があるかどうか、あるいは期末越えになって

いるかどうか、といったものが材料になっているからです。政策金利変更がなければ最終的には直近水準と同じ市場実勢になるという考え方からフォワードレートではなくリスクプレミアムという考え方になっているのです。

期末越えの1週間の取引を想定してみましょう。O/N加重平均レートがおおむね0.10%、スポットの1週間物が0.11%で推移しているとします。もし期越え取引ということになると、期末越えプレミアムをどうするかが金利決定要因となり、たとえば期末O/Nを1.0%と仮定しましょう。そうすると計算式としては以下のようになります。

期末越え1週間のレート：(0.10×6日＋1.0×1日)／7日＝0.2285%

コール市場のような短期取引においては、そのほとんどが期中に実現してしまうことから、（厳密にはAccrual会計ですが）時価会計であってもほとんど差は出ません。このためフォワードレートという概念もまず不要ということになり、先スタートの取引でも電卓で計算できる世界になっています。

② 運用部門

収益目標設定という点では債券運用のほうが悩ましい問題が出てきます。その他有価証券での運用になるので、ポジションには簿価の概念が存在し、保有している間は評価損益があることになるのですが、その他有価証券の場合は評価損益がP/Lにはヒットせず、資本（その他包括利益）にヒットします。そもそもの目的として満期保有に近い発想での長短ギャップによる運用を前提としているので、期中の評価損益をあまり意識していない部分があります。クーポン収入部分がP/L計上になってくるので、一義的には期中の全体的な利息収入をみることが重要であると考えられています。

国際基準行ではその他有価証券の評価損益は自己資本比率算出にも影響す

るので、部門評価という観点で評価損益も対象にすることは十分考えられますが、直近では規制の移行措置の影響から評価損益を100％計上できない状況にあるため、売却してP/L計上すれば100％分自己資本比率には寄与するはずという考え方もあります。しかしそれ以上に収益目標設定とその評価をむずかしくしているのは、俗にいう決算対策のオペレーションがあるからという点です（実際には危機対応としての資産売却オペレーションの可能性もあります）。その他有価証券は期中で売却した場合、その評価損益が実現損益としてP/L計上されるので、収益を抑えたい場合は評価損の債券を売却し、収益をかさ上げしたい場合には評価益の債券を売却します。このオペレーションが運用部門の判断ではなく、決算上の要望として経営企画や財務企画、主計といった部門から話が来るので、特定取引勘定のポジションディーラーとはまったく立ち位置が違ってきます。そもそもALM運用という位置づけですから、一部署の判断に基づくオペレーションではなく、会社の意思決定に基づいて行われるオペレーションという建付けになっているので、運用結果がどうであろうと、その実績評価について正当性をもたせることは困難です。

　ただ会社の意思決定というプロセスがあるにせよ、常識的に考えて、市場性商品を運用していて前期実績と比べて実現損益＋評価損益の合計が減少したということであれば、本来厳しい評価が下されてもおかしくはありません。問題は組織分掌と現実的な権限という部分があり、組織決定されたオペレーションを忠実に行っている前提では部門評価がマイナスになってしまうと納得できないものになるでしょう。業務分掌の建付け上稟議書を日付調整して回付するかたちで決裁を得るものの、実際の売買に関する判断についてはかなりの部分を市場部門の運用部門に任せている運営であれば、実績が伴わない場合にマイナスの部門評価をすることも当然ということになりえます。どうしても決算対策上のオペレーションはだれの責任なのかをすべてクリアにすることはむずかしいので、いったんは収益目標設定も実績評価も行ったうえで、最終的には定性面で調整のようなかたちになると思います。

③ 本部機能と管理会計

　ALM全体としては財務企画部門が担当となり、実際のオペレーションについて市場部門等が関与するかたちですが、財務企画部門にはその他にもさまざまな役割があります。ALMに加えて資本政策の企画・立案、本支店レートに関する事項全般と管理会計制度全般といった業務もあれば、業務計画全体のなかでも資金計画は主体的な立場になります。収益管理や収益目標設定は経営企画部門というケースもあり、必ずしも経営企画と財務企画が分離されているとも限りません。分離している場合の理想的分掌とすれば、経営企画部門は5年から10年後を見通した組織の姿をイメージした経営戦略（M&Aや業務提携等）を練ることであり、財務企画部門は5年以内に関する収益確保による業態維持をイメージして有効なポートフォリオ戦略を考え運営することでしょう。現実的には役員向け資料作成や計数取りまとめ作業負担が多く、経営戦略を考える時間がないというのが実態でも、少しずつ理想像に近づける努力は必要です。

　管理会計という観点で業務分掌を考えると、論点としてあげられるのは、資本調達コストや規制対応コストをどのようなかたちで反映するかが重要です。ALMを司る市場部門は、前述のとおり調達部門の業務実態としては、収益確保よりも最終資金調整や準備預金制度対応が重要で、基準レート設定時の水準に関する情報提供も1つの担当業務になります。運用部門は一収益部門として目標設定される場合が多いですが、余剰資金発生に応じて短期国債の購入を行う等、資金調整の色彩もあります。そうした実際の状況を考慮しながら、財務企画部門が本支店レートにおけるオファー・ビッドを設定することになり、運用・調達それぞれのレート設定水準によって（ALM関連に限らず）収益やポジション量に影響を及ぼすことになります。その際、業務運営上必要であるコストも考慮していくことになるため、織り込むコスト対象範囲をどこまでにするか次第で運用と調達のオファー・ビッドが変化することになります。

　仮に収益部門へのコスト転嫁の有無はさておき、FTPの概念に近づける

運営体制を構築する前提では、さまざまなコスト（人件費や物件費、資本・資金調達コスト、規制対応コストといったコスト）に関するデータを各部門から収集し、本支店レートに反映する必要があります。実際のコスト計算とデータ授受においてIT対応等が必要になると思われますが、ガバナンス高度化対応としては意味があることでしょう。

> 【参考：バンキング勘定債券部門の役割を考える〜VaRショック前の動き〜】
>
> 　2003年にVaRショックと呼ばれる急激な金利上昇が発生したことは記憶に残っている人も多いと思いますが、2000年代に入ってからVaRショックを迎える直前までの環境と当時の金融機関動向は、RAF態勢を意識した業務分掌でも参考になる部分があります。
>
> 　2000年3月末、5年国債利回りは1.15％、10年国債利回りは1.78％程度であったものが、VaRショック直前ではそれぞれ0.15％、0.44％程度まで低下し、2003年度収益目標が決まった頃には絶対金利水準がきわめて低かったために「目標達成するにはポジション量を倍にすればいいのか」ということを真面目に語るディーラーの話をよく聞きました。何としてでも目標を達成しようと、たとえば10年国債クーポンよりも0.1％高い電力債を購入する話や、ちょうど金利低下局面に発行されていた15年変動利付国債を購入する話をよく耳にしました。15年変動利付国債は変動金利で、Fixing時における直近10年債利回りから入札時に決定されるa値を差し引いた利回りでクーポン支払が行われるもので、0％フロアがついているという商品性になっていました。デリバティブの知識がある方はおわかりになるかと思いますが、仕組み的にはマルチコーラブル（ペイヤーズ・スワップションの組合せ）と0％フロアの価値が価格に影響することになるのですが、当時の売買参考統計値はいつも100円、つまりデリバティブの価格をきちんと出すこともできなかったので、発行当初は評価損益が変わらないということが起こっていました。
>
> [当時の15年変動利付国債における問題点]

・売買参考統計値がいつも100円なので、評価損益が動かなかった。
・デリバティブの価値を正しく出すことができず、入札時においてαの理論価格を無視した（初回仕上りクーポンが直近の5年債利回りになるようなかたちで入札する銀行が多かった）。
→担保にも使える国債であり、ポートフォリオ的にはヘッジ機能になるので、購入ニーズが強かった。

　時間の経過とともに何が起こったかといえば、どんどんフラットニングが進み、一向にスティープ化しないイールドカーブが続くなか、売買参考統計値が徐々に正当な価格を織り込み始め、評価損が計上されるようになり、15年国債投資ニーズは一気に減少、その後財務省による発行停止にまで追い込まれるかたちとなりました。

　まず考えるべきポイントは2つあります。1点目は時価を算出できない債券を買っていいのか、あるいは時価は算出できるものの、理論価格との乖離が激しいものを買っていいのか、という問題です。リスクに対してリターンを求めるような経営高度化を目指すのであれば、「時価すら計算できない市場性商品を保有するのは論外」という考え方がどうして前面に出てこなかったのかということをガバナンス上の問題として考えるべきです。もう1点は本来金利低下期待ポジションであるバンキング勘定の債券部門にありながら、金利上昇期待ポジションをもつということは、ポートフォリオ運営においてあらかじめ整理されていたのか、という点です。本来のALM運営の考え方であれば、1つの収益部門のポジションヘッジよりもALM全体運営の概念が優先されるべきであり、バンキング勘定債券部門がインフレ期待資産を保有することは矛盾します。組織決定としてインフレ資産をもつと判断し購入するのであればよいとは思いますが、単に収益目標を設定して、後は部門にお任せ状態ということでオペレーションが行われるということであれば、そもそもポートフォリオ運営の業務分掌とルールの明確化が必要です。

　電力債投資においても、VaRショックの際は問題にはなりませんでし

たが、東日本大震災のときには信用リスク問題がクローズアップされました。万一の際の換金性が求められるALM運用において、信用リスクを安易にとるリスクが表面化したということです。こうした事態を予測すること自体はむずかしいことであり、あらかじめ業務進行における権限設定（投資対象商品の選定）と業務分掌を整理する以外に対処方法はありません。2003年の出来事としては、コーポレートガバナンス高度化を目指すうえで「VaR算出という当時のリスク管理高度化によって、最終的にはボラティリティ上昇に伴ってVaRリミットにヒットしてしまい、売らざるをえない状況に陥った」ということであり、大幅な金利上昇を招いたことは不幸な話ではあります。しかしながら時価すら出せないような市場性商品を買うことは許されて、普通の利付国債がVaRに触れて売却せざるをえなかったというのは、組織分掌と収益獲得オペレーションとリスク管理を本当の意味で融合できていない問題点であったと考えるべきでしょう。これを通じて、収益目標設定と収益部門の行動論理を理解し、業務分掌も整理したうえでガバナンスが効いた態勢にすることが重要です。

(4) RAF態勢での追加的業務

① 業務分掌上の前提条件

RAF態勢では、従来よりもステークホルダーの意思を反映したうえでの経営者の意思が強く反映されることになり、実務運営として収益確保のためにどの業務や商品に注力するのかを明確化（リスクアペタイト）することが求められます。つまりリスクという言葉がついているために理解しにくい部分もありますが、平たくいってしまえば「○○業務に注力してポジション量を増やし、収益をねらいます」ということなので、何に注力するのかの選別ができる前提が必要であり、選別した場合の期待収益がどの程度なのかを把握できることが求められます。また経営者の意図が前面に出るということ

は、業務運営を行っていく過程において、モニタリングしたい項目が特定され、その項目に関しては随時状況報告できることが必要になります。

　リーマン・ショック後の規制強化の一連の流れのなかで、現状ではG-SIBsが対象ではありますが、バーゼル銀行監督委員会が公表したリスクデータ諸原則対応やFSBのデータギャップ対応といったことが求められた結果、データ面に関する統制水準が一定レベル以上に到達するはずです。そうした前提ではMISが構築され、リスク管理面だけでなく収益面を含めたモニタリングが可能になると想定されます。流動性規制LCRの規制値算出は日次平均を使用するということも、データ取得の頻度に関しても短縮化が意識されているといえるでしょう。経営者がモニタリングしたい指標がどのようなものかはその経営者次第ですが、RAF態勢構築においては、データ面に関してみたいものがみえ、欲しいものが得られるようにすることが前提条件となります。

　こうしたデータ整備が同時並行的に行われるとすれば、経営者が意識する重要な経営指標は算出可能ということになり、どの部門がその作業にあたるべきかを考える必要があります。一般的には収益面は企画部門、リスク面や規制値等はリスク管理部門となっていますが、リスク調整後収益という概念がモニタリング対象に加わってくる可能性を考えると、全体／部門別収益の集計をどのように融合するべきかを決定する必要があります。そこで、経営企画部門や財務企画部門はすでに触れましたので、リスク管理部門の一般的な業務分掌を考えてみましょう。

　リスク管理部門の機能として最も重要なことは牽制機能を保持しているということです。牽制機能をもっているのはほかにも内部監査部門やコンプライアンス部門、審査部門等があげられますが、収益を獲得するためのオペレーションに関して（牽制機能面で）全体的にアプローチが可能であるのはリスク管理部門、コンプライアンス部門、内部監査部門です。ただ、コンプライアンス部門や内部監査部門は不正防止の観点が強く、既存のポジションに関する内容が中心ではありません。しかも最近ではフォワードルッキング

というキーワードがあるように、今後を予測しながら損益変化を意識する観点はリスク管理部門のみが持ち合わせている機能なので、収益統制という観点において重要な役割を担う部門になります。

② 業務計画策定プロセス

　RAF態勢を意識しつつ業務計画策定プロセスを考えてみましょう。業務計画には資金計画や収益計画が包含されており、その背景となる資本配賦やリスクリミット設定、損失限度設定等が行われます。前述の信用リスク管理でも非期待損失に相当する資本配賦額ということを説明しましたが、こうした話だけではRAF態勢というにはあまりに不十分です。まずはどのような業務や商品に注力して、どれくらいの収益を期待するのかの意思決定を可能にするための事前準備が必要です。理想論として語るならば、従来は「収益目標を設定するにあたって前年度実績をベースとし、ポジション変化や環境変化等を考慮して調整する」という発想でしたが、RAF態勢においては「○○業務に注力し、既往ポジションを△△へと変化させ、□□の収益獲得をねらう」という順序になるはずなので、注力する業務・商品に関する現実的な期待値があって、その期待値を実現させるためのポジション変化があり、期中のモニタリングを経て最終的な実績につながっていくことになります。ということは、業務計画策定においてさまざまなシミュレーションが必要という点では同じであっても、必ずしもその作業は予想損失額を算出するとは限らず、期待収益を算出するという作業も加わるということです。理解しやすくするため、収益目標設定に関して第3章第5節(2)で説明した例を用いて再度整理してみましょう。

【新年度収益目標設定の根拠について】
① 前年度実績（2,500億円）＋α
② メインシナリオ実現による期待収益3,000億円（メインシナリオ発生確率70％）

③　リスクシナリオ実現による期待収益1,500億円（リスクシナリオ発生確率30％）
④　メイン／リスクシナリオの加重平均による期待収益2,550億円（＝3,000×70％＋1,500×30％）

　これらの考え方について、それぞれステークホルダー的視点でとらえると、それぞれ以下のような印象をもつと推測されます。

【ステークホルダー目線による印象】
・①については、収益環境変化と自助努力の内容がわからないと評価できない。
・②については、シナリオを示すことで、シナリオの合理性を議論すれば妥当性が確認できる。
・③も②と同様だが、何もしなくても達成できる目標なので意味がない。
・④については、気持ちは理解できても合理的な数値ではない。

　ステークホルダーの基本的な考え方として、「正しく統制されて正しく収益が確保され、経営が安定化することが望ましい。株主である場合はさらにそれが適切に配当として還元されればよい」ということになります。そのような考え方をするステークホルダーから要望をヒアリングする場合において、見通し説明の内容にあいまいさがあると、経営を任せて大丈夫かという疑問が出てきます。収益目標設定という観点でとらえると、②以外の話をしてくる経営者に対して肯定的な反応を示すかどうかかなり疑問です。従来が①に近い方法であったので、当面は①でも容認してくれる可能性はありますが、今後他の金融機関が②の方法で説明するようになってくると、時代遅れという印象をもってしまうかもしれません。

　仮にRAF態勢が機能していない状態であるとしても、周辺環境認識やポー

トフォリオ組替効果、注力／縮小業務の明確化、そしてそれらによる期待収益変化を示して説明していくことは、経営方針をよりクリアにし、その後の運営方針に対する最終的な結果も理解しやすくなります。リスクアペタイトの選定理由や期待収益に関する見通し等がより具体的に表現されると、経営として目指していることがよりクリアになるので、ステークホルダーからの評価もよくなる可能性があり、経営者自身もさらにその先につながる方針策定が可能になります。経営面であいまいさがあることに対して何も改善させなければ、ステークホルダーからみて経営者としての管理能力も問われます。結果が理解しやすいということは課題整理も容易になるので、経営に係る方針策定や運営が効率よく順回転していくことが期待できるようになっていくということです。

③ 収益とリスクの融合に関する分掌

では業務分掌に戻し、そうした説明根拠をきちんと示すことが可能な部門がどこになるのかを考えた場合、従来収益をみてきた企画部門はもちろん候補になりますが、企画部門にはリスク関連の数字は通常持ち合わせていません。逆にリスク管理部門は収益の数字をすべて掌握しているわけではありませんが、リスク計測に必要なポジションに関するデータは持ち合わせているはずで、想定するシナリオや発生可能性があるリスク事象等も把握しています。つまりシミュレーションを行うことができるとすればリスク管理部門のほうが自然であり、また牽制機能を保持しているということからも、期中を含めて収益の数字を集積することに何の問題があるのかということになります。作業負荷の問題はあるかもしれませんが、収益計画に関してもその妥当性を検証するべきであり、それを検証するのは牽制機能があるリスク管理部門が適切でしょう。内部監査部門等は収益ラップの数字など追いかけるような部署ではありませんし、状況報告を行う部署でもありません。このように企画部門には名前のとおり企画業務に注力するかたちにし、収益を含めた集計や検証作業はリスク管理部門に集約させることで、収益計画策定において

も前年度実績をベースとするかたちではなく、周辺環境と想定しうるポジション量やリスクを考えたうえで期待できる収益をベースとするかたちに変化していくのが理想です。

これまで収益を担当していた企画部門からすると、リスク管理部門による牽制作業が入ることに対して抵抗があるかもしれませんが、収益の集計作業が減って物事を考えるほうに時間を使えるということは、本来の業務分掌として望ましいはずです。リスク管理部門はきわめて客観的に分析し、想定しうるシナリオでどこまで業態維持できるかについて、従来のリスク管理よりもカバー範囲は広がりますが、自己資本比率のような規制値を統制する観点も含めていくと収益は想定しないわけにはいかないでしょう。逆にリスクアペタイトの考え方が進み、注力業務が特定されてくると、リスク管理業務も注力する分野が特定されてくるので、想定するべきシナリオの数が減少することが期待できることや、エマージングリスクを果てしなく検討し続けることもなくなるかもしれません。

第4節 営業部門評価（預金・貸出）

(1) 預金取引に関する評価

ここからは具体的な収益部門の実績評価方法に関する話に入っていきます。最終的な評価方法をどうするべきかという観点ではなく、ここでは方法論の比較を中心に話を進めていきます。まずは営業部門（本店の各営業部や支店等）における預金と貸出のうち、預金から進めていきます。

銀行預金については、昔から取引開始の第一歩として口座開設を行い、個人であれば普通預金口座を開設して給与振込口座にする営業、法人であれば顧客のメイン口座として決済機能を集約させるような営業を原点としてきま

した。決済機能をもっている業態という公共性をかんがみると、口座開設後に顧客のメイン口座化してもらう営業は一定の資金プールが期待できるということで、顧客の利便性と銀行の資金調達安定化が意識されてきた経緯があります。

時代は変わり、ネットで資金移動もできれば、（悪意があれば）風評リスクを増大させることも可能になり、預金の安定化がむずかしくなってきているのかもしれません。そのようななかで規制強化の流れと量的緩和やマイナス金利適用といった金融政策が行われている環境下において、預金獲得にどの程度の力を注ぐべきかという判断は、その方法や世間への伝わり方を間違えると、経営上大きな影響を及ぼす可能性が高くなったといえるでしょう。

そうしたなかで預金業務に関する評価方法を考えると、すでに国内においては本支店レートによる残高調整機能はないに等しいと考えられるため、直近の状況においてはほとんどが定性評価に近いかもしれません。もちろん劇的に本支店レートでマイナス金利も想定して調整するのであれば劇的な残高変化が起こる可能性はありますが、そこまでリスクを冒して負債統制したいと考える経営者はいないでしょう。

国内金融情勢を平常時想定として、金利体系が普通にプラス金利で順イールドということであれば、預金業務の評価はきわめてシンプルです。本支店レートと実際の預入金利の差を営業部店に付与し、その利鞘収益分を目標設定額と比較するかたちでしょう。一部中長期預金があるとは思いますが、店頭表示しているような預金金利をベースとして受け入れている預金については、預入額の変化があまり大きくなく、負債の時価評価問題も特にクローズアップすることもないでしょうから、Accrual会計ベースでの利鞘収益を追いかけることで基本的には問題にはならないと考えられます。実際の業務計画においては資金計画に関する事項もあるので、目標設定に関しては預金残高も考慮され、環境に応じて期末残高や期中平残等を工夫して目標設定すれば業務運営上大きな混乱はないでしょう。逆イールドではそうした工夫が順イールドよりも必要になってきますが、少なくともマイナス金利政策が導入

されている近時よりも混乱は少ないと推測されます（マイナス金利政策に関する話は別途第7章第4節も参照）。

　RAF態勢という観点で預金をとらえると、経営方針として負債に関する事項が掲げられているかがまず重要であり、リスク管理態勢においても資金繰り逼迫度区分がどのような状況なのかも大きく影響します。資金繰り逼迫度区分がどこまで共有されているかをまず考えた場合、本来は営業担当者レベルまで浸透していることが重要であり、それによって営業における時間配分にも関係することが理想です。一般的には資金余剰地合いであれば預金獲得よりも貸出案件獲得が重要であり、資金不足地合いであれば預金獲得が重要になります。本支店レートを注意深くみていれば、営業担当レベルであってもある程度の状況は理解できるかもしれませんが、資金繰り逼迫度区分はいわば組織としての資金調達環境認識であるため、状況把握が共有化されていないということは経営者の意思を理解していないということと同じです。RAF態勢に限った話ではありませんが、マイナス金利導入はこれまで想定されてこなかった事象なので、負債統制も今後進化していく可能性があり、業務計画においても負債に関する事項が重要な内容になるかもしれません。

(2)　貸出取引に関する評価

　貸出業務に関しては預金に関する内容よりも複雑になります。預金は「金額・期間・金利条件」で業務計画に関係するほとんどの要素を占めてしまいますが（規制上を考えるとLCRで顧客の業態等が関係）、貸出に関しては「金額・期間・金利条件」以外に「業種、格付、収益計上方法、保全」といった要素が加わり、さらに信用リスク削減策のようなことまで関係してくるためです。

　顧客ニーズと自社のニーズによる交渉次第ではありますが、与信業務としてとらえると、単純な貸出以外に保証やコミットメントライン、当座貸越枠、社債引受けといったことがあるので、すべてが貸出利鞘ではなく手数料のかたちでアップフロント計上されることがあります。デリバティブが内包

されたり外付けされたりしても同様です。対象が資金利鞘とは限らないということが目標設定方法と実績評価方法を複雑化させることになります。このため理想としては役務収益も2種類以上の区分が必要であり、資金利鞘をアップフロント化させたものと、資金利鞘の代替的ではないもの、を把握するべきです。中長期の与信行為において、収益のアップフロント化をどこまで進めるかは重要な経営課題であり、業務計画策定段階で議論を十分行ったうえで方針を明確化させる必要があるでしょう。

　具体的な貸出業務に関する目標設定方法について進めていくと、本章第1節での「収益とは何か」の議論が関係してきます。組織全般の業務統制として収益をどのようにとらえ、どのような方針（財管一致やリスクベースでの一致等）とするのかによってその目標設定や管理会計上の収益管理が変わりうるということです。極端なことをいえば、たとえば（擬似的な）時価会計ベースでの収益把握ということであれば、（約定時点においては）デリバティブが付随していようといまいと部門収益は同じであり、さらに固定金利貸出でも変動金利貸出でも同じになります。そのかわり市場実勢変化があると直接的に評価損益が変動し、想定するデフォルト確率も変化していくことになります。

　まず公平性という観点で考えると、社債運用を行っている場合と貸出を行っている場合を比較して、（もちろん本来は市場流動性や需給面等の違いから市場価値は違いますが）評価方法が大きく異なるのは問題です。信用コスト部分（期待損失部分）を担当部署に転嫁するかどうかにおいて、社債の場合は自動的に価格に織り込まれている状態にあると考えられるので、信用コストは転嫁されているかたちになります。社債保有を行っているのがバンキング勘定か特定取引勘定かにもよりますが、その背景となる会計制度の違いを考慮して、バンキング勘定の場合は評価損益をまったく転嫁しないというようなことがあれば、収益部門間では不公平感が出てくるかもしれません。おそらく貸出に関しては大半の人が時価評価をするという発想は持ち合わせていないので、信用コストの転嫁可否から議論しないといけない状況にあると

推測されます。期待損失に関しては信用リスク管理上相関性考慮の議論が出てくるため、100％営業部門への転嫁がむずかしいという話がまた出てくることになりますが、具体的な方法や導入のタイミングは別として、方向性として転嫁しないというのは疑問が残ると考えられます。

図14では期待損失と非期待損失、VaRの関係性を示しています。これまで述べてきたとおり、非期待損失については資本配賦額ととらえるのが一般的であり、コスト転嫁という点では期待損失相当分と非期待損失相当の資本調達コストについてどこまで考慮するかがポイントになります。ただし各営業部門はVaRだけでなくPDやLGDの検証結果もみえにくい（ないしはみえない）位置にあり、相関性も同じことがいえるので、直接的に非期待損失そのものを統制することは困難です。このためコスト転嫁をするにしてもなんらかの前提条件を置いて、そのなかでのルール適用を検討することが現実的な方向性となるでしょう。

次に収益評価に関してですが、こちらも前述のとおり、収益の考え方を整理する必要があり、ポイントとしては背景となる会計制度と細分化になるでしょう。財務会計ベースを選択するか時価会計ベースを選択するかについては一長一短があり、必要な社内整備も含めて総合的に判断する必要がありま

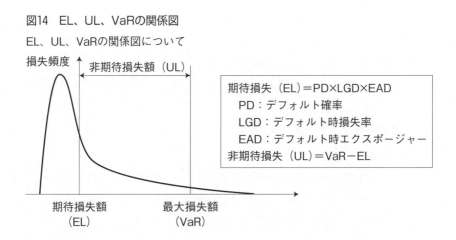

図14　EL、UL、VaRの関係図

す。

　まず共通事項として保全面の評価がやはりむずかしく、LGDに影響をきたすため、リスクベースでの評価と規制上の評価や会計上の評価に差異が生じる可能性があります。標準的手法採用行ないし基礎的内部格付手法採用行はLGD推定を（規制値算出において）実施しないので、保全面の変化をどのように管理会計上反映させるのかは明確化する必要があります。会計上においても、リスクベースでの損失発生可能性による影響（期待損失相当）と現状の国内財務会計ベースでの貸倒引当金とでは、タイムラグを含めて差異が生じる可能性があるため、こちらも保全面の評価については一定の配慮が必要になります。

　管理会計で使用するベースとなる会計制度の違いについては、先ほども簡単に触れましたが、収益のアップフロント計上という点で差異が出ます。貸出部門に時価会計というとなじみがないので、実際の導入という点では大変な苦労はあると思いますが、負債の時価評価制度が（現状の国内会計基準では注記ベースではあるものの）適用されたように、国内会計基準そのものにも時価評価の概念がかなり入ってきているため、時価評価の概念を早くから啓蒙することはそれなりの意義があると考えられます。時価会計の場合は一つひとつのオペレーションの結果が国内財務会計よりも大きく出るかたちといえるので、管理会計を使って会社の方向性を変えたいというニーズに対しては、財管一致方針よりも効果は出やすいと考えられます。

　とはいえ、実際に時価会計の概念に触れたことがない営業部門の方は多いと思われるので、少し補足をしていきましょう。

【時価会計ベースの概念整理[20]】
［時価会計ベースでの考え方（基本形）］
例：貸出実行時、金額100億円、期間5年（一括償還）、当時の適正スプレッドが1.0%（格付はA格）のとき
① 1年後（残存期間4年）の時点で、適正スプレッドが1.1%へ変化し

た（市場実勢変化および格付変化なし）。
→「100億円×（1.0−1.1）％×4年」相当分が受け取り損ねた。
② 1年後（残存期間4年）の時点で格付がA＋格となり、適正スプレッドが0.8％へ変化した（市場実勢変化なし、格付変化による適正スプレッド変化）。
→「100億円×（1.0−0.8）％×4年」相当分が市場実勢よりも儲かっている。

　時価会計ベースの考え方を理解するうえで重要なことは「時間軸の概念がそのまま反映される」ということです。国内財務会計ベースでは、貸出利率から調達等の実コストを差し引いた分の実現損益が単年度P/Lに反映されることになりますが、時価会計ベースでは残存期間がさらに勘案されることになります。たとえば残存期間3年となっている貸出において、貸出部門評価として対象となっている利鞘部分が年率0.3％であった場合、財務会計ベースの考え方では元本×0.3％いうことになりますが、時価会計ベースでは元本×0.3％×3年という違いになります（現在価値の概念は除く）[21]。

　では時価評価を導入した場合にどのような効果があるのかを考えます（表16参照）。極端な場合ですが、貸出をした直後に市場実勢が変化し、営業部門としては年率0.2％の利鞘確保をしたつもりでも、市場実勢的には確保できたのが0.15％であったと仮定しましょう。営業部門とすれば元本×

---

[20] 社債を例に時価評価をする場合、社債利回りには資金調達コスト＋信用スプレッドが内包されているため、資金調達金利変化と信用スプレッド変化に分けて考える必要がありますが、銀行管理会計において資金調達コスト部分は確定しているとみなされるため、ここでは信用スプレッド変化しか勘案していません。このため時価会計といっても擬似的なものになります。

[21] 時価会計の概念としては、Cash（決済済実現損益）＋Cash Valuation（Fixing済決済待ち部分）＋MTM（評価損益）の合計で考えることになります。評価損益部分は時間の経過とともに実現損益に振り変わっていくことになりますので、目標設定においても実績評価においても、3つの構成要素における合計値を念頭に置いたかたちになります。なお時価会計においては厳密には現在価値化という概念もありますが、本書では割愛しています。

表16　擬似的な時価会計ベースで貸出業務を評価する効果について

導入目的	期待する効果	補足等
環境変化に対する意識向上	適正スプレッドが変化することで、リスク・リターンに敏感になる	貸出部門にフォワードルッキング的な発想を浸透させ、環境認識のフィードバック化ができることが理想
エクスポージャーへの関心度向上	期待収益の感応度が従来よりも大きくなるため、ボラティリティを抑えるためのエクスポージャー増減を意識しやすい	貸出期間の適正化に対する関心度が増すことや、格付が改善するような優良先に対する分析が進むことが期待
Accrual会計との関係性認識	単純なデュレーション長期化による受取利息増額政策に歯止めがかかり、適正スプレッドを著しく乖離する低利貸出が減少しやすい	適正スプレッドを割り込む貸出に関する対応方針は、当該年度の貸出方針や会計方針との整合性確認が必要
IFRSでの一体処理対応	IFRS移行の際、単純な円金利スワップでのアップフロント化は一体処理扱いのため、会計制度変更効果を意識させる	Accrual会計対策としてのスワップ取組みと、資金利鞘の時価評価変化に関する認識を理解させることが理想

(0.20 − 0.15)％×残存期間分だけ儲け損ねました。評価損の発生です。そこで営業部門とすれば評価損を小さくするべく努力することを考えます。方法は2つで、保全を強化して実質エクスポージャーを削減するか回収するかです。逆に考えれば評価損が発生したという事実は債務者の信用力低下を意識させ、対策を早めることを可能にするということです。もちろん市場実勢変化は必ずしも債務者の信用力の直接的変化とは限りませんが、信用力変化を間違いなく意識させる触媒であるということがいえます。

　一方、債務者の信用力が改善する場合はどうでしょうか。同じ例で考えると、市場実勢はスプレッド0.1％かもしれませんが、貸出条件としては0.2％、つまり0.1％相当分の評価益です。長期貸出案件においては、債務者の信用力向上があると営業部門は自動的に儲かっていく構図になります。こ

のように時価評価を行うことは優良案件を模索する触媒効果であり、信用力悪化懸念案件歯止め効果が期待できるということになります。

もちろん時価評価ベースにはデメリットもあります。まず社内啓蒙活動や社内整備（市場実勢水準の掲示や収益管理等を可能にするIT対応等）がとても大変です。次に明らかな財管不一致なので、Accrualベースでの数値管理が必要であり、国内財務会計が完全な時価会計ではない以上、二重管理は回避できません。この二重管理については、もともと国内財務会計ベースで評価をする場合においても、役務収益か利息収入かの分離は必要なので、二重管理の方法が違ってくるという話になります。

(3) 特殊事例対応

貸出関連の特殊事例として問題となるのは、大口与信先方針等を含めた信用リスク削減策等の取扱いです。貸出関連業務としては、貸出債権を証券化・流動化するようなケースや、ポートフォリオ是正の観点よりCDSを行うようなケースが想定されます。このような取引に関してどう評価するかは部門評価の論点になります。

部門評価の大前提として、どこの部署が中心的役割を担っているのかを明確化する必要があります。（もちろん本部の指示等があるにせよ）貸出部門が行っていればそれは貸出部門に対する評価が必要であり、本部が行うような話であれば貸出部門に転嫁することには違和感があるでしょう。一般的な貸出債権に関する事項は原則として担当部署にその責任があり、組織都合で流動化するような場合であれば原則として流動化されない前提での実績評価を行うことがおそらく公平な判断になると考えられます。ただIT対応やブッキング等の制約から所管部署につけざるをえない場合には、補正を加えるか定性評価でカバーするということはありうるでしょう。信用リスク削減策については高度な経営判断が背景にある可能性もあります。仮にCDSを使ってローンポートフォリオ是正を考えた場合、その業務分掌も含めて整理してみましょう（図15参照）。

図15 CDSを使ったローンポートフォリオ是正について

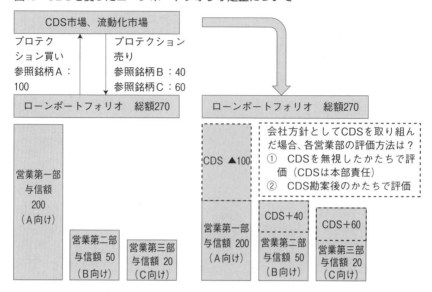

　ローンポートフォリオ是正として取り組むということであれば、中核的部署としては融資企画部門と考えられ、問題は貸出部門（営業第一部から営業第三部）に対して、その評価の前提条件をCDS取組み前とするか取組み後とするかということになります。これを整理するには業務計画策定段階にさかのぼって考える必要があり、「業務計画に織り込まれていた内容であり、各部署もその前提に従ったオペレーションを行った」ということなのか、「期中に突然出てきた話であり、本部主導で行った」ということなのかによって結論は異なってきます。一方、業務分掌上の観点で考えると、そもそもCDSを各貸出部門が取り扱えるのかという問題も出てきます。おそらく一般的にはCDSを普通の貸出部門が取り扱うことはなく、ブッキングは通常融資企画部門になると考えられます。融資企画部門はその後必要に応じて各貸出部門に損益付替え等で転嫁するかたちが想定されます。損益付替え等で転嫁されるケースとしては、たとえば営業第一部先に破綻懸念が生じ、本部と相談のうえCDSを取り組むというようなことです。保全強化がむずかしく時間的余

裕もない状況等をかんがみて本部に申し出たということであれば、営業第一部としての適切なオペレーションであり、部門評価につなげる価値はあるでしょう。

　管理会計システムや業務分掌の問題もあるので、どのような方法が最も適切であるとはいえませんが、たとえば「営業第一部がCDSのブッキングをする可能性があるので、業務分掌上各貸出部署にCDSを取り組めるようにした」ということはやりすぎでしょう。デリバティブの世界ではデリバティブの世界なりに規制がかかり、ISDA-CSAに基づいた担保授受（中央清算化されていれば証拠金が必要）もあるので、それらのコストを転嫁するということはとても大変な作業になります。そしてそれ以上に業務分掌が混乱しすぎて、内部取引ばかりが増えて本業が進まないという事態に陥る可能性があるので、業務分掌上オペレーション可能な取引を特定しておくことは重要です。全体的な件数が少ないものに関しては、なんらかの事情でやむをえないケースのみ、関係部署間で協議のうえ対応方法を決定するのが無難でしょう。

第5節　市場部門評価

(1)　バンキング勘定（ALM関連）

　ここでも前節の営業部門と同様、調達と運用に分けて考えていきます。まず調達部門としての中核的業務としては、準備預金制度に伴う積み作業を含めた最終資金調整であり、日中流動性もカバー範囲となってくるため、事実上決済リスクまでを包含する担当業務となっています。外貨の資金繰りに関しては別途外国資金の担当部門がある場合がありますが、説明の簡略化のため、ここでは外貨を含めた分掌を前提とします[22]。

　銀行の資金調達方法は実に多種多様です。中核的なものとしては預金、市

場性調達(コールやレポ等)、社債、株式になり、社債には負債性資本に該当するものも含まれます。資金調達ではないですが、実現収益というかたちでの入金(配当受取りも含む)もあります。資金繰り管理業務としては、こうした入金だけでなく出金も考慮して過不足調整を行いますが、さまざまな部門からのさまざまな動きに伴う入出金なので、突発的に変化することも当然あります。このため、よいか悪いかは別として、収益目標が設定されたとしても、他の収益部門とは異なる位置づけになります。資本調達や長期資金調達においては財務企画部門が主導的立場であり、預金に関しては各営業部門が主導的立場なので、調達担当部門として直接的にオペレーションできるのはせいぜいコール市場(個別のダイレクト取引を含む)やレポ市場といった短期金融市場での資金貸借なので、財務企画部門(ALM)のオペレーション部隊のような位置づけであり、その結果他の収益部門とは異なる位置づけということになります。そのため金融機関によっては市場部門資金調達担当というような部署ではなく財務企画部門の1つの課として機能させるケースもあります。

仮に収益目標を設定するという前提で考えるのであれば、資金運用と調達の鞘抜き部分は考慮せず、所要資金量に対する調達コストの目標と実績での比較くらいしかできないでしょう。まだ絶対金利が相応にあった時代では短期金融市場でのディーリング業務による収益もありましたが、レバレッジ比率規制も導入されることで、うかつにバランスシートを拡大できないという側面があります。いかに無駄なコストをかけないようにするのかという点と、危機時での安心という意味でのバッファー保有に関する点をどのように評価するのかという観点になるため、数値的な検証もさることながら、定性評価の色彩がきわめて強くなると考えるべきでしょう。

これに対し、運用サイドは収益の概念が出てきますので、実際に収益目標

22　1990年代前半までのように、円金利の絶対水準がまだ高かった頃は、譲渡性預金やコマーシャルペーパー等でのディーリング業務による収益獲得オペレーションも行う部門もありましたが、最近ではきわめて限定的になっています。

設定されているケースがほとんどでしょう。ただしALMにおける運用は危機時における流動性バッファーという考え方が従来からあるので、意図せぬ局面で売買するケースが出てきます。部門の相場見通しとは関係なくオペレーションを強要されるようなイメージもあるので、必ずしも収益がすべてではありません。このため部門評価に関しては特定取引勘定とは異なり、なんらかのかたちでその点は考慮する必要があります。

　業務分掌上の建付けとして「組織決定されたオペレーション」ということなので、それを額面どおり受け取れば、部門収益目標など意味がないかもしれません。しかし売買をするにあたってなんらかの判断が絶対必要で、その判断材料をだれが提供するのかを考える必要があります。どこの銀行でもALM委員会のような会議体はあると思いますが、そのALM委員会で基本方針が確定し、日々のオペレーションを権限委譲して部門にやってもらうという運営方法が多いと考えられます。ALM委員会への参加によって相場見通し等を共有し、方針に落とし込むという点と、その決定された方針にどれだけ相違なく（あるいは期待以上に）オペレーションができたのかという観点で評価するようなかたちです。

　具体的なオペレーション方法に関しては別途第6章第3節でも述べますが、目標設定に関しては国内基準行と国際基準行では差異が生じるかもしれません。その理由は評価損益をどうとらえるかにおいて、国内基準行は自己資本比率算出において評価損は考慮しないかたちですが、国際基準行は考慮する必要があるので、実現損益ベースでの目標設定にするのか、評価損益も考慮するかたちでの目標設定にするのかという整理が必要になります。ただ、これだけリスク管理高度化が進んでいるなかで実現損益しかみないというのは筆者としては問題ありと考えています。極端なことをいえば、ただひたすら購入して満期まで保有していれば基本的に問題ないということになりやすく、バランスシート拡大が理想となっている場合はよいかもしれませんが、「評価損のときには売却できないから、バランスシート縮小はできない」というようなばかげた話になると思うので、評価損益は考慮するべきで

しょう。なお、時価が算出できないようなポジションは（過去にやむなくバンキング勘定に入れ込んだ特定のポジションを除く）基本的に万一の流動性対策という観点でありえないので、保有する場合には、金額の大小にかかわらず、組織決定によるポジショニングであることを明確化させる必要があると思います。

(2) 特定取引勘定

　特定取引勘定に関しては、ここでは債券やデリバティブに関する業者業務（＋ディーラーの自己ポジション）を前提に述べていきます。特定取引勘定ではバンキング勘定とは会計処理が異なり、時価会計ベースでの概念で物事が進むので、リスク管理ベースと財務会計ベースとのミスマッチという点には配慮する必要性が出てきません。ただし金融規制強化の流れのなかでは、自己資本比率においてCVAが考慮されたことや、今後は中央清算されないデリバティブ取引に関する資本賦課を考慮しないといけないといった規制対応に関する話が増えました。

　組織全体としての業務分掌面での課題とするのであれば、トレーディング勘定の抜本的見直しに付随して、バンキング勘定との垣根明確化のような話もありますが、収益目標設定と実績評価という観点では、他の収益部門と同様、資本コストや担保コスト、その他コストの反映方法の検討と、営業部門等を通じた顧客との取引に関する収益計上割合を営業部門と整理するということで、かなりの部分がカバーされると考えられます。

　CVAを統制するうえで欧米金融機関では早くからCVAデスクを立ち上げ、国内銀行でもその流れが徐々に浸透してきましたが、先進的な金融機関ではCVAからさらに進化してXVA（CVA以外にファンディングコスト等も反映するさまざまな調整）を統制するような動きになりつつあります。こうしたCVAデスクによって必要なコストはプライシングに反映されるようになってきたので、管理会計においても今後明確化して転嫁することは可能になってくるでしょう。CVAデスクが組織上立ち上がっていれば内部取引で

整理されるかたちになり、立ち上がっていない場合には一部手管理となるケースが出てくる可能性があります。

　CVAデスクとも関係して整理するのが担保コストの話であり、市場部門の調達担当や運用担当の各部門にも業務分掌次第では関係してきます。市場部門間では内部取引が行われるのは日常茶飯事と考えられるため、資金と担保両面から貸借が発生する可能性があるので、社内における資金調達や担保調達をどの部署とどのように行うのかをあらかじめ整理しておけば、管理会計面での反映はあまり大きな影響は出ないでしょう。また、担保コストを含めた資金コストとして本支店レートに反映するケースも考えられます。担保コストが関係してくるのは、市場部門とごく一部の営業部門（たとえば商社のようなISDA-CSAを締結する先）に限定されると考えられ、商社のような取引先については、特定取引勘定内での市場営業を担当する部門が直接対応することが多いと想定すれば、内部取引によってほとんど解決する可能性が高いと考えられます。こうして特殊事例を除き、特定取引勘定の各部門は、資金や資本、担保といった各種コストを勘案後の収益のかたちで目標設定され、実績評価されるのが適切であると考えられます。

 管理会計高度化と報酬制度

(1)　本支店レートからFTPへ

　管理会計高度化の過程において、いまではFTPという概念がかなり普及しました。そもそも本支店レート方式では固定金利的にコストが確定する発想が前提となっているものの、現実的にはその裏でコストを確定させているように仕向けている財務企画部門は、市場部門との協力によって何とかコスト割れしないようなオペレーションを目指しています。ただそれも金利の

ロールダウン効果に依存する部分も大きく、コストが増大するような環境変化があると厳しい状況に置かれることになります。

FTPに関しては、国内金融機関においては収益管理（管理会計）高度化とセットで2000年代前半頃に注目され、金融機関向けソリューションも多くみられました。書籍等もあることからFTPに関する仕組み等の詳細についてはここでは述べませんが、海外の金融機関においてはFTPの高度化の流れは続いており、直近では日次ベースで実施している金融機関もあるようです。周辺環境や文化の違い等もあるので一概にはいえませんが、そのような比較をしてしまうと、国内金融機関は管理会計高度化において随分と差を広げられた印象があります。

海外の金融機関の場合は報酬制度との関連性が高いため、インセンティブを反映したプライシングには、従業員のモチベーション維持の観点も含めて、大きな意味があります。資産や負債の統制がインセンティブをつけることで変化を与えることが比較的容易と考えられますが、国内は長い間ゼロのような金利体系になっているので、特に負債統制という発想が芽生えにくい環境であったといえるでしょう。このためバランスシート調整に関しては資産側で何とかする発想が根強いと考えられますが、先般のマイナス金利政策によってどのような道を選択するか次第で将来像が変わってくるかもしれません。

国内の大手証券会社でもFTPに関しては相応に研究されています。銀行とは異なりフローベースでの収益確保なので、一義的には各コストをどのように精緻化させ、収益部門に転嫁するかが重要なのですが、フロービジネスであるがゆえに、両サイドに顧客がいてマッチングさせるという考え方は大きな意味をもちます。銀行の場合であればストック的発想でバランスさせることになりますが、証券会社は理屈のうえではワンタッチスルーでかまわないため、リアルタイムに近いかたちでプライシングに反映できるということがあると大きなメリットになるはずです。

(2) 管理会計システムの改善検討と報酬制度

　部門評価を正当で公平感のある内容にすることは重要ですが、状況把握やモチベーションの観点で、管理会計システムや報酬制度をどのようなものにするかも、収益統制の観点で重要な位置づけになります。リーマン・ショック以降は規制強化内容が次から次へと公表され、IT対応面でも規制・制度対応が優先されているため、管理会計システムが徐々に陳腐化している可能性があります。

　管理会計システムを理想形に近づけるためには、社内方針においてある程度の恒久性が求められます。ある年度では財管一致、次の年度ではリスクベースというように社内方針が頻繁に変化するようでは、社内教育面も含め、無駄が増えることによるコスト垂れ流しに近い話でしょう。収益目標設定や実績管理の方法に変化があった場合に、同時並行的に管理会計システムが見直されることは理想ではありますが、これからはRAF態勢構築という観点も考え、「恒久的な社内方針の設定と管理会計システム構築」という考え方が必要だと思われます。金融機関を取り巻く環境は常に変化しているので、あらゆる面において恒久的である必要はありませんが、しかし現実的には社内方針が頻繁に変わる企業は何を目指しているのかわからないので、ステークホルダーの理解も得られないでしょう。なんらかの軸となるものがあって、首尾一貫性があるかたちでの業務継続が図られるべきということから、もし部門評価が変化しうる状況にあるのであれば、可及的すみやかに管理会計システムを見直すのではなく、部門評価に関する明快な社内方針が決定されてから見直すべきであるということです。

　RAF態勢が意識されて、徐々に社内に浸透していく過程では、初期段階でまずRASの策定ということが検討されることになります。RASをどのようにとらえるかは経営者がどう位置づけるかにもよりますが、少なくとも経営者としてのコミットメントという色彩があるので、頻繁に変化しうる性質のものではありません。またコミットメントということは、なんらかの方向

性を示したうえで、企業をそちらに向ける努力をするということなので、本格的な管理会計システム見直しは少なくともRAS策定が行われるようになった後と考えられます。データベースの構築とも関係する話なので、規制対応も内部統制（収益・リスク等）もデータはMISから引っ張れるような態勢が理想ではありますが、直近ではとても法外なITコストを捻出できるような状況ではないので、現状優先順位的には劣後する金融機関が多いのではないでしょうか。

　将来を見据えた管理会計システムやその内部のデータにおける改善させるべき点としては、リスク管理高度化あるいは規制強化に伴って、データの取得頻度や報告頻度が短縮化されていることをふまえ、管理会計システムでも同じ頻度を目指すということです。もちろんリスクデータ諸原則をふまえたデータの正確性等も必要ですが、管理会計は社内問題に関する事項ですから、MISと必ずしも同水準・同品質である必要はありません。ただ徐々にリスク管理とオペレーションが近づいていくことも事実なので、管理会計システムでは反映されない事象の内容次第では、各収益部門での混乱が発生するということであり、その分逸失利益が生じる可能性が出てきます。

　次に収益部門のモチベーション維持という点で、部門や個人の実績評価が報酬に反映される態勢構築も重要です。人事制度としては、そもそも業務分掌が異なるなかで公平な評価はむずかしいのですが、明快な目標設定と実績評価という方法論に関する検討は可能であるはずです。収益部門について例をあげると、目標収益がなんらかの基準に基づいて設定され、評価対象期間内で計上できた実現損益（＋評価損益）から達成率等をみていくかたちが一般的ですが、評価軸は1つとは限らないので、単純な収益額、リスク対比での収益率、リスク量増減のようなさまざまなかたちがありえます。あらかじめ評価軸や強化業務等を明確にしておくことで収益部門は注力するべき業務を理解し、そのオペレーションを実現できれば評価につながるということです。評価軸が他の収益部門も含めて共有化される前提では、ある程度の相対比較が可能となり、より大きな実績を残したところが大きな報酬を得るとい

う考え方になります。

　仮に報酬制度に関しては、すべて賞与のかたちで反映するとしましょう。まず課題として、賞与の原資が増えているのか減っているのか、業務計画上目指す収益は増えているのか減っているのか、等の前提条件があり、「全員で頑張れば（収益が向上して）賞与も増える」というのは理想論者がよく語る話ですが、賞与の原資がそもそも増えないということであると、モチベーション維持の効果は薄くなり、従業員からすると生活費化した扱いでとらえることが増えると考えられます。モチベーション維持に関しては、「本当に頑張れば本当に報酬が増える」ということが重要で、企業論理としては十分な報酬を渡しているつもりでも、同じ金額を翌年度も続けるとモチベーションが低下する従業員のほうが多いと考えられます。

　国内金融機関は前年度実績をベースとして計画を策定することが多いため、企業全体としての業績が落ち込めば自分の賞与も下がるという印象をもっていて、全体収益が減少していると、目標を大きくクリアした部門に対する評価は報酬に反映されにくい傾向があると思われます。もちろん業績の落込み度合いによるのですが、企業が前年度実績ベースとの対比で物事を考えれば、従業員も前年度実績ベースとの対比で考えるようになりがちです。企業全体としてマイナスとなったときに個人実績では目標達成した従業員のモチベーション低下は、かなり大きくなってしまう可能性があります。企業論理を理解しない従業員も多いので、評価の判断基準等の明確化は必須です。

第 5 章

社内外での啓蒙と議論の活性化

本格的な収益統制を目指すうえで、それを実現するためにはクリアしていくべきさまざまな条件があります。RAF態勢を意識したうえでどのようなクリアするべき条件があるのかを整理し、現状と比較しながら高度化させていく方法を検討する必要があります。

　RAF原則の内容や現状の課題を明確化しつつ、高度化に向けたステップを進めるようにするためのさまざまな施策を考え、導入できるものから順次導入していく方法での高度化を目指していきます。

第1節　社内啓蒙

(1)　リスクカルチャーの概念

　第2章第1節においてRAF原則を説明しましたが、そのRAF原則での「実効的なリスクアペタイト・フレームワーク−(c)」のなかでリスクカルチャーという言葉が出てきます。最近RAFに関するさまざまなペーパーが増えているなか、リスクカルチャーに関する内容を記載しているものもありますが、実務に落とせそうな内容はなかなか見当たりません。RAF原則を含め、やはり概念的な話ばかりで具体的方法論になっていないというのがその理由だと考えられます。

　リスクカルチャーとはどのようなものかを調べていくと、「組織内に浸透しているリスクに対する認識や理解、行動様式などを指し、良好なガバナンスを構築するうえでの重要な要素」というものであり、金融機関のリスクカルチャーを評価するものとして4つの指標がFSBのガイダンス「Guidance on Supervisory Interaction with Financial Institution on Risk Culture」に示されています。

> 【リスクカルチャーを評価する4つの指標】
> ・Tone from the top（経営トップの基本理念）
> ・Accountability（説明責任、アカウンタビリティ）
> ・Effective communication and challenge（効果的な議論とチャレンジ）
> ・Incentives（インセンティブ）

　実際に金融機関のなかで、だれかが声高に「リスクカルチャーについて勉強しよう」といったところで、いわれた大半の人たちは何をやっていいのかさっぱりわからないでしょう。現実論として、組織のなかにたしかに優秀な人がいて、「業務もこなせば、その業務が他のどの業務につながっていて、どうしてこの業務を行わなければならないのかの意味も正しく理解している」ということはありますが、一部では自分が所属している部門の業務ですら的確に説明できない人もいるでしょう。縦割りで細分化された組織体制であることや、業務を深く理解している人が必ずしも教育してくれるわけでもなく、教育したとしても正しく理解されたかわからない、というのが会社組織です。そのなかで「リスクカルチャー」という新しい言葉を伝えても、半数以上の人が「よくわからない」ということになると思います。もっと平たくいえば、「勉強しない子どもに、単に勉強しろといっても絶対やらない」ということなので、教育者は勉強することのおもしろさを伝えようと努力しているということであり、文化や習慣として身につけるにはものすごく労力が必要であるということです。

　企業においても同じことで、机上でいくらリスクカルチャーを語っても、おそらく正しく理解はできませんし、ましてや少しくらい勉強したとしても文化として浸透していくことなどありえません。自然とそのような文化が備わるくらいなら、統合リスク管理や複合的な規制対応などまったく問題にはならない企業レベルもしくは従業員レベルであるはずです。したがって、企業文化として浸透させるためには、おそらく時間をかけて地道に努力するし

かありません。

　これを業務計画決定プロセスに当てはめて考えてみましょう。昔ながらの収益目標設定プロセスは、たとえば貸出部門の人からすると、「どこかから出てきた天の声」（Tone from the topの欠如？）であって、「前年度の収益目標が100億円だったから、新年度は105億円にした」くらいの内容を企画部門からいわれてしまったという感じでしょう（Effective communication and challenge の欠如？）。＋5億円に関する根拠が示されればまだよいのですが、「（大人なのだから）それくらいわかるよね」という扱いを受けてしまうと、根拠なき目標設定であって、根性論で頑張るしかないということになってしまいます（社内でのAccountabilityの欠如？）。これでは各営業部門とのコミュニケーション不足になり、肌感覚の周辺環境に関する情報が企画部門に入ってくることもありません。それでも貸出部門は設定された目標の達成に向けて努力することになりますが、仮に部門としては目標達成しても、会社全体としては未達成となるとボーナスが減ることもあります（Incentivesの欠如？）。このようなことではリスクカルチャーの浸透どころか、組織間情報交換の分断であり、RAF原則で示されている議論の活発化にはつながっていかず、組織全体の活性化にもつながりません。議論する土俵づくりから考えていかないとリスクカルチャーは浸透していかないと考えます。

　先ほど概念的という表現を使いましたが、それでもRAF原則に付随するようなかたちで、FSBが公表したリスクカルチャーに関するガイダンス以外にも、バーゼル銀行監督委員会が「銀行のためのコーポレートガバナンス諸原則の公表について：Corporate governance principles for banks」を公表しています。銀行のためのコーポレートガバナンス諸原則においては、そのイントロダクションのなかで「3つの防衛線（three lines of defense）」という表現が出てきており、実務を行う事業部門、リスク管理部門、内部監査部門が3つの防衛線であるという考え方をしています[23]。本質的には収益部門でもある事業部門がリスクを評価したうえでオペレーション判断をし、その後のモニタリングもしているはずなのですが、リスク管理部門があるという

176

ことで、事業部門が負うべきリスクの絶対評価の機能が強まらず、オペレーション遂行の色彩が強いという感覚は否めません。このためオペレーション実施前のリスク分析力等の強化も必要になりますが、たとえば貸出部門が自社の信用リスク管理手法を理解していなくてもオペレーション判断を行おうとするように、案件を通すテクニックが重要であってリスク管理は二の次的なイメージが先行しがちです。これを改善させるためには、少なくとも事業部門に対してリスクに見合った期待収益という考え方（あるいは収益獲得に関して統制するべきリスクの所在）を認識させる必要があり、収益目標が尻たたき材料に陥らない工夫が必要です。そのうえでいろいろなアプローチ方法はあると考えられますが、少なくとも経営者が目指す方向性や業務計画で目指す位置を理解し、適切に収益獲得のためのオペレーションへと反映されなければなりません。オペレーションを行うためのリスク分析が必要であるというのが第一の防衛線という考え方でしょうが、その第一の防衛線を直接的

23 　3つの防衛線に関して、Deutsche Bank AGの2015年アニュアルレポートにおいて以下のような記載があります。
（原文）　We operate a Three Lines of Defense ("3LoD") risk management model. The 1st Line of Defense ("1st LoD") are all the business divisions and service providing infrastructure areas (Group Technology Operations and Corporate Services) who are the "owners" of the risks. The 2nd Line of Defense ("2nd LoD") are all the independent risk and control infrastructure functions. The 3rd Line of Defense ("3rd LoD") is Group Audit, which assures the effectiveness of our controls. The 3LoD model and the underlying design principles apply to all levels of the organization, i.e., group-level, regions, countries, branches and legal entities. All 3LoD are independent of one another and accountable for maintaining structures that ensure adherence to the design principles at all levels.
（和訳）　私たちはリスク管理モデルとして3つの防衛線を機能させています。第一の防衛ライン（第一LoD）は、リスクを保有しているすべての事業部門やサービス提供インフラ分野（グループ・テクノロジー事業および法人向けサービス）です。第二の防衛ライン（第二LoD）は、すべての独立したリスクとコントロールのインフラ機能です。第三の防衛ライン（第三LoD）は、私たちのコントロールの有効性を保証するグループ監査です。3LoDモデルと、基礎となる設計原則は、組織、すなわち、グループレベル、地域、国、支店や法人のすべてのレベルに適用されます。すべて3LoDはそれぞれ独立しており、すべてのレベルでの設計原則の遵守を確保するための機能を維持していく責任があります。
（Deutsche Bank「Annual Report 2015」より引用し、筆者が和訳したもの）

に強化しようとしても「勉強しない子どもに勉強しろ」というような行為になってしまうため、結果的にそれぞれの防衛線が強化されているようなコーポレートガバナンスを目指すほうがよいでしょう。

(2) リスクカルチャーの浸透

　コーポレートガバナンス高度化という観点、あるいはRAF態勢構築という観点でリスクカルチャーを浸透させるにあたり、前述の業務計画策定プロセスを変えていくことを目指すには、どのようなことを行い、どのようなことが結果として期待されるのかを考える必要があります。そもそも（単年度の）業務計画を策定するということは、1年後の企業の姿はこうなっているのではという期待や不安をかたちにするということであり、理想とすれば業務計画以上の結果になっていてほしいということです。ということは、業務計画に織り込もうとするB/SやP/Lの期末見通しの内容は、（自分たちとすれば）及第点であるということであり、もしその業務計画がステークホルダーに認められれば、対外的にも及第点と考えられるということになります。ステークホルダーに認められる前提として業務計画策定が行われるのであれば、オペレーションによっていかにして業務計画の内容を達成するのかが問題であり、ステークホルダーに認めてもらうためのステップというとらえ方であれば、業務計画の内容がどうしてそのような内容になるのかを説得できる材料をもてるかが問題です。これは「業務計画策定の精緻化と業務計画の内容に即したオペレーションの実現」が目指すところとなり、それを実現するためには単純に業務計画策定担当者が理解するだけでは実現せず、何をすれば目標達成できるのかを正しく理解するということです。

　オペレーションをする部門と計画策定をする部門が当然異なるので、まずは次年度を見据えた環境変化、自社の懐具合やミス（損失等）の許容範囲等、情報共有するべき事項は多くあります。通常業務計画策定においてはなんらかの前提条件を置くため、その前提条件が正しく相互理解されていることが重要です。環境認識等にもしギャップがあれば、おそらく期末残高見通

しやP/L期待値に相違が出るはずです。その相違もお互い理解したうえで打開策を考えないと実現性のある数字は算出できません。この議論をすべての収益部門と仮にできるとすれば、少なくともこれまでの数字ありき的な業務計画（収益目標）ではなくなるはずです。環境認識のギャップに関しても埋まることが期待できるので、業務計画策定段階での事前の意見交換が必須といえるでしょう。具体的な目標数値が順次決まっていけば、今度はその検証作業にかかります。

　これまでは経営企画部門が策定した収益目標の検証作業は行ってきていない金融機関が多いと思われます。そもそもの基礎体力においては1,000億円くらいしか収益力がないのに、2,000億円の収益目標設定をしていないかどうかを検証するのが目的です。業務計画としてたとえばローンポートフォリオ入替えが想定されるのであれば、当然そのポジション変化も考慮することになります。対営業部店という点では、全体のポートフォリオや経営の方向性等を共有しつつも、個別具体的に詳細な確認が必要になります。業務計画策定段階での想定ポートフォリオが共有化されることで、現状との相違が把握され、期中に行うべきオペレーションのイメージをもつことが可能になります。

　業務計画策定にかかる作業時間はおそらく飛躍的に増えることが想定されます。しかしそのかわりに情報共有化が進むことで、さまざまな認識ギャップが埋まるだけでなく、収益目標達成につながる可能性がいっそう出てくるということになります。

(3)　Deutsche Bank AGにおけるリスクカルチャー対応

　リスクカルチャーに関しては、現実問題としてRAF原則に記載されているため、意識しないわけにはいきません。そこで自らいろいろ考えることも重要ですが、リスクカルチャーに関する海外事例をみてみましょう。Deutsche Bank AGがアニュアルレポートでリスクカルチャーという項目を設けて説明しているので、こちらを参考にしてみましょう（表17参照）。

表17　Deutsche Bank AGのリスクカルチャー対応

原　文	和　訳
Risk Culture We seek to promote a strong risk culture throughout our organization. Our aim is to help reinforce our resilience by encouraging a holistic approach to the management of risk and return throughout our organization as well as the effective management of our risk, capital and reputational profile. We actively take risks in connection with our business and as such the following principles underpin risk culture within our group: - Risk is taken within a defined risk appetite; - Every risk taken needs to be approved within the risk management framework; - Risk taken needs to be adequately compensated; and - Risk should be continuously monitored and managed.	リスクカルチャー 私たちは、組織全体の強いリスクカルチャーを促進しようとしています。私たちの目的は、組織全体でリスクとリターンの管理に対する総合的なアプローチだけでなく、当社のリスク、資本および風評プロファイルの効果的な管理を奨励することにより、当社の回復力を強化する手助けをすることです。当社グループ内のリスクカルチャーを支えるよう、下記原則に従って事業に関連するリスクを積極的にとっております。 - リスクは、リスクアペタイトとして定義された範囲内でとります。 - 統制するすべてのリスクは、リスク管理の枠組みのなかで承認される必要があります。 - 統制するリスクを適切に補償する必要があります。 - リスクを継続的にモニタリングし、管理する必要があります。
Employees at all levels are responsible for the management and escalation of risks. We expect employees to exhibit behaviors that support a strong risk culture. To promote this our policies require that behavior assessment is incorporated into our performance assessment and compensation processes. We have communicated the following risk culture behaviors through various communi-	すべてのレベルの従業員がリスクの管理とエスカレーション（上申）を行う責任があります。われわれは強力なリスクカルチャーをサポートする行動を示すようになる従業員を期待しています。行動評価として当社の業績評価と報酬のプロセスに組み込まれるよう、私たちのポリシーとして促進します。私たちは、さまざまなコミュニケーション手段を介して、以下のリスクカルチャー行動を伝えています。

cation vehicles: －Being fully responsible for our risks; －Being rigorous, forward looking and comprehensive in the assessment of risk; －Inviting, providing and respecting challenges; －Trouble shooting collectively; and －Placing Deutsche Bank and its reputation at the heart of all decisions.	－自分たちのリスクに対して十分な責任があること。 －リスク評価に関して厳格であり、フォワードルッキングの視点をもち、包括的であること。 －勧めること、提供すること、尊重すること、チャレンジングであること。 －力をあわせたトラブルシューティングを行うこと。 －すべての決定の中心にドイツ銀行とその評判があること。
To reinforce these expected behaviors and strengthen our risk culture, we conduct a number of group-wide activities. Our Board members and senior management frequently communicate the importance of a strong risk culture to support a consistent tone from the top. In addition, to drive staff understanding and knowledge of risk culture, a dedicated risk culture library of industry reports and articles has been established on DB's internal social media platform.	これらの予想行動を強化し、当社のリスクカルチャーを強化するために、われわれはグループ全体でさまざまな活動を行っています。当社の取締役および上級管理職は、トップから一貫した姿勢をサポートするための強力なリスクカルチャーの重要性について頻繁に議論しています。また、職員の理解とリスクカルチャーの知識を駆動するために、業界のレポートや記事の専用のリスクカルチャーライブラリーが銀行内部のソーシャルメディアプラットフォーム上で確立されています。
Throughout 2015, and into 2016, there has been increased focus on the effectiveness of training. Rather than introducing additional training modules, where feasible we are embedding new messages into existing courses to keep them up to date and timely, and to avoid 'learner overload'.	2015年を通じ、そして2016年においてもトレーニングの有効性が多く認められるようになりました。最新かつタイムリーに、そして学習に関する過剰負荷がかからないようにそれらを維持するために、トレーニングモジュールを追加導入することよりも、既存のコースに新しいメッセージを埋め込むようにしています。
In addition, along with other measures to strengthen our performance	また、当社の業績管理プロセスを強化するためのその他の措置とともに、従

management processes, we have designed and implemented a process to tie formal measurement of risk culture-related behaviors to our employee performance assessment, promotion and compensation processes. This process was first piloted in CB&S and GTB in 2010, and subsequently implemented in all divisions, with PBC International being the latest to have rolled out the process in July 2015. This process is designed to further strengthen employee accountability.	業員の業績評価、昇進や報酬のプロセスにおいて、リスクカルチャー関連行動を正式に評価することを結びつけたプロセスを策定し実装しています。このプロセスは、最初2010年にCB&S（Corporate Banking & Securities）とGTB（Global Transaction Banking）で導入し、PBC（Private & Business Clients）インターナショナルを最後に、2015年7月すべての部門で実施されました。このプロセスはさらに、従業員の説明責任を強化するように設計されています。
To aid with the holistic assessment of risk culture, 2015 saw the development of a Risk Culture Framework. The Framework defines the levers that contribute to the evolution of a strong risk culture, as well as the minimum criteria which should be met at Group and divisional level. 2016 will see the launch and application of this Framework across the Business.	リスクカルチャーの総合的な評価を支援するために、2015年には、リスクカルチャーフレームワークの開発を行いました。フレームワークは、強力なリスクカルチャーの進化だけでなく、グループや部門レベルで満たすべき最低基準に満たすかたちで制御するようになります。2016年には、ビジネス全体でこのフレームワークの立上げおよび運用が示されることになります。
Based on the newly developed Risk Culture Framework, a Risk Culture Annual Report was produced and presented to the Management Board as well as the Risk Committee of the Supervisory Board at the end of 2015. This forms part of DB's commitment to ensure senior management are informed with regards to the risk culture of the Bank.	新しくつくられたリスクカルチャーフレームワークに基づき、2015年の終わりに取締役会ならびに監査役会において、リスクカルチャー年次報告書を作成したことを報告しました。上級管理職を確保するためのDBのコミットメントの一部を構成するこのフォームは、銀行のリスクカルチャーに関連して通知されます。

（出典）　Deutsche Bank「Annual Report 2015」より抜粋したものを筆者が和訳したもの

企業全体としてリスクカルチャーを浸透させるべくさまざまな工夫を凝らしていることが容易に理解できます。国内金融機関に当てはめて考えるとすれば、コンプライアンスプログラムのようなイメージに近いかもしれません。国内金融機関のコンプライアンス意識の向上に関して、（もちろん金融検査マニュアルの影響が大きいですが）独自でのコンプライアンスプログラムを策定し、当該年度のコンプライアンス強化のためのさまざまな行動計画を実働させることや、全従業員に対してコンプライアンスマニュアルの配布を行っているはずです。これをリスクカルチャー的に置き換えると上記内容に近づくと考えられます。

実際に稼働させるまでのスピード感をどのようにとらえるべきかの問題がありますが、スピード感を早くしたいということであればあるほど、より経営者が主体的になる必要があります。マニュアル配布やe-learningのような方法で一定の知識を得ることは可能かもしれませんが、各業務部門においては第一の防衛線としてリスクと収益を見抜くことが求められるので、リスク統制（≒損失回避）の発想での教育プログラムと、収益獲得の発想での教育プログラムは内容が異なり、収益獲得の発想に関してはマニュアル配布やe-learning的なものでは備わらないのではないかと推測されます。

環境認識の共有化と標準語化

(1) 会議体での議論活発化への工夫

リスクカルチャーの浸透をさらに進めるうえで、先ほどの業務計画策定プロセスをイメージしつつ、具体化していきます。そこで最初に1つの例を示しましょう。

図16は、ALM委員会やリスク管理委員会のような、経営者とさまざまな

図16 ALM委員会等の会議体でのイールドカーブ資料

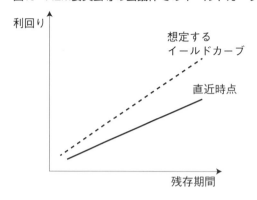

業務計画策定段階と直近水準の比較を単に示したもの
（想定するイールドカーブ＝前期末時点）

図17 イールドカーブ資料でのひと工夫（例）

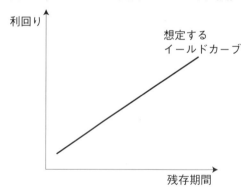

1年先1年、2年先1年、3年先1年といったかたちでフォワードレートを計算

⇩

O/N誘導目標水準の変化を想定（市場の政策金利変化の織込み度合い）

⇩

「O/N誘導目標は、当面1年間は据え置き、以降毎年＋0.25％引上げ」

部署のメンバーが集合する会議体で配布されるイールドカーブのグラフです。銀行のALM委員会のような会議体参加メンバーであればみてのとおりであって、それ以上でもそれ以下でもないものだと考える人が多いでしょう。でも本当にそうでしょうか。この何の変哲もないイールドカーブのグラフ1つでも、その意味合いを単純に利回り水準と残存期間の関係図としか理解していないのではないでしょうか。そして同じグラフ上に別の時点でのグラフも描かれていたら、「金利が上昇した／低下した」ということだけを理

解しているのではないでしょうか。

　たとえば示されたイールドカーブに追加説明を加えましょう（図17参照）。「現状のイールドカーブでは、1年後に0.25％、2年後にさらに0.25％の利上げを織り込んでいます」。これだとどうでしょうか。いろいろ物議をかもし出す十分な材料ではないでしょうか。

　イールドカーブのグラフをみて、そのような理解ができる人は市場業務経験者かリスク管理業務経験者くらいであり、その2つの業務に携わった経験がある人でも絶対理解するとは限りません。しかし上記説明を加えるために行った準備は、単にフォワードレートを算出しただけです。1年先1年、2年先1年といったようなフォワードレートを算出し、その時点の政策金利水準と比較することでそのコメントが書けるようになります。つまり単なるグラフが標準語化されて、意味のある議論の題材に変化したことになるのです。

　たとえば貸出部門の人がその会議体に参加していたとしましょう。グラフをみているだけでは何も感じなかったかもしれないことに対し、1年後に政策金利が上昇する（と市場が考えている）と知ったことによって、「進めている長期貸出案件を変動金利貸出に変更する交渉をしよう」とか、「短期のスプレッド貸出に当面注力しよう」というようなことを考え始めるということです。もっといえば、日々の営業活動のなかで肌感覚として「来年利上げなどありえない」というような意見をいう可能性もあります。そうすれば市場部門の意見と貸出部門の意見が出てきて、会議では活発な意見交換が行われることにつながります。適切な材料も示さない状況で「何か意見をいえ」といっても意見は出てきません。でもわずかな工夫によって異なる部門間でも意見交換できるようになるということです。

　RAF態勢において重要なことは情報共有です。特にRASに関する事項や業務計画に関連する事項については「単純に経営の目標を示せばよい」という話ではありません。目標を達成するためにどうすればよいのかを議論する必要があるのです。そのためにはRASに示された文言だけでなくその意図、

業務計画策定における算出根拠が正しく組織の末端まで認識されてはじめて組織を向かわせたい方向に進んでいくことになります。

(2) 標準語化の追加的効果

ところで、実はこのフォワードレートでの共有化の例を示したのは、単純に議論を活発化させるためのものだけではありません。フォワードレートを使う意味は期末時点の着地ポイントを示すという点が重要です。これを自分がネットトレーダーだと考えてその意義を示しましょう。

たとえば日経平均先物を取引しているとします。売買しようとしている限月において、もし途中経過はわからなくても最終的な清算価格であるSQ値をあらかじめ知っているとしたらどうするでしょう。清算価格を知っているだけで、途中経過がわからないので、場合によっては取引期間中の追加証拠金差入れの可能性を考えて限界までポジションをもつことはなくても、取引できる範囲において最大収益を計上できるように、直近の価格とSQ値を比較して直近価格が高ければ先物売り、安ければ先物買いのポジションメイクをするはずです。

では期初（あるいは前年度末）において期末時点を予測するということはどういうことでしょう。別に本当にその着地点を知っているわけではありません。しかしその予測する着地点を前提に業務計画を策定すれば根拠がきわめて明確になるということです。もっといえば企業として支持するシナリオを特定するということもできるでしょう。収益計画において「着地ポイントとポジション量が特定される」ということであれば、期中において目標対比でどうすればよいのかを知るうえで、その差を明確にすることができるということです。

そのような方法に対して懸念を示す人もいるかもしれません。「そのシナリオがはずれたら業務計画は達成されない」という点です。しかし根拠があいまいなまま業務運営をして達成される保証はどこにもありません。むしろ各収益部門に基本的に任せるということなので、神のみえざる手でも働かな

い限り統制をとりながらの運営はむずかしいでしょう。もし期末時点を予測している運営方法であれば、期中に何をするべきかにつながります。そして何をするべきかといえば、ALM委員会やリスク管理委員会等の会議体において、業務計画策定のメインシナリオと直近の位置を比較したうえでシナリオ変更の必要性があるかどうかを議論するということです。ALM委員会等の重要な会議体において、議論するべきテーマにあいまいさがあるとどうなるかを確認するため、第3章第3節で説明した債券部門の相場見通しの会話をもう一度振り返ってみましょう。

【バンキング勘定債券部門での相場見通しに関する会話（再掲）】

上司：当面の相場見通しをどう思うか、それぞれ意見をいってほしい。

部下A：少し下押しするかもしれませんが、基本的には買っていいと思います。

部下B：まだ上昇余地はあると思いますが、上に行った後は少し売りたいです。

部下C：フラットニングが進むと思います。

上記例において問題視した点は、時間軸の概念も変動幅の概念もはっきりしていないということでした。どれだけ下押しするのか、いつ反転するのかといった点が欠如しているので、買うべきか売るべきか、あるいはホールドするべきか、といった重要な事項が判断しにくい会話になってしまっているということです。これではせっかく議論しようと思っても、有意義な会話にはなりません。ではどうすればよいのかを知るうえで、上記の会話に少し補足してみましょう。

【相場見通しに関する会話（補足）】

上司：ここ1週間での相場見通しをどう思うか、それぞれ意見をいってほしい。

> 部下A：いまよりも30銭くらい下押しするかもしれませんが、基本的には買っていいと思います。
> 部下B：まだ上昇余地は50銭程度あると思いますが、上に行った後は少し売りたいです。
> 部下C：残存10年以上を中心にフラットニングが進むと思います。

　上司の質問として時間軸が1週間となり、部下AとBは具体的な値幅の話を持ち出したことで、少し具体的なイメージがつきやすくなりました。しかし具体的な残存期間に関する視点を話しているのは部下Cであり、部下A、Bと相場観的に大きく異なるのか、実は似たような相場観なのかははっきりしません。ということは、具体的なオペレーション実施判断という観点では、時間軸と値幅を単純に語ればよいということではなく、着地点を明確にしたうえで、それよりも上か下かという議論をしたほうがよいといえます。たとえば「1週間後、いまよりも上昇している」と意見が一致するなら買い（ただし1週間後に処分する可能性あり）、というようなことや、「1週間以内に、いまよりも30銭下がったら買い」というような意見の一致方法です。こうして期末時点のフォワードレートという着地点を1つの基準にするという発想につながっていきます。

　多くの人が集まって相場観を話すというのは、このように意見を集約させることは困難です。先ほどの例で、メンバーに悪気があって明確にしていないのではなく、「何となくわかるでしょ」という気持ちがどこかにあって、かつ、市場の動きである以上、多少変動の可能性があるということは意識されるので、どうしてもあのような会話になってしまうのです。しかし期末の予測ポイントが明確に示されていて、それよりも上か下かと聞かれると、時間軸も相場の位置も特定されるので、意見をいうにもあいまいさがなくなります。

　では期中の会議体ではどのようにするべきでしょうか。最終的な意見の集約をさせるうえでの質問は「シナリオ変更するべきか」です。さまざまな部

門がさまざまな観点で景況感等を伝えたうえで、シナリオ変更が必要かどうかについて意見を伝えていくということです。シナリオ変更がなければ期末予測ポイントも変わりませんので、業務計画策定根拠の実現に向けてポジションを動かすことになり、シナリオ変更があるということであれば、変更するべきポイントを明確化することになります。重要な会議体は月1回以上開催されているはずなので、期中の調整はほとんどの場合は微調整となるはずです。「シナリオ変更について、今月はいったん保留し、最終決定は来月のALM委員会とする」というような決定であっても、各収益部門はその変更可能性を考慮したポジショニングができるはずなので、収益部門とすると企業が目指す方向性に沿ったオペレーションに近づけることになり、従来の方法よりも組織決定された事項に関する重要性がさらに重要になってくるといえるでしょう（業務計画変更に関し、詳細な方法については別途第6章で説明します）。

第3節　議論活発化のためのさらなる工夫

(1) コメンテーター制度の検討

　前節では標準語化することによって理解の促進を図り意見をいいやすくすることを考えましたが、当然それでも会議で何も話そうとしない人が存在するはずです。もちろん会議体では時間的制約もあるので、やたらと意見をいえばよいというものではなく、有意義な議論にするということが重要です。そこで半強制的であるかもしれませんが、意見をいわざるをえない例として、ディーリングルームでよく行われるマーケットコメントの輪番制をイメージして応用できるかどうかを考えてみます。
　ディーリングルームには外国為替担当もいれば債券や短期資金、セールス

といったさまざまなチームが混在しています。ディーリングルームで毎朝のように行われるミーティングでは、それぞれすべてのチームがコメントすると時間が足りなくなってしまうため、輪番制のようなかたちでコメンテーターが出てきてチームを代表するようなかたちで市場動向等を説明するケースが多いと思われます。よくありがちなのは情報端末から拾えるニュースや相場見通し等をつなぎあわせてコメントすることや、セールス部門が「〇〇企業との取引でいくら儲かった」とコメントすることが多く、実質的に相場の方向性等を知るうえで役立つ情報になるかどうかがコメンテーターによって格差があるという事実です。

　想像するに、こうしたリスクテイクを行う人が集まっていそうな部門であっても、コメンテーターとなると意外とリスクをとらないことが多いため、聞いている側としては楽しくないことが多いのではないかということです。無難に仕事をこなすことに慣れてしまい、コメント後に何かいわれることを回避する姿勢が出ているということでしょう。その一方で喫煙所に行くと有意義な情報がたくさん出てくるという話も多く、自由度があればそうした有意義な情報も出てくるということは、情報を取得している人がいても開示には抵抗感があるということになります。

　ディーリングルームにおけるコメンテーターで1つ問題があるとすれば、おそらくコメンテーター自身が周囲と情報交換しない限り話せることは自分だけが感じている動きのみであり、周囲もわりと放置する文化があることで、チーム全員が感じ取っている意見の集約になっていないということです。個人的意見はもちろん重要ですが、情報にはある程度の正確性が必要であるため、同じような肌感覚をほかにもっている人がいるかどうかは重要です。つまり個人の担当業務という色彩を弱め、チーム代表の色彩を強めることができれば複数の情報筋から得られた情報になるので、正確性が担保される可能性があります。

　もしALM委員会やリスク管理委員会のような会議体でなんらかの意思決定をしないといけない局面や、業務運営上の動向を伝える局面において、な

んらかの意見をいわないといけない状況をつくるとどうなるのでしょうか。これを実現させる前提として、同一グループ内での事前の情報交換は必要ですし、コメント自体が状況をふまえて未来を見据える内容であることが求められますが、やってみる価値はあるかもしれません。発信される情報を聞くことで他部門状況の理解が深まることや周辺環境で異なる見方ができる可能性が出てくるほか、コメンテーターは少なくとも相応の準備をするはずなので、会議への参加姿勢も変化するはずです。もちろん会議自体は組織を前に進めるために行うものであるため、コメンテーターの内容そのものは人事評価上のマイナス評価につながらないことも必要です。

　市場部門においては横の情報交換は手なれたものと思われますが、融資部門であってもそれは同じです。融資企画部門がある場合、各融資部門と融資企画部門との間で正しく情報共有できていれば問題はないのですが、組織分掌上の上下関係の間では隠されてしまう情報もあるかもしれません。RAF態勢構築においてさまざまな議論が行われることが主たる目標であるため、たとえば業態別ないしは地域別等に分かれている営業第一部と営業第二部が情報交換するような話は、その後の貸出先の新規案件発掘に寄与することにつながっていく可能性がありますし、社内の役員のスタンス変化を把握できる可能性もあります。最終的には問題意識が共有化されて解決に向けた動きにつながればRAF態勢が機能しているという考え方もできるでしょう。

　ただリスクも当然あります。実際マーケットコメントについては、毎日行ってきていてもなかなか改善しません。情報を隠す人、実績が芳しくない理由をいいたがる人、コメンテーターを単なる作業でしかとらえない人、等々、なかなか会議の趣旨を理解してくれない場合があります。それでもこのような例を持ち出すのは、重要な会議体に参加するメンバーは相応のマネジメントクラス級であるということであり、本来は自分の意見すらいえないようでは論外という立場の人たちであるはずです。情報を適切に取捨選択し、自分が所属する部門の業務運営に生かさねばなりません。コメンテーター制はあくまでRAF態勢導入の初期段階で行われるものであり、消極的

な感じで恒久的になってしまうようでは組織力を危ぶむべきでしょう。意思決定をするのは経営者であっても、その意思決定に影響を与える情報提供は各部門からの生きた情報なので、議論させる工夫に関してはどこまでやってもやりすぎにはならないでしょう。ただ意見をしなければマイナス評価ということになると、余計な意見が増えて情報の取捨選択がむずかしくなるだけなので回避するべきです。

(2) トランスレーター育成プログラム

　国内経済がバブルといわれていた頃の一般的な銀行のジョブローテーションは、おおむね最初は支店に配属されて預金窓口業務や住宅ローンといった業務を数年行い、その後はゼネラリスト養成と称してさまざまな部署を渡り歩くのが通例でした。徐々にスペシャリストが必要という認識になり、金融検査マニュアルの人事異動硬直化への対応を意識しつつも、似たような畑で異動していくことが現在では多くみられます。その弊害として複合規制対応のような横軸目線が必要な状況において、その目線が欠如しているということを最近になって意識し始めているということでしょう。別に従前のゼネラリストを目指した異動に関しても、ごく一握りのスーパーエリートが企画部門のような本部と海外部門を渡り歩くだけで、どんな業務の話でも相応にできるという意味でのゼネラリストはきわめて少なかったことでしょう。

　RAF態勢構築を意識する場合、直近ではあまりに縦割り意識が浸透しているため、複数の部門が協力して経営者と話を進める以外にはむずかしく、それぞれの業務分掌や置かれている立場等を認識してきちんと意見交換できているとは限りません。IT開発においてよく聞こえてくる話ですが、「ユーザー部門は自分が望む姿のみ伝えて、後はIT部門にすべてお任せ状態になってしまい、要件定義で重大なミスが後から発覚する」ようなことがあり、ユーザー側はITを理解せず、IT側は業務を理解していないので、結果的にすれ違ってしまうことが散見されるということです。

　銀行のなかでは昔から「○○さんはマーケットの人」というように、どこ

の畑が強いのかを示す表現がありますが、裏では「私は営業の人だから話があわない」ということが意識されている場合もあって、相互理解できなくても仕方がない理由にしていることがあります。こうしたことを打開するべく、意思疎通がしやすい組織を目指すのであれば、スーパーゼネラリスト的なキャリアパスによって業務のつながりを理解する人材を育てることが重要になります。こうしたことはもちろん短期間で実現するものではなく、10年以上の時間をかけてようやく理解できるものでしょうが、お互いの考え方を理解するには両方の立場を経験した人がいるということが重要でしょう。いくら意思疎通を普段から行っていても、聞いて知ることと体感することではかなり違いがあります。部門同士の意見交換も相手の手の内を知っているうえでは隠しても仕方ないので、本音ももれやすいようになってくるはずです。

(3) 各種教育制度

　RAF態勢を含むコーポレートガバナンス高度化を進めるためには当然教育制度も並行して考える必要があります。しかし経営者レベルと上級・中級管理職レベル、従業員レベルでは当然蓄えた知識量も異なれば求められる要件も異なるので、教育制度といってもレベル感に応じた内容が必要になります。まただれが教育するのか、教育できるだけの経験と知識があるのかという、教える側にも相応の能力が求められます。教育者を外部に依存する場合ももちろんあるでしょうが、業務経験や業務知識という裏付けをもった講師がそろっているとも思えません。このためわずか数年で教育制度が機能してすぐにガバナンスが高度化されるという期待をもつことはかなりむずかしいと考えられます。

　たとえば経営者向けを例にRAF態勢を機能させる目的で教育制度を設けるとしましょう。RAF原則の考え方を理解する説明会は当然必要ですが、そもそも経営者にどこまで理解してもらうのかをイメージしておく必要があります。もしリスクアペタイトの選択という意思決定に関して相応の業務知

識が必要となるからと考え、当該業務知識も一通り説明するということであれば、もはや銀行業務全般を説明するようなものです。また、リスクアペタイトを選択する意思決定をした後の経営者の責務とは何かというようなことを考えるのであれば、取締役の善管注意義務から説明をしていき、やはり業務運営方法や業務分掌等を説明していくようなことになりかねません。コーポレートガバナンスに関する教育というレベルではどこまでやってもきりはないと考えることもできます。

　銀行業務はあまりに細分化されていて、国内業務／海外業務、リテール／ホールセール、営業／企画・推進、バンキング勘定／特定取引勘定、資産項目／負債項目／資本項目、といったようなさまざまな切り口があるので、3つくらいの業務を行ってきた人がいるといっても、とてもRAFの全容を説明できるとは思えません。せめて7つ8つくらいの畑を歩んだ人がいないと、長い間縦割り発想をしてきた国内金融機関にとって、横軸発想は浸透していかない可能性が高いと考えられます。融資業務1つ考えてみても、担当した業種や企業規模によって得られる知識はかなり違いがありますし、既往先と新規開拓でも違いがあります。不良債権処理で回収専門の場合はさらに違いがあります。ジョブローテーションだけではカバーしきれないほどの業務が銀行にはあるので、いくらスーパーゼネラリストの人事制度を始めたとしても、単純にローテーションを組めばよいということにはなりません。

　銀行のなかでよくある勘違いなのですが、貸出部門に所属している人が市場部門の人について「市場関連業務はほとんど理解しているから、為替も金利も株式も詳しいだろう」と考える人がいます。しかし市場部門内でよくある話が「○○さんは為替の人」というように、為替と金利と株式、商品が異なればみな違うと思っているので、実際にコール取引を担当している市場部門の人に外国為替市場の見通しを聞いても何も出てきません（個人的興味の世界で返答する人はもちろん存在します）。時価会計で行うデリバティブの人と現物をバンキングで行う人でも、同じ商品を取り扱っているとしても発想はまったく異なります。貸出部門の人からすれば、そうした違いはまったく

わからないですし、また理解しようとするほど興味がある話でもないので、会話が一言で終了します。

> 貸出部門：外国為替の見通しはどう？
> 市場部門（コール担当者）：知らないよ、そんなの。為替の人に聞いて。

　業務的につながりがある部門間であるとしても、意思疎通の深さを考えれば、現実は大半のケースが上記レベルでしょう。RAF原則を理解していくうえで、社内での議論がとても重要なものとしてとらえられていても、現実の会話が上記のような内容では、とてもRAF態勢構築に向かっていくとは思えません。また上記会話をもう少し業務運営をよくするための会話にするということも、何をどうすればよいのか不明です。ということは、「業務計画を精緻化して、その達成を目指すための議論」というような軸を設けないと、異なる部署間での意思疎通は一方通行になってしまうということです。もしトランスレーターのような人がいるとすると、どうして貸出部門が外国為替市場動向を気にするのか、相場見通しを聞きたいのであればだれに聞けばよいのか、を直接的につなげることもできれば、トランスレーターなりの回答をすることもあるかもしれません。議論をわかりやすくするには双方の意見を正しく理解できる人がいるということが重要で、そうしたことが組織運営上の公平感にもつながっていくと考えられます。

 対外的啓蒙

(1) JPMorgan Chase & Co. 開示情報

　RAF態勢においてステークホルダーとの意思疎通が重要という話をこれ

表18 JPMorgan Chase & Co.のリスクアペタイトに関する記述

原文	和訳
Risk appetite The Firm's overall risk appetite is established by management taking into consideration the Firm's capital and liquidity positions, earnings power, and diversified business model. The risk appetite framework is a tool to measure the capacity to take risk and is expressed in loss tolerance parameters at the Firm and/or LOB levels, including net income loss tolerances, liquidity limits and market limits. Performance against these parameters informs management's strategic decisions and is reported to the DRPC.	リスクアペタイト 当社の全体的なリスクアペタイトは、当社の資本の状況や流動性ポジション、収益力、および多様なビジネスモデルを考慮して確立されています。リスクアペタイト・フレームワークは、リスクをとる能力を測定するためのツールであり、当期純利益の損失の許容範囲、流動性リミットと市場リミットなど、当社または各ビジネスライン（LOB）レベルで、損失の許容範囲パラメータで表現されています。これらのパラメータに対するパフォーマンスは、上級管理職の戦略的な意思決定につながっており、経営者リスク政策委員会（DRPC：Directors' Risk Policy Committee）に報告されています。
The Firm-level risk appetite parameters are set and approved by the Firm's CEO, CFO, CRO and COO. LOB-level risk appetite parameters are set by the LOB CEO, CFO, and CRO and are approved by the Firm's functional heads as noted above. Firmwide LOB diversification allows the sum of the LOBs' loss tolerances to be greater than the Firmwide loss tolerance.	全社レベルのリスクアペタイトパラメータは、当社のCEO、CFO、CRO、COOによって設定・承認されています。ビジネスラインレベルのリスクアペタイトパラメータは、各ビジネスラインのCEO、CFO、およびCROによって設定され、上記のとおり、ビジネスラインのトップによって承認されています。ビジネスラインの多様化により、各ビジネスラインでの損失許容額の合計額は全社ベースでの損失許容額よりも大きくしています。

（出典）　JPMorgan Chase & Co.「2014 Annual Report」より筆者が抜粋し和訳

までしてきましたが、社外的にはどのようなことを行っていくべきかを整理するうえで、RAF態勢としては先進的と考えられるJPMorgan Chase & Co.の開示情報から、まずはリスクアペタイトに関する点でどのような記載をしているのかをみてみましょう（表18参照）。

　JPMorgan Chase & Co.の開示資料をみていると、バーゼル規制での3つの柱に従った必要な開示内容が存在するため、国内メガバンクグループの開示内容と通じる点も多々ありますが、RAFという点で比較をするとさまざまな特色を確認することができます。なかでも重要な役員はどのような実績を残したのかを示し、一般に向けてディスクローズが行われています。この内容は報酬制度にも直結しており、RASの内容が経営者の事実上のコミットメントであることがよくわかります。RAF原則での役割と責任のなかで「CEO、CROとCFOと共同で開発した金融機関のRAFを承認し、それが金融機関の短期および長期的な戦略、業務・資本計画、リスク許容度だけでなく、報酬プログラムとの一貫性を維持確保させること」（詳細は第2章第1節参照）を遵守すると、このようなディスクロージャーへと変化するということでしょう。国内メガバンクグループでは役員クラスの業務分掌は確認することができても、何をコミットしてきているのか（あるいはしていないのか）がわからないため、責任の所在においてあいまいな印象が残ります。その意味では国内メガバンクグループですらRAF態勢はまだ初期段階にあるということはいえるでしょう。

　JPMorgan Chase & Co.の「Notice of 2015 Annual Meeting of Shareholders and Proxy Statement」では5名の経営者に関する実績を記載しています。記載内容に関しては基本的に「Business Results」「Risk & Control」「Customers & Clients」「People Management & Leadership」の4項目に関する内容とパフォーマンス全体感になっています。ごく一部ではありますが、記載例としては表19のとおりです。

　詳細についてはJPMorgan Chase & Co.のホームページに開示されており、コーポレートガバナンスに関する記述のところでこのような経営者実績

第5章　社内外での啓蒙と議論の活性化　197

表19　経営者実績（JPMorgan Chase & Co.の例）

氏名・役職	記載内容（原文より抜粋）	記載内容（抜粋内容を和訳）
JAMES DIMON CHAIRMAN & CHIEF EXECUTIVE OFFICER	(Business Results) ・Achieved record net income of $21.8 billion, on net revenue of $94.2 billion, illustrating Mr. Dimon's focus on efficiency and achieving cost synergies across lines of business (Risk & Control) ・Continued to make the regulatory and control agenda a top priority of the Firm and deployed substantial resources to this effort, including spending $2 billion more in 2014 than was spent in 2012 on regulatory and control issues (Customers & Clients) ・Maintained or improved first class franchise and reputation 　－AM continues to fortify its reputation in the marketplace through its outstanding sustained performance 　－Chase is ranked #1 in customer satisfaction by its clients (People Management & Leadership) ・Invested significant time and resources to strengthen the Firm's talent pipeline and succession planning, including the creation of a new Management Development Program for all levels of managers throughout the Firm	(Business Results) ・ビジネスライン横断的な業務効率性とコストシナジー効果により、942億ドルの純売上げ、218億ドルの過去最高の純利益を達成 (Risk & Control) ・規制対応と内部統制を最も重要な課題と位置づけて継続的な対応を続け、2014年では2012年よりもさらに20億ドル多く投入 (Customers & Clients) ・ファーストクラスのフランチャイズと評判を維持もしくは改善 ・アセットマネジメント業務では、その優れた持続的なパフォーマンスを通じて、市場での評判を向上 ・チェースはクライアントから顧客満足度第1位を獲得 (People Management & Leadership) ・企業のあらゆるレベルの管理職のための新たな経営開発プログラムの作成など、当社の人材開発や後継者育成を強化するためにかなりの時間とリソースを投入

MARIANNE LAKE CHIEF FINANCIAL OFFICER	(Business Results) ・Significantly enhanced the Global Finance organization, including optimization of internal capital allocations in light of higher overall capital levels in the industry, and established a Shareholder Value Added ("SVA") framework for evaluation of sub-LOBs (Risk & Control) ・Implemented Regulatory Reporting Exam process ("RREX") to monitor action plans, interdependencies and impacts of firmwide outstanding regulatory requests (Customers & Clients) ・Further strengthened engagement with investors by improving and simplifying earnings announcement process and disclosures, and interacting with investors through numerous forums (People Management & Leadership) ・Implemented a robust talent review initiative to develop strong succession pipeline throughout the entire finance organization and continued to drive firmwide diversity initiatives, including expansion of "Women on the Move"	(Business Results) ・業界としてはより高い資本水準をふまえた資本配分の最適化を含めたグローバル・ファイナンス部門を強化ならびに株主付加価値（「SVA」）の枠組みを確立 (Risk & Control) ・アクションプラン、相互依存性および全社レベルでの規制要件の影響を監視するための規制報告試験プロセス（「RREX」）を実装 (Customers & Clients) ・決算発表までのプロセスや開示を改善・簡素化し、数多くのフォーラムを通じて投資家との関係を強化 (People Management & Leadership) ・組織全体で後継者候補を育成するための能力評価を強力に実行し、「活躍する女性」の拡充を含め、全社的ダイバーシティーへの取組みを推進
MARY	(Business Results)	(Business Results)

第5章　社内外での啓蒙と議論の活性化

ERDOES CEO ASSET MANAGE- MENT	・Record revenue ($12.0 billion) and record net income ($2.2 billion) with pretax margin of 29% and ROE of 23% (Risk & Control) ・Built world class control infrastructure by investing significant time and resources, including the hiring of over 700 new control employees (Customers & Clients) ・Percentage of JPM mutual fund assets rated as 4 or 5 stars increased to 52% from 49% year over year (People Management & Leadership) ・Executed on several key talent initiatives: 　－Effective top talent retention including 96% of senior portfolio managers	・120億ドルの過去最高売上げ、22億ドルの過去最高純利益を記録し、税引前で29％の利益率とROE23％を実現 (Risk & Control) ・700名以上もの新規雇用を含めた時間とリソースの投入により、ワールドクラスの内部統制インフラストラクチャーを構築 (Customers & Clients) ・JPMミューチュアル・ファンドに関するレーティングにおいて、4つ星ないしは5つ星となっているものの割合が前年49％から52％に増加 (People Management & Leadership) ・いくつかの重要な人材に関する取組みの1つとして、シニア・ポートフォリオ・マネジャーの96％を含む効果的な優秀な人材を保持
DANIEL PINTO CEO CORPO- RATE & INVEST- MENT BANK	(Business Results) ・Achieved revenues of $34.6 billion in a challenging environment, while executing business simplification initiatives, including exiting non-core businesses such as physical commodities (Risk & Control) ・Strengthened self-assessment process of the businesses to fo-	(Business Results) ・コモディティ現物取引といった非中核事業を終了するなど、業務の簡素化の取組みを実行しつつも、厳しい環境下で34.6億ドルの売上高を達成 (Risk & Control) ・重要なリスクとコントロールに関し、マッピン

		cus on mapping, testing and validating critical risks and controls (Customers & Clients) ・Further strengthened the Firm's reputation with clients, demonstrated by the Firm's market positioning: 　－#1 in Global Investment Banking fees (People Management & Leadership) ・Drove diversity initiatives across the organization, including launching the ReEntry pilot program, sponsored the diversity committee, and initiated a program to target VP skills development for women and diverse employees	グ、テスト、コントロールに焦点を当て、ビジネス自己評価のプロセスを強化 (Customers & Clients) ・グローバル・インベストメント・バンキング部門の手数料で第1位を獲得といった市場での地位を確立しクライアントからの評判を向上 (People Management & Leadership) ・リエントリーのパイロットプログラム立上げといった、組織全体でのダイバーシティーの取組みを行うダイバーシティー委員会を後押しし、女性や多様な従業員向けVPのスキル開発を目指すプログラムを開始
	MATTHEW ZAMES CHIEF OPERATING OFFICER	(Business Results) ・Refined capital and liquidity management across the Firm, including the reorganization of CIO and Treasury to create holistic responsibility for the Firm's balance sheet (Risk & Control) ・Led the development of a firm-wide, multi-year cybersecurity program, including the creation of three new cybersecurity operations centers (Customers & Clients)	(Business Results) ・バランスシート全体に対する責任を明確化するためのCIOとトレジャリー部門の再編を含め、当社全体での資本および流動性管理を見直し (Risk & Control) ・新たな3つのサイバーセキュリティオペレーションセンターの創設を含め、数年かけてサイバーセキュリティプログラムの開発を主導

	・Mr. Zames devoted significant time and resources to strengthen relationships with regulators and policy makers internationally	(Customers & Clients) ・国内外での規制当局や政策立案者との関係を強化するために時間とリソースを投下
	(People Management & Leadership) ・Developed new COO leaders program and established robust Managing Director promotion process for the Corporate Function to strengthen key leadership roles	(People Management & Leadership) ・新しいCOOの指導者プログラムを開発し、重要な指導的役割を強化するためのマネージング・ディレクターの昇格プロセスを確立

(出典) JPMorgan Chase & Co.「Notice of 2015 Annual Meeting of Shareholders and Proxy Statement」より筆者が抜粋し和訳

と報酬が確認できます。内容は質問に対して回答するようなイメージでつくられており、"How did we pay our CEO and other NEOs?" という質問に対する回答として上記内容が説明されています。内容に差異はありますが、他のG-SIBsに該当する金融機関（インベストメントバンクを含む）でもProxy Statementのなかで開示されています。国内銀行ではこうした経営者実績を詳細に開示していませんが、RAF態勢が機能して報酬制度もリンクしてくるようになると、このような開示方法の導入を検討する金融機関は増えると考えられます。

(2) 国内銀行における開示での留意点等

国内銀行に限らず業歴30年以上の上場企業の大半は、経営者になっている人のほとんどがプロパーで、他の従業員よりもなんらかの仕事ができたことによるキャリアパス的経営者であり、創業者以外はサラリーマンの延長線上でなっている人が多いといえます。大学院等で経営学を学ぶことによってマネジメント業務ができるという発想でマネジメント層を目指す人がいるとい

う欧米型とは異なるので、いきなり「RAF態勢を構築したから経営についてコミットせよ」といわれてもついて行けない経営者も多いことでしょう。外部の役員招聘も通例化しつつあるように変化してきた最近の風潮であっても、何か事件が起こると「大変遺憾である」ということで、責任を感じているのかどうかよくわからない文化がある国なので、経営者に甘えは許さないと考えて可及的すみやかにコミットさせてディスクローズしてしまうか、あるいは現段階でそこまで求めないと考えるかはデリケートな問題でしょう。

　これからRAF態勢を構築するという段階においては、国内基準行と国際基準行で分けて考えるという方法もあるでしょう。国内基準行は国内特有の文化を十分考慮したうえで、幅広くすべての関係者に理解を求めていきつつ、少しずつ経営者責任を強める方法であり、国際基準行はグローバルスタンダードを基準として欧米型ディスクローズを目指していくことで理解してもらうという方法です。

① 国内基準行の場合

　国内基準行の場合は地域性も強く、経営方針が過度にドラスティックなものは受け入れられにくい点があると推測されます。一方で開示内容やリスク管理手法において「隣県の地銀が行っているのにこちらは行っていない」ということがあると株主総会で質問される等、ディスクロージャーリスクがあります。RAFでは独自性が重要であっても、重要な取引先はそれを理解しているわけではないので、「隣県の地銀では行っていないけれども、こちらは行っている」という内容を前面に出すことで独自性を示すことは検討するべきです。ここでいう独自性はRAFにおける独自性であって、同じ業務での比較における先進性を意味するものではありません。どうして自分たちがこのような方法で経営することを目指すのかを明確にするということです。

　ディスクロージャーに掲載するような話ではありませんが、ステークホルダー（あるいは全顧客）に対しては開示情報だけではなく、RASに関する補足説明資料を配布する等の工夫もするべきでしょう。経営方針をわかりやす

く伝え、自社が提供するサービスがどのように変化していくかを示すということです。地域創生が語られる世の中で、地域密着型を目指す経営において経営者のコミット内容を示すことはともかく、その実績と報酬を示すことよりも、業務展開としてどのような変化が起こるのかを示すほうが意味はあると考えられます。意識するべき点としては「顧客にとってどのような影響を受けるのか」の観点を強めに出すということであり、「自社としてはこう変化する」からもう一歩突っ込んだかたちで示すことによって顧客満足度を高めることを目指す経営戦略となっていくと考えられます。

② 国際基準行の場合

　国際基準行においてはさまざまな国や文化のなかでビジネス展開をするということなので、規制対応に限らず、さまざまな事象においてグローバルスタンダードを目指した動きになることが予測されます。ディスクローズに関する代表的なものとして、会計が国内財務会計からIFRSへと移行することも今後想定されることでしょう。セグメント情報の充実も検討されて、国別・業務別といったさまざまな切り口で強みと弱みを表現していくことになると思います。

　RAF態勢が機能するようになり、開示内容も変化していくことを想定すると、ステークホルダー向け説明としては単純なリスクアペタイトだけでなく、実績をふまえた今後の方針を明示していくことが考えられます。国内銀行はこれまであまり部門別の譲渡はしてきませんでしたが、業務のグローバル展開が進めば進むほど部門強化や撤退が意識されるようになり、経営戦略は詳細な内容が求められるようになっていくでしょう。第3章第6節のなかで「収益に関する詳細な内訳はRASに掲載するべきではない」と述べましたが、リスクアペタイトとして選択と集中を示すことは回避できなくなり、その結果として、今後は経営者の実績と報酬を開示するような流れも進んでいくと思われます。

　国内市場はこのままいくと人口減少によって市場規模が小さくなる可能性

が高く、国内銀行にとっても業態維持のための海外業務展開は重要です。RAFとは直接関係しないかもしれませんが、そうしたなかで他国の国際基準行と比べて何が違うのかを示すということは意味があるかもしれません。サブプライム問題やリーマン・ショックでは、欧米に比べると直接的な損失は小さかったように、たとえ自社内では注力業務扱いであっても世界の胴元にはならない経営戦略でこれまで生き延びてきたという考え方はあるでしょう。これを脱却するのか維持するのかを示していくことはある意味独自性をもったアピールになります。1999年フォーチュン誌で20世紀最高の経営者と評された元GE（ゼネラル・エレクトリック社）のジャック・ウェルチ氏は、その当時テレビ番組のインタビューで「GEとして行うビジネスにおいて世界シェアNo.1ないしはNo.2になれないものはダメ（撤退も辞さない）」といっていましたが、どのようなビジネスを行うかという観点はなくても、ある意味すごくクリアな経営戦略という考え方もできます。これはいわば世界の胴元になる発想ですが、胴元となる戦略によって収益確保を目指すのか、胴元リスクを回避してバランス重視のポートフォリオにするのか、経営方針の核として示すことは重要だと考えられます。

第 6 章

収益獲得オペレーションと意思決定

業務計画策定とその運営においては、いくら計画が精緻な内容であったとしても、オペレーションが計画に沿ったものではなく、各収益部門がそれぞれの判断だけで実施されると、業務計画達成がなされない可能性が出てきます。より精緻な計画をつくったうえで、オペレーションがその計画に沿うかたちであれば業務計画策定時に想定した収益が達成される可能性が広がると考えられ、達成までの懸念材料は周辺環境と想定シナリオのギャップに特定されてきます。

　実際には期初と期末までには半年や1年といった時間があり、その間には劇的に環境が変化することもありうるため、計画と実績のギャップを理解し修正していくには、期中の計画変更も余儀なくされることもありますが、いち早くそうした可能性を把握して運営に生かしていくにはさまざまな工夫が必要です。

 業務運営と全体統制

(1) リスク管理部門の役割

　RAF態勢が確立されている前提では、少なくとも業務計画策定時においてステークホルダーの要望を理解しており、それをふまえたリスクアペタイトやポートフォリオ運営が想定されているはずです。計画が最終確定される前段階では、リスク管理部門を中心にさまざまなシナリオによるストレステスト等が実施され、想定されるリスク事象もマッピングされた状態にあると考えられます。リスク管理部門の作業負荷がとても大きいものになっているはずですが、あらためてまずはリスク管理部門が業務計画策定においてどのような点を検証していくかを考えていきます。

　業務計画策定を精緻化させるには、金融機関を取り巻く周辺環境に関する

図18　リスク管理部門における業務計画策定事前準備（図9再掲）

【一般的なバランスシート】

収益管理のために
・本支店レート（注）対比での資産・負債の各種取引利鞘
・取引先出資、その他取引に関する損益計算等が必要

業務計画策定やリスク管理には
・本支店レート（注）対比での妥当性・影響度検証
・ALM策定のための市場分析・顧客分析
・規制値統制と最低クリア水準等の制約条件
・資本コスト配分方法
等が必要

【収益・パフォーマンス管理面】
（バンキング勘定）
・顧客別・商品別・格付別等の資金利鞘
・各種フィー収入（特定取引勘定を除く）
（特定取引勘定）
・資本コストを勘案した収益率
・商品・取引別収益率等
【業務統制面】
・ストレスシナリオ・メインシナリオ等のケース別本支店レート
・ALM運営に関する評価方法（関係会社株式、バンキング勘定の債券保有等）
・資金調達コストの適切な配分
・バーゼルⅢ等の各種規制要件と所要コスト

（注）FTP（ファンド・トランスファー・プライシング）が確立している場合は、本支店レートをFTPに置き換えて考える。

多くの情報が必要になります。周辺環境を認識したうえでリスクマップが作成され、想定ポートフォリオが確定することでシナリオごとでの実務運営上の影響度を計測することが可能になります。ということは、収益部門から得るべき情報として「○○が儲かりそうだ」というようなリスクアペタイトに関する内容や、「国内景況感に関してこの業態が悪い」等のリスク管理やマクロ経済見通し等に関する内容を中心に、さまざまな部門からの情報を得ながらメインシナリオやリスクシナリオを考えていくことになります。

　これまで国内金融機関におけるリスク管理部門としては、シナリオに基づいた予想最大損失額（VaR）を算出してきたわけですが、業務計画の策定と遂行においては、どれだけ収益を獲得できるのかという期待値（期待収益）

も算出するという考え方はありませんでした。しかしリスクアペタイトを特定するには当然期待収益の考え方が必要であり、それに周辺環境を照らし合わせて最終確定していく流れになるはずなので、期待収益をどう計算するのかは工夫が必要です（管理会計上の評価方法をどうするかも影響します）。

　従来の収益目標設定方法では、前年度実績をベースとした調整項目と自助努力項目によって±αがあり、各収益部門に配賦されるようなかたちでした。この方法では周辺環境をふまえたリスクアペタイトという概念が欠如（ないしは軽視）され、収益目標ありきの目標設定になります。本来は理想とする想定ポートフォリオがあり、仮にそのポートフォリオが次年度期末時点に実現しているということであれば、そのポートフォリオによるシナリオごとでの収益期待値を算出して、規制値が常にクリアされているか、損失可能額がリスクリミットを超過しないかを確認し、問題がなければその仮想ポートフォリオを実現するべく収益部門がオペレーションを実施することになります。

　リスク管理部門の基本的な役割としては、業務計画策定に関する業務としては、リスク管理上のリミット設定や資本配賦額等に関する検証等の従来行っている作業に加え、収益計画の妥当性検証も加わってきます。期中においては従来のモニタリング作業に加え、収益計画変更事由がないかどうかのモニタリング、収益そのものの集計作業が付加されます。従来は収益関連計数の集計作業は企画部門でしたが、リスク調整後収益という概念を交えながら収益をみていくという前提を置くと、リスク関連計数をもっている前提が必要であることや、業務分掌における本来目的を考えると、企画部門は企画業務に特化するべきという考え方がより適切と考えられるため、客観性維持も考えて牽制機能があるリスク管理部門が集計作業において適切であると考えられるためです。またシナリオ策定においても、リスク事象をまとめているだけでなく、そのリスク事象を想定して具体的な検証作業を行っていることからも、リスク管理部門が中立的な立場でメインシナリオやリスクシナリオを策定するのが適切でしょう。

リスク管理部門によるメインシナリオやリスクシナリオの策定と同時並行的に、経営者がステークホルダーとの意見交換をふまえ、RASの策定や、RASには記載されない経営方針等を確定させる必要があります。第２章第４節で述べたとおり、RASは外部経営者の承認（取締役会決議）を経る前提条件があるため、頻繁に変更可能というわけにはいきません。このため、RASには記載されなくても重要な経営目標は存在します。こうしたものは必要に応じてKPIによって管理され、定期的に報告されることが必要です。リスクアペタイトの特定に関しても、その一つひとつを細かくRASに記載することは考えにくいため、RASに関しては包括的な内容あるいは特徴的な内容を前面に出すことが考えられます。

　RAF態勢構築ならびに業務計画の策定と遂行については、こうしてつくられていく業務計画やRAS、経営者が考える（理想的）リスクアペタイトといったことをどのように共有化させるかが重要です。従来のように収益目標を一方的に通知する方法では、RASの趣旨や業務計画・収益計画の策定根拠を伝えるかたちにはなりません。業務計画策定根拠の詳細な内容を各収益部門に説明していく必要があります。想定するポートフォリオ（新年度期末時点の着地）や計画根拠となるシナリオ、部門収益評価に該当する項目の特定といった内容の共有化です。たとえばバンキング勘定の債券部門についてであれば、実現損益だけでなく評価損益も対象とすることや、平均デュレーションや格付別ポートフォリオの内容等、着地時点でのポートフォリオに関する事項も含みます。貸出に関しても同様のことがいえ、さらに変動金利や固定金利といった貸出金利条件、保全条件、資金利鞘収益と役務収益の配分等、貸出部門のオペレーションが具体的にイメージできるようなかたちで目標を示すことが理想です。

　具体的なパフォーマンス管理に関しては、その評価方法が特定されていることが重要です。期中に頻繁に目標設定の考え方が変わると、当然オペレーション自体も変更されることになり、顧客営業においては継続性が維持されなくなります。このため収益目標額の変更可能性はあっても、部門評価方法

の内容そのものを変更することは厳禁であり、収益部門を混乱させてパフォーマンス悪化につながる行為といえるでしょう。

　業務計画の期中変更に関する事項は本章第4節でも述べますが、業務計画の決定ならびに遂行に関しては、いかにして計画内容を共有化し、経営者の意思に近づくオペレーションを実現するのかにかかってきます。このため、期中の業務計画変更に関しても当然経営者による意思決定は行われることが必要であり、収益部門のオペレーションに支障が出ないよう、なるべく事前察知できるような工夫が必要になります。

(2)　各会議体の役割

　業務計画に関する意思決定（最終的には取締役会決議）にもかかわる可能性がありますが、ここでは期中の業務運営に係る役割を中心に、主な会議体の位置づけを整理しましょう。一般的には株主総会、取締役会という決議機関があり、次に来るのが経営会議（細分化して、市場／信用リスク会議といった会議体を設置するケースあり）、さらに各委員会等が設置されるケースが多いと考えられます。業務分掌や運営方針にもよるので必ずしも統一的ではありませんが、機能面で考えて整理していきます。

①　ALM委員会

　ALM委員会は通常毎月1回、各企画部門やリスク管理部門、ALMのオペレーションに関係する市場部門やそれぞれの担当役員クラス等が集まる会議体で、ALM全体に係る方針策定や状況把握が中核的役割です。既往ポートフォリオを前提としたかたちで周辺環境を考慮して問題がないかどうかを確認し、必要に応じて変更することや、新規取扱いに関する資産配分等を確認するといったことを行っておりますが、加えて、RAF態勢下においてはメインシナリオ（業務計画策定の前提シナリオ）の変更について活発な議論が展開されることが理想です。メインシナリオの変更可能性がある場合には、ポートフォリオ変更の必要性ならびにその可否等をリスク管理部門に検証し

てもらい、ポートフォリオの入替え等を検討することになります。従来のALM委員会では、バンキング勘定関連メンバーに特定されてしまうため、特定取引勘定を含めた全収益部門が集結する会議体（もしくは全収益部門の情報が集積している参加メンバー）が今後必要になります。

② リスク管理委員会

リスク管理委員会は通常毎月1回、経営者ならびにリスク管理部門、各企画部門（必要に応じて）、各収益部門等が集まる会議体で、定例的に行われているリスク報告（リスクモニタリング結果報告）やリスク事象に関する共有化等が中核的役割になります。半期ごとではリスク管理方針の決定や関連規程見直し、臨時リスク管理委員会開催基準の見直し等が議題にあがります。RAF態勢下ではALM委員会との役割の整理が必要ですが、収益管理をリスク管理部門に移管している場合は、リスク管理委員会にて実績報告を行い、ALM委員会では収益期待やポートフォリオ変更等に関する事項が議論される方向性が考えられます。また収益獲得の環境認識が必要となることから、リスク事象に加えて収益獲得における環境認識についても共有化されるべきでしょう（収益確保の環境認識に関してはALM委員会で行うことも可能）。

③ 与信方針会議・投資戦略会議

ローンポートフォリオ等の新規・追加与信を行う場合や、内部格付に係る評価調整等、与信行為に関する事項についての方針決定を行う会議体で、おおむね月1回ないしは必要に応じて開催され、融資企画やリスク管理、当該与信行為を担当する部署とそれぞれの担当役員クラスが集まるものです。大口与信先に関する調整もここで議論されます。

この会議体自体はRAF態勢となっても劇的に変化させる必要はないと思われますが、個別先の信用リスク削減策の実施可否判断の機能や、ローンポートフォリオ全体運営に関する共有化が可能な会議体が存在しない場合には、所管部店だけでなく広く集合する会議体として見直すことも検討するべ

きでしょう。その場合は全体方針の周知徹底という要素がこの会議体で加わり、ローンポートフォリオに関する収益進捗報告等が行われるかたちも想定されます。

第2節　営業部門における統制

(1)　貸出収益統制の前提条件

　ここでは貸出・預金業務を取り扱う本店営業部や各支店を想定します。貸出業務に関しては、全体のポートフォリオのうちローンポートフォリオについて融資企画部門が全体統制を図り、その融資企画部門より示される個別部門のポートフォリオを統制するという考え方とします。

　貸出業務については、取引条件を確定させるにあたって検討するべき項目が多岐にわたっています。理想的なローンポートフォリオ構築においては、貸出先の国や地域、対象通貨、格付（債務者／案件）、貸出金額、貸出する前提となる信用供与方法（証書貸付、コミットメントライン、保証等）、貸出期間、返済スケジュール、金利条件（固定／変動、絶対金利水準、参照金利やスプレッド）、保全条件（無担保／有担保）、収益のアップフロント化や債権流動化の有無等、といった内容です。個別案件に関しては具体化した段階で融資企画部門と貸出部門が相談すればよいのですが、業務計画策定の段階である程度見通しを共有化したうえで計画が最終確定するかたちにしないと、融資企画部門側の理想論100％の業務計画になりかねません。これでは絵に描いた餅であり、実現性は低くなります。

　貸出業務は長期のものが多々あるなか、それに携わる従業員は人事異動によって2、3年で交代していく現実があります。担当レベルのモチベーションを保つためには過去取引による不公平感をなるべく回避する必要があり、

そのためには評価の基準において不公平感を失くすことが求められます。ただし、地域性（たとえば名古屋金利といわれるような低金利競争が激しいような事象）のような点まで考慮できるのかといわれると、どうしても限界はあります。それでなくても国内金融機関はプラス評価ではなくマイナス評価という文化が染み付いてきているので、保守的な考え方が前面に出ることが多いと推測されます。ですから業務計画内容の確定前に十分なコミュニケートが必要であり、場合によっては定性評価も加えた調整を行うことを想定することでもよいでしょう。

　ここからは、国内メガバンクのように、相応の事業規模となっている債務者との間でデリバティブ取引も存在するようなケースを考え、営業部門における収益統制方法を考えていきましょう。まずは図19をごらんください。デリバティブ取引によってエクスポージャーが変化することや、RASやリス

図19　貸出部門における業務計画策定根拠
・貸出残高としては5％増加
・ターゲット先は現状よりも1ノッチ上方修正した水準（現状の平均水準はBBB＋格→平均ターゲットはA－格）
・新規長期案件のうち、15％程度を役務収益化（アップフロントでの計上）
・貸出関連の全体収益としては前年度横ばい以上

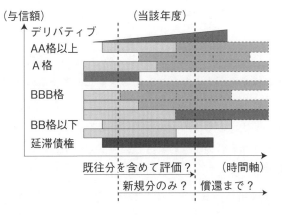

評価対象となる前提条件
（方針決定が必要）
・デリバティブによるエクスポージャー変化
・高格付先に対する新規貸出
・既往デリバティブに関する評価
・同一先ロールオーバーの勘案
・デリバティブでのアップフロント化
・前期での延滞発生

クアペタイト等によって具体的にローンポートフォリオ理想像が示されているとします。このときに業務計画策定においてはどのように目標設定し、どのようなポジションを積んで収益を獲得させるのかを整理しておく必要があります。

［補足］
・計画策定段階（もしくは前期末）時点でのポートフォリオおよび新年度期末着地時点のポートフォリオを想定
・部門収益の対象となるキャッシュフロー（期待収益）合計を算出、既存ポートフォリオ分に追加分を加えたものが目標
・キャッシュフロー（期待収益）の対象期間として償還までを考慮し、期中の評価損益変化を考慮すれば擬似的時価評価、対象期間を当該年度として考えればAccrualベースの考え方

仮に経営上の全体目標として図19のように定められていたとすると、融資企画部門はそれを実現させるために各貸出部門にどのように配分するかを検討します。業務計画策定段階において期初時点のローンポートフォリオであるとしても、業務計画は必ずしもそのポートフォリオではなく、経営上の全体目標を反映させるので、実質的には新年度期末時点にそれが実現している想定になります。このためたとえば途中で償還する見込みである貸出のロールオーバーを想定することや、長期貸出のロールオーバーで収益のアップフロント化を想定するといった可能性もあります。残念ながら延滞が発生している貸出の管理業務も含まれますが、こちらも評価対象として考えるのが適切です。

次に組織全体のポートフォリオを1つの貸出部門に置き換えて考えましょう。貸出部門では通常数年で人事異動が行われるため、ある貸出債権が不良債権化したことで、担当ライン総入替えという可能性もあり、新しい担当ラインとすれば、この不良債権化したものを正常債権に戻す（ないし回収）前提で目標設定されるとどうしても不公平感が出てきます。経営上の目標と

して掲げているなら多少はやむをえない部分もありますが、それよりも前向きなインセンティブを与えるほうが効果的であると考えられます。実際に不良債権を回収する前提での業務計画には無理があるという考え方もできますので、延滞を所与とした収益目標を設定するほうがよく、もし保全強化や回収が実現すればプラス評価として計上されるという考え方で評価方法を確立させていくことが重要です。

収益目標を設定する場合の事前調整において、周辺環境に関する情報共有以外に、上記例を参考にすれば、たとえば以下のような点が論点になってくるでしょう。

【貸出部門における業務計画策定段階での要調整項目】

・期中に償還を迎える短期貸出のロールオーバーをどのように織り込むか。

・同じく長期貸出において、ロールオーバーの実現可能性や、アップフロント計上可能先かどうかの判定をどうするか。

・新規案件発掘に関する実現性をどう織り込むか。

・取り組んでいるデリバティブに関するエクスポージャー変化について、取組内容と想定シナリオから妥当性はあるか、また信用枠を設定している場合、実質エクスポージャー額をどちらでとらえるか。

・不良債権が生じた場合、あるいは既往の不良債権がある場合、どのような評価方法になるか。

営業部門からすれば、貸出残高（期間別、業種別、格付別、貸出種目別等）があらかじめ特定されていて、シナリオが示されることによる期待収益見込み（＝目標）が理解できれば、新規案件やロールオーバー案件のターゲットも絞りやすくなります。長期貸出におけるデリバティブ等による収益のアップフロント化に関しては、業務計画策定段階で綿密な計画が策定されていればよいですが、期中に実際の収益状況や周辺環境等をかんがみると、資金利

鞘とのバランスが変更される可能性は否定できません。Accrual会計をベースとした評価体系の場合、単年度収益における利鞘を意識してしまうので時間軸の概念が欠如しがちになり、擬似的な時価会計であればその問題が解決しやすくなります。

(2) 収益評価に関する検討

収益評価を行うにあたり、その評価方法を確立させるためには、今後の見通しや方向性等を考慮した恒久性が意識されます。管理会計制度として確立させる必要があるため、他の収益部門との公平性という観点も必要になってきます。貸出業務に関する特質も考慮しつつ、擬似的な時価会計制度を検討してみましょう。

【擬似的時価会計ベースでの評価体系と収益のアップフロント化】

［前提条件］

・貸出金額……100億円

・貸出期間……5年（期限に一括償還）

・貸出利鞘（営業部門収益部分）……年率0.3％（実行時には市場実勢水準）

→営業部門収益（5年間合計）は1億5,000万円（＝100億円×0.3％×5年）

［単年度Accrual会計ベースでの評価方法］

・営業部門収益……3,000万円（＝1億5,000万円／5年）

・デリバティブ等による一括計上の場合……1億5,000万円

［擬似的時価会計ベースでの評価方法］

・営業部門収益……1億5,000万円（ただし市場実勢変化により変化）

擬似的時価会計ベースでの評価方法は、償還までの残存期間に受け取れる部門収益をいったんすべてアップフロント化させる方法で、市場実勢が変化して信用スプレッドがタイトニングすれば評価益が加わり、ワイドニングす

れば評価損が計上されます。財管不一致が発生するために不一致部分がどれだけあるのかを管理していく必要がありますが、その不一致管理方法を工夫することによって、期中の収益状況を追いかけていくと目標よりも進んでいるのか遅れているのか、どれくらい達成できそうかが把握できるため、必要以上のアップフロント化をしなくてすむことにつながります。資金利鞘と役務収益をばらばらに目標設定すると、営業部門はそれぞれ独立した目標として動く可能性があるため、中長期スパンでの発想が欠如しがちです。擬似的時価会計を行うと、一義的にはアップフロント化をするかどうかによる部門収益変化は関係なくなるので、企業全体の収益状況をみながら単年度決算対応のアップフロント化の取組みを遅らせることが可能になるということです。アップフロント化に歯止めがかかると、翌年度以降も資金利鞘部分が残っているので、アップフロント化による企業としての潜在的収益力低下に歯止めがかかるということを意味します。

　貸出の擬似的時価評価方法導入については、市場実勢変化による評価損益変化があるため、営業部門としては格上げされるような企業を探す力にもなりえますが、実はもう１つ間接的なメリットがあります。IFRSへ移行した場合の効果です。従来の国内財務会計に従ってアップフロント化しているような貸出であっても、IFRSになると否認される可能性があるということがあります。たとえば変動貸出にプレーンな金利スワップを組み合わせてアップフロント化を図っても、IFRSではプレーンなデリバティブは一体処理をするという考え方があるため、単なる固定金利貸出と同じ会計処理をするということになります。このため複雑なデリバティブを組むかアップフロント化を諦めるかという選択になり、小手先の収益かさ上げはできなくなります。擬似的時価会計を導入していればデリバティブによるアップフロント化の有無は関係ないため、本質的な貸出スプレッドによる収益確保や保全強化による実質的な損益向上を意識する方向性になると考えられます。

(3) 想定される論点

　擬似的時価会計の効果において論点となりうるのは市場実勢変化による評価損益変化でしょう。擬似的時価会計による評価方法を導入する場合には、評価損益変化は欠かせないものになります。そもそも第4章第4節において、信用力変化等をいち早く察知する効果について述べていますが、評価損益変化が重要なのは過度にリスクを大きくしないようになるという効果も期待できるということです。

　一般的に市場性商品はそのデュレーションが長くなるに従って評価損益変化は大きくなります。簡単にいえば残存5年の国債と20年の国債を比較すると、同じ元本額であれば残存期間は4倍なので、0.1％の金利変化に対する価格変動も約4倍になります。擬似的時価会計という評価方法を使うことによって、わずかな市場実勢変化でも評価損益が（不必要に）大きくなることは、収益部門にとっても企画部門にとっても回避したいと考えるはずです。もしAccrual会計ベースを前提とした評価方法を採用していると、もちろん残存期間が長いほうが本来のリスクは大きいはずですが、そのリスクの差が把握しにくいという問題があります。擬似的時価評価方法であれば残存期間はそのまま効いてくる方法になるので、不必要なデュレーション長期化を抑制する力になり、おのずと個別案件の取上げの段階でリスク・リターンを意識する効果が期待できます。

　コンダクトリスクに関してはもう1つ意識する必要があります。内部格付手法採用行においては定期的に内部格付を見直す作業が発生しますが、内部格付が上方修正されると評価損益が増えるようなかたちになります。そのため貸出部門は、内部格付付与時ないしは見直し作業時において、評価を引き上げようとする可能性が出てきます。これは期待損失（EL）に影響を与えるので、擬似的時価評価方法に限った話ではありませんが、擬似的時価評価方法ではより影響が大きくなる可能性があります。正当ではない評価引上げを回避するには審査部門による公平かつ客観的な評価による牽制が必要で

す。コーポレートガバナンスが高度化され、報酬制度まで反映されるようになればなるほど、このコンダクトリスクは意識されるようになるので、いかに内部不正を見逃さないようにするかの工夫を重ねていかねばなりません。

　営業部門の評価と統制に関して、もう1つ忘れてはならないポイントがあります。組織全体の方針との関係を考慮するということです。たとえば大口与信先を担当している場合の運営方針をどのように評価に落とし込むか、信用リスク削減策を実施する場合の評価方法をどうするか、営業部門に与えるオペレーション権限をどこまでにするのか、といったような問題です。大口与信先に関しては本来大口方針会議の開催等、組織全体方針があるはずであり、そこで決定された事項が優先されるべきです。営業部門としては、その大口与信先が収益の核となっている場合があり、少しでも与信枠拡大を目指すケースがあります。営業部門からすれば生きるか死ぬかくらいの気持ちかもしれませんが、追加与信をもし認めると、今度は組織全体が生きるか死ぬかになる可能性もあります。それを回避するために大口方針会議等が開催されるのであり、リスク管理が行われるので、短期収益獲得を目指す理由だけでは大半のケースにおいて増枠不可となるでしょう。ただこれも程度問題ではあるので、営業部門とすれば主張するべき事項は主張しておかないと、収益目標達成は一段と困難になる可能性が出てきます。

　大口与信とも密接に関係しますが、第4章第4節で述べたとおり、信用リスク削減策に取り組む場合、営業部門をどのように評価するのかの問題と、オペレーション権限をどこまで認めるのかの問題が浮上します。営業部門主導によるCDSを可能とする運営とするかどうかは内部統制のあり方にも影響します。また部門評価という観点では、信用リスク削減策に限らず、債権流動化や証券化スキームでの販売や購入での評価、私募債発行（プライマリーでの引受け）を行った場合の評価といった問題もあり、組成にあたって他部門が関与するため、管理会計上の収益が二重計上となるケースや、部門間での配分決定をするケースも想定されます。

　収益部門に対するコスト転嫁に関しては、資金調達コストや資本調達コス

ト等、便宜的なマッチング等によるコストを振り当てることによって転嫁される部分と、全社的に必要とされるコスト（人件費や通信費、IT開発コスト等）のうちの一定分が転嫁される部分、部門特有のコスト（新規不動産案件での鑑定コスト等）として転嫁される部分があります。それらをカバーするべく収益目標が設定されるなかで、執行権限があるオペレーションの取扱範囲がフリーとなっていると、追加的コスト配分を検討することが必要になり、ルール化は複雑でむずかしいことになります。このため業務分掌で取扱可能なオペレーション範囲を特定し、全体統制をなるべくシンプルにしておくべきです。

　こうして考えると、営業部門に対する評価という点では、対顧取引のカバーという前提での内部取引はありうると思われますが、それ以外では原則認めないということが重要でしょう。原則のなかに入らないのが営業部門主導で本部と相談して決めたオペレーションということであり、信用リスク削減策というよりは保全を意識したCDSのプロテクション買いや、前向きなビジネスとしての債権流動化・証券化等を行うような場合でしょう。実際にはケースバイケースによって営業部門に転嫁するかどうかを判断するということかもしれませんが、少なくともプロテクションを営業部門が売るという権限を与えるようなことがあれば、新規案件獲得等を目指さずに安易にプロテクションを売りたがるようになるような悪影響も出てくるため、業務分掌を適切に見直したうえで遵守させる統制を図る必要があります。

第3節　市場部門における統制

　市場部門はバンキング勘定と特定取引勘定、運用と調達、といった業務分掌によって役割も異なってくるので、一律この方法で評価しようという話にはなりません。そこで市場部門について分掌を考慮して4つに分けて考えて

いくこととします。バンキング勘定による運用、同じく調達、特定取引勘定におけるディーラー側、同じく顧客営業側の4つになります。

(1) バンキング勘定（運用）

バンキング勘定の運用における役割としては、ALMの一環としての資金運用と、緊急時や危機時における流動性供給のための換金、決算調整のために行う評価損益の実現化というものが中核的業務になります。保有有価証券の担保利用や、場合によってレポ等で資金化することと、コール市場で資金調達するというのは密接な関係にあるため、必要に応じて連絡をしながらオペレーションが行われるかたちになっています。保有有価証券は有効活用の観点もあるので、特定取引勘定における取引に使われる場合（たとえばデリバティブ取引のCSAに基づく担保差入れ等）もあるので、市場部門間では内部取引も多数行われています。

国内金融機関の長い歴史のなかでは、バンキング勘定での有価証券運用は、国内財務会計処理に振り回される歴史がありました。オプション取引では最近こそ満期時にインザマネーになっていれば、そのオプション評価損益が実現損益に振り替わる会計処理になりましたが、かつては売ったオプションプレミアムがそのまま満期時にいったんP/L計上される時代もあったため、収益が苦しくなるとオプションを売るということが許されたこともありました。このような話をすれば、理屈からして昔の会計処理はありえないと考える人は多いと思いますが、いまでもその他有価証券の会計処理の特殊性から、時価評価ベースの考え方からはとても理解できないオペレーションを行うことが散見されます。また今後はともかく、「国債保有はリスクウェイト０％」という自己資本比率算出上のルールや、バンキング勘定の金利リスクが第２の柱での取扱いという従来のバーゼル規制の影響もあったことで、リスク管理上の評価も（いまから思えば）不自然な部分がありました。このように規制要件や会計要件と密接な関係にあるため、収益目標設定そのものは金額を設定するだけかもしれませんが、その金額の妥当性や適切なオペ

表20 バンキング勘定の有価証券運用に関する会計上の取扱いと規制要件（債券運用を想定）

債券の保有区分	会計処理上の特徴	評価損益の取扱い	規制要件等
その他有価証券	・簿価の概念あり ・P/L面としては実現している部分（クーポン収入等）が計上	・その他包括利益として計上（評価損益は資本にヒットする。期中に実現すればP/L計上）	（国際基準行） ・普通株等TierⅠとして評価損益を100％計上（現状移行措置あり） （国内基準行） ・評価損益は自己資本比率に影響しない
満期保有債券	・簿価の概念あり	・評価損益は勘案しない	・直接的な影響なし

レーション内容の評価ということについてはむずかしいといえるでしょう。そのためバンキング勘定の有価証券運用をどのように評価するべきかを整理するため、いったん会計的側面を整理することにしましょう（表20参照）。

　国際基準行を前提とすると、その他有価証券の評価損益はその他包括利益を通じて資本勘定に影響を及ぼすかたちになっており、結果的に評価益になっていればその含みを普通株等TierⅠとして自己資本比率を向上させることができますが、逆に評価損になっていれば自己資本比率を低下させるかたちになります。つまり100％かどうかの問題があるにせよ、本来評価損益はP/Lとは直接関係はなくても、業務運営上において影響を与えていると解釈されます。その他有価証券の場合、評価益を実現させないで保有し続けると、基本的にはクーポン収入が毎期P/L計上される（厳密には償却減価も勘案される）ことになりますが、仮に期中に売却をするとP/Lとして実現損益が計上されます。

　Accrual会計を前提とした収益目標を設定している場合、通常オペレーションは実現損を回避しようとするため、期中の評価損をそのまま放置ないしは評価益が出ているものとセットで実現させるようなオペレーションを志

図20 実現益による評価上の問題

		収益目標 1,500億円（実現損益ベース）達成時の状況				
		時価		実現損益	期末PLへの影響	
					実現損益	評価損益変化
評価されるべき状況	期初	簿価	2,000億円	0	+1,500億円	±0億円
	期末	簿価	2,000億円	+1,500億円 ※クーポン収入など		
本来評価されるべきではない状況	期初	簿価	2,000億円	0	+1,500億円	−2,000億円
	期末	簿価		+1,500億円 ※売却益		

向します。そして期末時点（業務計画策定段階）での評価益が大きい場合、その時の市場実勢にもよりますが、いったん期初に評価益を実現させる傾向にあります。保有したままクーポン収入を得るよりもキャピタルゲインが上回っている状態であれば、キャピタルゲインによって収益目標をクリアしてしまおうという発想です。目標設定がAccrual会計ベースである以上、再投資による評価損発生はほとんど意識しないので、期初の段階で目標のほとんどを達成して評価損益は無視というオペレーションになってしまっているということであり、考え方次第では「あまりに視野の狭いオペレーション」ということになります。

Accrualベースでの評価に関して何が問題かを示したのが図20になります。具体的には、新年度のスタート時に評価益が2,000億円あり、収益目標が1,500億円（実現損益ベース）というかたちであれば、常識的にクーポン収入が1,500億円以上、評価損益が2,000億円以上の状態で新年度期末を迎えるのであれば評価されるべきと思えますが、実現損益1,500億円、評価損益ゼロで終了となれば、目標達成というかたちで評価されると他部門は納得しないはずです。特定取引勘定であれば評価損益がそのままP/Lに反映されるので、特定取引勘定のディーラーからすれば許しがたい行為に思えるでしょ

う。規制要件に関係している以上、財務会計処理がどうであろうと評価損益は考慮されてしかるべきと考えられます。

　この問題は全体の管理会計制度をどのように考えるべきかにおいて、財管一致を想定した内容だけではうまくいかないということを示しており、組織運営方針として財管一致という考え方を捨てられるのかの議論が必要になります。一方でリスク管理の考え方に近づけるべく、全面的に時価会計的な発想を取り入れようとすると、財管不一致部分をどこかで管理する必要があるほか、当部門に限らず、収益部門は基本的に自分たちが置かれている会計制度に従ったオペレーションを目指してきたため、他の会計制度に準じた部門評価は浸透するまでに時間がかかります。

　財管一致問題よりも数値的に評価をするのがむずかしいのがこの部門の厄介な点です。前述のとおり、流動性ストレスがかかった場合の流動性バッファーとして保有有価証券を換金するという建付けであるため、保有有価証券は一定以上の市場流動性があるものに限定されることや、その他有価証券の評価損益を使って決算の最終調整を行うことがあります。そもそも組織決定に基づくオペレーション前提なので、仮に天才的なディーラーが所属しているとしても、好き勝手に売買はできません。これが特定取引勘定との違いであり、定性評価を考慮しないと不公平感が残りやすいという難点になっています。

　これを解決するには、営業部門評価にも関係する話ですが、組織として想定するメインシナリオやリスクシナリオでの期待収益に対して実績をみていくということでしょう。収益目標設定の妥当性が検証されている前提条件下において、実際の相場の位置と想定シナリオの乖離において、収益目標達成のための適切なオペレーションが行われたのかどうかを判定する方法になります。

　バンキング勘定（運用）における評価に関しては図21のようになります。まず業務計画策定シナリオ（イールドカーブ化されているもの）から新年度期末時点（フォワードレート）を想定し、期中の各時点では新年度期末時点と

図21　バンキング勘定債券部門における収益評価方法

（前提条件）
・バンキング勘定の収益評価方法に関し、実現損益＋評価損益の合計とする
・業務計画策定根拠であるメインシナリオを使って算出した期待収益を目標とする
・決算、流動性ストレス時のオペレーションに関しては定性評価での調整

（考え方）

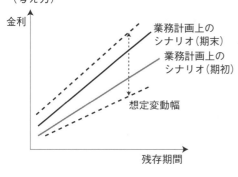

・左記条件下において、直近のポジション内容（量・デュレーション等）および収益計画内容における資金配分等より、年間の期待収益が計算できる
・年間の期待収益は、制約条件を考慮したものとする（たとえばLCR対策としてバッファー保有する分は短期国債での期待収益で計算する）
・実績評価という点では原則として時価会計ベース（つまり売買目的有価証券と同様）とし、実現損益＋評価損益とすることで、自己資本比率をはじめとする規制値算出において悪影響を及ぼさないことを目指す

の乖離をみます。乖離をみることにより、仮にいますぐにオペレーションを行う場合、想定シナリオに基づく新年度期末時点では評価損益がどのようになっているかを把握することができます。組織決定前提ということは、業務計画の根拠となるシナリオに基づくオペレーションが行われることは肯定化されると考えられ、オペレーションをする収益部門としては想定シナリオに基づく期末の着地点を意識しながら実施することになります。また、実際に業務計画ないしはシナリオ変更が行われる可能性については、定期的に行われるALM委員会等の会議体で議論され、最終的に変更をするかどうか組織決定されるとします。期中でのシナリオ変更が行われたとしても、新たな着地点を意識しながらオペレーションは行われます。この結果、期末時点にお

いて仮に想定シナリオに基づく水準と実際の着地水準に乖離があった場合、想定したシナリオが的中しなかっただけであって、収益部門のオペレーションミスにはなりません。仮に評価損が発生していても、オペレーションそのものを評価するのではなく、どうしてシナリオが的中しなかったのかを評価することになります。

ALM運営としての運用において、国内金融機関のなかには信用リスクが包含されている債券等も運用対象にしているケースが多いと想定されます。政策引受けとして地方債を扱うことや、財投機関債、電力債、社債等が加わっていることがあります。それまでほとんど意識してこなかった信用リスクについて、東日本大震災で電力債の信用リスクが意識されるようになり、同時にLCRも意識され始めたことで、従前よりもALM運用でのクレジットリスクは消極的なイメージになりましたが、マイナス金利適用により再度変化する可能性もあります。

社債等では（市場がきわめて効率的である前提では）信用リスクが価格（利回り）に転嫁されているはずなので、貸出における期待損失相当分が社債価格に包含されると考えるほうが妥当です。市場性商品ということなので、会計面はともかく、部門評価としてはやはり時価会計的な発想のほうが適切でしょう。問題は業務分掌上、積極的に信用リスクを取り扱わせるかどうかにかかっており、政策引受け分で評価損益が発生した場合、その責任の所在の特定化において、もともと所管する営業部門なのか市場部門なのかはなんらかのルール化が必要です。転嫁されるコストと収益を一体的に考えると、市場部門は本来興味がない取引、貸出部門は担当しているものの、オペレーション権限がないことからコントロールは不可能という建付けであると考えられるので、組織レベルでは本来市場リスクと信用リスクを分離した業務分掌が理想だと思われますが、現実はALM部門が信用リスクを取り扱うこともやむなしといったところでしょう。

(2) バンキング勘定（調達）

　バンキング勘定の調達に関しては、準備預金制度に基づく積み作業を含めた資金繰りの最終資金調整機能を有しており、中長期の資金調達に関しては基本的に財務企画部門が担っています。財務企画部門が行う資金調達は、ALM運営における資金ギャップ調整のほか、規制強化に対応するNSFRやTLAC対応という要素もあるため、負債性資本を含めた資本調達の色彩が強くなります。日々の資金繰りでは資金ギャップがまず問題であり、不足分を調整するため調達期間の概念がない世界ですが、マイナス金利政策導入によって負債統制という考え方が徐々に浸透すると考えられます。

　すでに説明してきたとおり、コール市場を中心とした短期資金調達の分野では、収益目標を設定しても必ずしも有効に機能するとは限りません。収益確保よりも資金調整が主たる業務であり、レバレッジ比率規制も導入されたことで、短期金融市場での鞘抜きのような行為は規制値を悪化させる可能性があるためです。ALMとしての逆鞘回避のための負債統制という観点で、プラス金利下での順イールド状況であれば、本支店レート調整を行えば負債残高も調整できる余地はあるかもしれませんが、預金金利も０％フロアに張り付くような状況ではそうした効果も期待できず、後は無駄な資金をいかにして減らすのかが問題になります。そのため超過準備の金額的目標を設定することも不可能ではありませんが、あらゆる部門の資金予定の変更を反映したうえでの資金繰りですから、部門による自助努力だけではコントロールできない部分が出てくる可能性があります。

　こうして考えると、最終資金調整を行う部署に対する目標設定はむずかしく、収益部門という扱いにはせず、財務企画部門の分室的位置づけとして目標設定対象外部署としておくことが現実的だと考えられます。

(3) シナリオとオペレーション

　バンキング勘定の市場部門に関するオペレーションに関しては、統制イ

図22 （例）シナリオに基づく国債運用

【2017年度のシナリオ（イメージ）】
（前提条件）
・2017年2月末時点での市場実勢をもとにメインシナリオを策定
・策定されたメインシナリオ（国債イールドカーブ）については「O/N誘導目標が当初1
・残存5年の想定レンジは0.15－0.55％
① 業務計画策定段階

2017年3月末 （スポット）	残存期間 O/N誘導目標 利回り（％）	2017／3末 0.1000	1年 0.2250 0.1000	2年 0.1625

想定シナ
は期末の

2018年3月末 （フォワード）	残存期間 O/N誘導目標 利回り（％）	2018／3末 0.2250	1年 0.3500 0.2250	2年 0.2875

・一般的には5年債利回りの想定レンジを想定するが、単年度計画であれば1年間の時間
　→期中における5年債購入においては、（最終的に0.4125－0.475％の範囲内となること

② シナリオ変更の検討
（前提条件）
・2017年9月に金利が大幅上昇し、当初想定レンジをブレイク、その後も9月末に向けて
・2017年10月のALM委員会に向けて想定シナリオの変更有無について検討する予定

2017年9月末 市場実勢 （スポット）	残存期間 O/N誘導目標 利回り（％）	2017／9末 0.1000	1年 0.4500 0.1500	2年 0.3000

2018年3月末 市場実勢 （フォワード）	残存期間 O/N誘導目標 利回り（％）	2018／3末 0.2450	1年 0.6000 0.2750	2年 0.4375

2018年3月末 （変更前）	残存期間 O/N誘導目標 利回り（％）	2018／3末 0.2250	1年 0.3500 0.2250	2年 0.2875

2018年3月末 （変更後）	残存期間 O/N誘導目標 利回り（％）	2018／3末 0.3500	1年 0.6000 0.3500	2年 0.4750

→当初0.475％以上の利回りについて買増しを進めていたが、シナリオ変更の可能性が出
　シナリオ変更があれば0.85％付近までの金利上昇を待って実施（シナリオ変更がなければ
　（変更される場合は、毎年0.25％ずつのO/N誘導目標引上げ）
（注）理解をしやすくするため、各利回りに関しては複利計算をせず単純化しています。

年0.10％、以降毎年0.125％ずつ上昇」

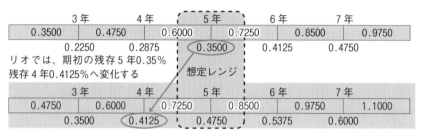

リオでは、期初の残存5年0.35％
残存4年0.4125％へ変化する

を想定しているので）0.475％以上は買いゾーンとなる（ただしシナリオ変更がない前提）

軸をイメージしている

上昇し続けた

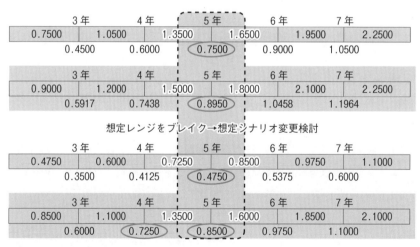

てきたことによって買いはいったん停止
すみやかに買増し）

メージをつかみにくいと思いますので、シナリオに基づいて債券部門がどのようにオペレーションを行うべきかについて説明していきましょう。想定シナリオが明確である場合、期中の各時点では買うべきか、売るべきか、ニュートラルかの判断がつくようなかたちになります（図22参照）。

　もともと計画策定の段階で想定レンジは示される前提が必要ですが、まず期中において当初想定したレンジ内で推移している場合、2017年3月末の段階で0.35％であった5年債は、シナリオ変更がない前提では、期末時点では0.4125％（残存4年）に着地する（と予想している）はずです。もし期中のいずれかのタイミングでなんらかの理由によって金利が上昇した場合、その金利上昇要因がシナリオ変更要件に抵触していなければ、（2018年3月末時点での）4年ゾーンであれば0.4125％、5年ゾーンであれば0.475％以上の利回りのときに買いを行えば、期末時点では必ず評価益の状態になることになります。

　ALM委員会等では、シナリオ変更に関する判定項目に何か抵触していれば、参加メンバーによって情報共有がなされ、シナリオ変更有無が議論されます。判定項目への抵触の事実を債券部門が把握していれば、当然買いはいったん止めてようすをみることでしょう。そして最終的に変更が行われるかどうかを確認してあらためてオペレーション実施の検討を行うことになります。

　想定レンジが判定項目の1つとなっている場合や、判定項目ではなくても市場の動きが急激であると、当然市場部門としてはALM委員会での結論待ちになります。意思決定内容としてシナリオ変更が決定した場合、残存4年であれば0.725％以上、5年であれば0.85％以上が見直し後の買いターゲットゾーンになります。ALM委員会のような会議体で必ずシナリオ変更有無や可能性を議論することによって、その内容がオペレーションに反映され、最終的な収益実績に関する目標達成も可能になってきます。なお、もし社債等の資金調達を行う場合は、債券運用の逆の発想をすればよく、想定レンジの下限レベル等に位置しているようなことがあれば調達のタイミングである

といえます。ただし調達に関しては自社信用リスクも勘案しての低利調達を目指すことになるので、信用スプレッドの状況も加味して考える必要があります。

(4) 特定取引勘定（ディーラー部門）

特定取引勘定におけるディーラー部門は、たとえばデリバティブのインターバンクディーラーのような対顧のプライシングならびにカバー取引等も交えながら収益を確保する部門になります。対顧取引に関しては必ず1対1マッチングさせてカバーするわけではなく、そのため自己ポジションとして管理していくことにもなります。顧客動向次第で部門の期待収益が変化しうるため、対顧取引が少ない場合、結果的に収益目標をクリアするべく、自己ポジションによる収益ねらいの色彩が強まります。

時価会計ベースでP/Lが変動するため、財管不一致に関してバンキング勘定のように意識することはほとんどなく、リスク管理とも整合性がとれるので、収益目標管理に関して論点はあまり出てきません。しかし収益目標設定においては、部門収益は顧客動向とディーラーの相場観に依存するかたちとなるため、数値的予測がむずかしいといえます。周辺環境がどのように変化し、取引の制約となるような法規制見直し導入有無を確認したうえで、予想される市場のボラティリティや出来高等から期待収益を考えることになります。

バンキング勘定は規模も大きくストック的発想なので、ポジションがなくなるということはありませんが、特定取引勘定の場合はその特性としてポジションクローズが可能という点があります。クローズといっても完全にリスクがゼロというわけではありませんが、デルタポジションやガンマポジション等を限りなくゼロに近づけることで市場変動に伴う評価損益変化がきわめて小さい状況になるということです。こうしたことから、もちろん取り扱う商品にもよりますが、基本的には市場リスクと信用リスク（カウンターパーティーリスクを含む）が統制するべきリスクになります。管理会計上の資金

コストや担保コストは、本支店レートや内部取引等によって転嫁され、最近では自己資本比率算出項目にもなっているCVAコストも転嫁される方向性にあります。

デリバティブ取引を想定した場合、部門評価において対顧取引に関する要調整項目があります。インターバンク市場ではISDA-CSAに基づく担保授受が一般的に行われておりますが、事業法人ではこのISDA-CSAが締結されるケースはほとんどなく、大手商社等ごく一部となっています。大半のケースにおいて、営業部門が信用枠を設定し、その範囲内で取引を行っていることになります。個別案件での実際の影響度はそれほど大きくはないと思いますが、カバー取引を行う場合、担保授受のミスマッチが発生するので、本来であれば担保を受領するような取引（顧客によるオプション売り等）であっても、カバー先の外部カウンターパーティーに差し入れる担保コスト相当分を考慮したプライシングが必要になります。プライシングに反映しない場合は所管部店に転嫁するという考え方もありますが、デリバティブ市場では双方向CVAといったようなことが常識化してきており、プライシングに織り込むという文化に従うかたちで取り扱われるのが一般的でしょう。デリバティブ取引をはじめ、市場関連業務においては、担当部門によるプライスが管理会計上の仕切り値になっており、営業部門はその仕切り値からさらにオファー・ビッドを勘案することで営業部門収益が計上されることになります。

(5) 特定取引勘定（セールス部門）

市場関連業務のうち、外国為替取引やデリバティブ取引等において、当該商品を取り扱う営業部門が存在するケースがあります。こうした部門は単純にカスタマーディーラーとして、普段は顧客側と接触し、取引を行う場合にディーラーが提示したプライス（仕切り値）にオファー・ビッドを勘案して顧客に提示する業務を行うだけでなく、営業部門に対する担当商品営業の啓蒙・推進活動を担っています。営業担当者と顧客に帯同訪問し、その後は全

面的にセールスが顧客と話をする場合もあれば、所管する営業担当者が間に入る場合もあります。こうした営業部門との協力体制が構築されていることで、管理会計上の収益の取扱いをルール化する必要があります。

　この部門自体はポジショニングを行わないため、資金や資本を使うわけではない建付けになります。他の収益部門とは異なり、人件費やシステムコスト等、業務運営上のコストがまかなえる前提であれば必ずしも収益目標設定を行う必要はありません。ただ組織として存在する以上、当然その効果が問われるかたちであるため、なんらかの数値目標を設定することは考えられます。このため、顧客を所管する営業部門との間で一定の収益配分をするケースもあれば、管理会計上では二重計上となるようなケースが散見されます。管理会計の全体方針として二重計上を回避するのであれば、なんらかの見直しは必要になります。

　この部門の存在意義を考えるうえで、とても評価しにくいのは、ディーラー側への収益獲得機会の提供と市場流動性供給に関する評価です。金利スワップ取引を例にすると、通常インターバンク市場では想定元本50億円を1つの取引メドとしているので、50億円以上でプレーンなものは、インターバンク市場での取引の代替的効果をもつ場合があります。ここでいう代替効果というのは、ポジショニング上、ディーラーがやりたい方向（たとえば固定金利受取り）がある状況で、顧客が固定金利払いをしたいといってくれば、それが収益獲得機会になりうるということです。もちろん顧客からの引合いは逆方向の場合もありますが、その場合はオファー・ビッドを勘案したプライシングを行うか、約定自体を見送る対応が可能です。一般的な事業法人相手であれば、考えようによってはISDA-CSAに基づく担保授受が不要であるよい引合いという考え方もできます。

　ただこうした内容を数値的に検証することはきわめて困難であり、引合いがあっても必ず約定できるというものでもないので、せいぜい定性評価の世界で反映できるかどうかでしょう。ただ、営業部門からの強い要請により入札案件に対応するようなケースでは、対顧プライスと社内仕切り値をずらす

ことにより、営業部門がオファー・ビッドをまかなう（赤字計上）という考え方も成立しうるので、社内ルールとしてどこまで容認するのかはあらかじめ決めておくことが必要です。

第4節 全社的シナリオの決定と変更トリガーの検討

(1) シナリオに基づく組織運営

　業務計画策定においては、ステークホルダーの要望を汲み取ったうえでの経営者の意思が反映され、一方で適切な環境認識を行ったうえで内容を確定し、方針に従ったオペレーションを実施することで業務計画達成の確実性を増やすことができると考えられます。計画策定準備段階においては、各収益部門と企画部門が意見交換をすることで環境認識を一致させる努力をします。リスク管理部門や調査部門等はマクロ経済データや市場データ等の客観的データからさまざまな分析や検証を行います。リスク管理部門は想定されるリスク事象をマッピング化しつつ、RASの内容やポートフォリオ入替え等を反映させたバランスシートから生み出される収益力を前提に収益計画をつくりあげる手順へと変化していくことが予想されます。最終的には収益計画の前提となるシナリオがメインシナリオに近いと考えられますが、RAF態勢稼働の初期段階ではさまざまなバッファーが考慮される可能性はあるので、収益目標自体も、その根拠の確からしさはともかくとして、現実的なものと期待値的なものが2本建てで管理される可能性もあるでしょう。

　業務運営を行っていく過程では、どれだけ精緻なものをつくりあげたとしても、環境変化があればすべてが一変する可能性を秘めています。金融業というのは市場変化に対して弾力的に対応しないと業態維持はできないので、いつどのような状況であっても周辺環境変化には気を配っていかねばなりま

せん。そうしたことをどのように組織運営上統制していくのかがRAF態勢を機能させる１つの重要なテーマと考えられます。

　全社的なシナリオ策定の決定に関して、組織運営としてどうとらえるかを考えると、究極的には収益部門が業務計画を受け入れた段階で実質的に意思統一が図られたという考え方はできます。収益目標を決定する過程での事前の意見交換において、周辺環境も含めて異論があれば主張しないといけないことになり、従来のような目標収益額ありきからスタートする業務計画策定ではないので、計画が確定する前に主張するべき事項は主張するということが重要になるということです。収益部門にとって単に目標達成が厳しいからという理由では議論になりません。どういう根拠でどうするべきなのかということを、組織の全体像をイメージしつつ、意見交換することに意味があります。逆にこのような手続で設定される収益目標は、どのようにオペレーションを行えば達成できるかが示されているので、達成できる前提で策定されるという考え方もあります。リスク管理部門が策定した想定されるリスク事象も共有されれば、ある程度シナリオから異なる環境変化があったとしても、ある程度の対処は可能であると考えられます。

(2)　シナリオ変更

　実務運営においては、環境認識を行うにしても、なんらかの変化が読み取れるようにすることが必要です。人間の肌感覚だけでは客観性に乏しいと考える人は多いかもしれませんが、業務運営にかかわる重要な変化に関する情報をもっている人が偶然重要な会議体を欠席するようなことがあれば、せっかくの情報も展開されません。そこで組織全体における環境認識をあわせる方法として考えられるのが、第３章第２節で説明した資金繰り逼迫度区分の応用になります。

　復習を兼ねて説明すると、流動性リスク管理の世界においては、資金繰り逼迫度区分を判定するにあたっての判定項目を設けているということでした。実際にはその判定項目は資金繰り逼迫度区分を直接的に変化させるとい

うことではなく、リスク管理委員会開催基準として設けており、抵触した段階でリスク管理委員会が開催されて、意見交換がなされた後、資金繰り逼迫度区分を変更するべきかどうかの判定がなされています。

　収益獲得あるいは業務計画策定においても、当然周辺環境がどのような状況なのかは把握しておく必要があります。資金繰り逼迫度区分のように段階設定を設けるかどうかについては、必要性があれば設定するということでよいと思われますが、収益獲得という観点、あるいは業務計画策定根拠という観点で考えると、場合によっては（取締役会を経ている）RASや業務計画変更に影響を及ぼすため、オペレーションに多大な影響を与えることになります。そのため収益部門にとっては、計画変更をなるべく早く察知できる指標の導入等の工夫がなされる統制方法が望ましくなります。そこで資金繰り逼迫度区分における判定項目を応用するかたちでシナリオ変更トリガー項目の導入を検討し、その具体的項目を考えることにします（表21参照）。

表21　資金繰り逼迫度区分判定項目を業務計画（シナリオ）変更に置き換える

・資金調達も業務運営上多大な影響があるため、逼迫度区分の各判定項目は応用可能
・業務運営全般として考えるため、必ずしもストレス事象に限定されず、マクロ経済指標変化や税制・法改正・制度変更等も考慮が必要（特に注力業務に関連する事項）
・一方で、一部門でロスカットに抵触する等、目標を確実にクリアできない事象が発生する場合、目標収益配分見直しが発生する可能性があるため、業務計画変更要件になりうる

【資金繰り逼迫度区分の判定項目（例）】	【業務計画（シナリオ）変更の判定（イメージ）】
・自社グループの格付動向 ・自社グループの株価動向（相対的なものを含む） ・調達コストやヘアカット率の変化 ・各種クレジットラインの縮小	・各種マクロ経済指標の変化 ・部門別損失リミットの抵触 ・各種ストレス事象の発生 ・自社グループの信用力変化 ・各種行政処分等

資金繰り逼迫度区分は資金調達に影響する事象を対象とするので、自社の信用力に影響する格付動向や株価動向といった項目や、市場変化による調達コスト変化やボリューム確保の困難さという点でヘアカット率の変更やクレジットライン縮小といった項目が考えられています。資金繰り全般での話なので外貨資金調達にも考慮せざるをえず、上記例では示しておりませんが、外国為替市場でのストレス事象なども対象になります。

　規模の拡大を想定する場合のように、業務計画変更あるいは想定シナリオの変更に関する判定項目は、相応の資金調達能力という裏付けが必要になるため、資金繰り逼迫度区分における判定項目と業務計画変更における判定項目は重複する可能性はあります。なんらかの理由により業務改善命令という処分を受けた場合などでは、クレジットラインの一時凍結という可能性から資金繰り逼迫度区分の判定項目になる一方、なんらかの業務が一時的に停止するため、収益計画においても期待値を下回る結果となる可能性が広がることから、業務停止のような行政処分も重複すると考えられます。

　業務計画そのものを変更することは想定ポートフォリオの変更を意味するのとほぼ同じであり、業務計画策定におけるシナリオの変更は収益目標の変更を意味するのとほぼ同じになります。業務計画の前提条件がどの程度見直されるのかによりますが、ここでは影響度把握が重要ではなく、何が起これば業務計画変更やシナリオ変更を余儀なくされるのかの材料を特定することです。たとえば単純なイールドカーブ変化を材料視した場合、それに伴う期待収益が変化するのはすぐに想像できますが、貸出が伸び悩むかどうかというポートフォリオへの影響については、イールドカーブ変化という事実だけでは判定できず、何を材料にしたイールドカーブ変化なのかを特定する必要があります。また変化後のイールドカーブの水準が、業務計画策定時に想定したレンジを超えているのかどうかということも判断材料の1つになるでしょう。

　業務計画変更、もしくは想定シナリオ変更に関する判定項目は、なるべく数値で確認できるようなものが理想ではありますが、ポジション量や収益に

直接的に影響を与える事象と間接的に影響を与える事象、あるいは影響が出てくるスピード感の相違といったこともあると考えられるため、一概に抵触したからといってすぐに変更されるとは考えないほうが無難です。業務計画の期中変更というと相応の決裁権限となると考えられるため、ALM委員会やリスク管理委員会等で方向性確認されるべき事項と思われます。つまりなんらかの判定材料が出てきたときにいったん意見の交換と集約をし、最終的な組織としての意思決定になると思われることから、その間の時間で想定ポートフォリオや期待収益を再度検証したうえで業務計画変更を実施するプロセスにすることが重要だと考えられます。

第 7 章

ガバナンス高度化のための要検討事項

2008年のリーマン・ショックにより、想定していない事象が発生したことによって規制強化が図られ、各金融機関はリスク管理のもう一段の高度化を目指すきっかけとなりました。これからのRAF態勢構築を含めたコーポレートガバナンス高度化においては、その時々での周辺環境や状況に応じて臨機応変に対処できるような態勢構築や業務運営が必要になってくると考えられます。

　そこでこの章では、バーゼルⅢがいったんの最終ターゲットである2019年を前に、規制対応作業とガバナンス高度化が交差する直近の状況をかんがみ、いくつか追加的に検討するべき事項について考えていきます。

第1節　連結ベースでの統制

(1) 連結ベースでの統制における課題認識

　単体ベースにおける統制については、自社の業態特有の規制やビジネスモデル等を考慮したかたちで計画策定と運営を行うことが可能であるものの、国内メガバンクグループのように銀行・信託銀行・証券会社といった業態をまたがった連結ベースでの統制となると、規制値算出のルール化やさまざまなデータ集積方法、リスクリミット設定、グループ管理会計の導入、といったように検討するべき事項が飛躍的に増加します。たとえば単体ベースでの「リスク調整後収益」という概念を使って部門評価を行うようなことを連結ベースで考えるとしても、連結ベースでのリスク管理方法やそのデータ集計方法等を理解しておかないと、具体的に対処可能な範囲が特定できません。つまり連結ベースでの統制を考える場合、中核会社（持株会社）としての業務分掌と直近の実質的な業務範囲、それらに関する将来ビジョンといったものを明確化しておかないと頓挫しやすいと考えられます。

図23はバーゼルⅢの３つの規制（自己資本比率規制・レバレッジ比率規制・流動性規制LCR）をイメージし、その規制値をクリアするという業務運営上の制約条件を統制するために、子会社に対してどのように目標化し統制するのかを例示したものです。規制値はもともと連結ベースで算出することが求められているため、規制値算出方法をイメージしたかたちで示してもよいかもしれません。

　従来行われている一般的な連結ベースでの統制方法は、中核会社が各子会社に対して（子会社全体としての）目標設定やリミット設定等を行い、詳細に関してはそれぞれの子会社内で同様に各部門向けの目標設定やリミット設定等を行う方法がとられています。全体を統制することにおいて、各子会社がリミット等を遵守することによって全体のリミットが遵守されるような考え方であり、実務運営としては基本的に各子会社に任せるような方式です。このため規制値を算出するようなケースでは、標準テンプレートのようなものとグループ共通の算出定義を共有化して、各子会社が一義的に算出したものを中核会社が集計するかたちになります。一方、連結ベースの規制値を算出するうえで考えられる別の方法としては、さまざまな原データを中核会社に集約し、中核会社にて集計作業を行って算出するという方法もあります。しかし原データを集積させる方法の実現には越えるべきハードルが多々あり

図23　規制対応を例とした連結ベースでの統制方法（イメージ）

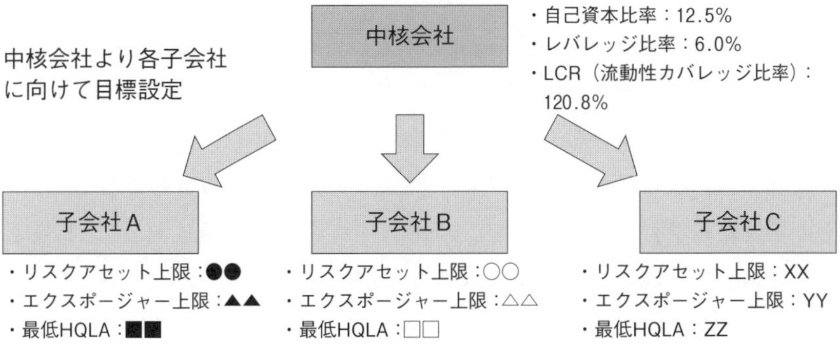

中核会社より各子会社に向けて目標設定

中核会社
・自己資本比率：12.5％
・レバレッジ比率：6.0％
・LCR（流動性カバレッジ比率）：120.8％

子会社A
・リスクアセット上限：●●
・エクスポージャー上限：▲▲
・最低HQLA：■■

子会社B
・リスクアセット上限：○○
・エクスポージャー上限：△△
・最低HQLA：□□

子会社C
・リスクアセット上限：XX
・エクスポージャー上限：YY
・最低HQLA：ZZ

ます。さまざまな切り口での集計作業を可能にする詳細な識別項目を保持したデータが必要であり、それをグループ内で共通化させる必要があります。また中核会社には、それらを格納する大規模なデータベースと、さまざまな目的に応じたデータの集計ツールをもつ必要があります。大半の国内大手金融機関は、現状これらの整備がまだ完全ではない状況です。リスク管理関連のデータ集計ですらそのような状況であるため、収益関連も含めたデータ一元化はさらにハードルが高くなります。このようにガバナンス高度化を意識したデータ整備を考える場合には、データ整備だけに焦点を当てて準備をし、中核会社における役割を明確化していないということでは部分均衡になってしまい、グループ連結ベースでの統制をいっそう複雑化させる可能性もあります。

　国内メガバンクグループのような大きな金融グループでは、グループ全体で見渡すと、子会社での各業務に関して一部重複する（たとえば中核的な銀行と信託銀行それぞれのバンキング勘定等）部分があります。単体ベースでは問題にはなりませんが、グループ全体としては効率化が図れない部分になりうるため、規制値統制のような場合においても、どうしても連結ベースでの最適化はむずかしくなります。連結ベースでの最適化に向けて効率性を追求するのであれば、原データ集積方式による集計方法に分があると考えられますが、グループ全体としてメリットがあるかどうかは十分検討する必要はあるでしょう。インフラ整備には相応のコストが必要であり、業務プロセス変更に対して抵抗感をもつ従業員も多いはずです。実際に原データ集積方式において識別要件を特定するという点で、どれくらい大変なのかを把握するため、流動性規制LCRの規制要件を少しみてみましょう（表22参照）。

　後ほど本章第6節でもデータ整備の話は出てきますが、上記のようにLCRの識別項目を取り上げただけでも相当な識別項目数になることになります。しかも国際基準行の場合は、LCRを日次平均で算出して開示することになるので、（おそらく現状不十分であると考えられる）各子会社が保有しているデータの品質を均一化させるだけでなく、各子会社からのデータの取得頻度もす

表22 流動性規制LCRとデータ識別項目

(LCR算出における諸条件（分子項目に関して一部抜粋）)
・Level 1、Level 2 A、Level 2 B、その他に分類することが必要
・上記分類において、処分上制約のないことが条件
・レポやリバースレポ、デリバティブのCSA等に基づく担保授受において、再担保利用可能であれば分子項目として計上可能

(有価証券を対象、必要となるさまざまな項目)

【取引情報】	【取引管理情報】	【追加情報】
・銘柄情報（額面、クーポン、格付等） ・約定情報（約定日、取引相手、受渡日、売買価格、等） ・損益情報（時価、購入簿価、利息収入、償却減価等） ・決済情報（受渡金額、決済日、決済方法等） ・中途償還情報（付随している場合）	・ポジション情報（勘定、部署、チーム等） ・保有区分情報（その他有価証券、満期保有等） ・センシティビティー情報（各種金利変化等） ・担保情報（差入れ・受領、受渡日、対象取引・授受に係る相手先の特定等）	（ここではLCR対応の場合） ・処分上の制約の有無 ・マッチドブックによる紐づけ ・市場での流動性（取引ボリューム等） ・中途償還判定（償還オプションの所有者判定等）
	経営管理高度化まで意識した場合、こうした各種情報に対して調達コストや期待収益等を組み合わせてモニタリングしていく必要あり	

べて共通化させるということが必要になってきます。品質保持のためにはグループ内での識別項目共通化が必要になりますし、リコンサイルのためのツールや確実にデータを取得できるようにするためのツールも必要になります。さらにさまざまなシミュレーションや集計作業を行うために、中核会社にしかるべきデータベースがあることはもちろん、分析ツールや作業を行う人員も必要になります。これから新たに対応していく場合には、各子会社との調整も中核会社が主導するしかなく、いつまでも続く果てしない作業になりかねません。

では仮に従来のような子会社それぞれでの統制を前提とする方法を考えてみましょう。中核会社に集積されるデータは基本的に集計値（規制報告用に

集計されたものや報告用テンプレート、リスク計測上でのセンシティビティーデータ等)のようなかたちが中心となります。どうしても個別明細に近いものが必要になる場合には、集計できる範囲内でのデータ(大口信用供与規制等に基づく各社名寄せデータ等)になると考えられます。なんらかの集計を行うにあたり、当然各子会社内で作業を行う必要があるので、その分中核会社に届くには時差があり、連結ベースでの最終版確定には原データ集積方式よりも時間を要すると考えられます。リスク管理や経営状況の把握においてこの時差が致命的にならない限りは問題ありませんが、流動性規制LCRやFSBデータギャップといった規制・制度の潮流からすると、後々この時差は問題になる可能性はあります。原データ集積方式であっても、グローバル展開していれば最短でも全社ベースで集積されるまでに1日かかるので、これが3日、4日というふうに差がついていくと、もはやポジション量もリスク量も変化してしまっていて、常に事後検証的な感覚になってしまうでしょう。市場リスクや流動性リスクのように、計測日次化が一般的となっているようなリスクカテゴリーに関しては、特にこの時差の存在はクローズアップされるべき問題になります。

　規制報告やリスク管理という観点では、それでも1週間あれば何とかなる世界かもしれませんが、収益管理も含めた数値ということになってくるとさらに話は複雑です。現状では内部での損益付替えが毎月1回しか行われないといったようなことも多々あると考えられ、その影響度が小さいとわかっていればまだいいですが、決して小さくはないものが含まれているとなると、なんらかの手立ては考える必要が出てきます。リスク調整後収益のような概念を用いて計数管理するような場合では、リスクに関するデータと収益に関するデータの融合が必要となるため、各子会社すべてが素早く処理できる態勢とするのか、中核会社ですべて処理する態勢にするのかについて早く方向性を示さないと、IT予算や投下する人的コスト等も二重三重にかかってくる可能性があります。準備や開発の時間も相応に必要になってくるため、具体的なメリットやデメリットを比較したうえで方向性を出し、順次スケ

ジュール化していくことが必要です。

(2) 連結ベースでの統制方法の検討

　データ面と集計作業に関する問題をどうするかが決まったら、具体的な統制方法の検討に入ることになります。手順としてはまず中核会社がグループ全体に関する資本の配賦可能額やリスクリミット、収益目標額等を検討し、子会社ごとにそれぞれの配分を決定していきます。そのためグループ内におけるさまざまな前提条件や統一ルール（資金繰り逼迫度区分の統一化、グループ管理会計、ロスカットルール等）を整備しておく必要が出てきます。特に実務運営面で各子会社のフリーハンド部分が大きいほど、グループ基準ルールは中核会社として考えておく必要があり、中核会社としてグループ運営に関するルールを示し、その内容に基づいて各子会社が業務運営上のルールをつくることになります。中核会社としては作成された各子会社ルールを確認する必要があり、それが全体統制につながっていきます。

　どうしてもグループ内で業務が重複する部分があるため、連結ベースで考えると非効率ですが、単体レベルでみると仕方がないことがあります。たとえば中核会社傘下の銀行は国債を買っているのに信託銀行は売っているケース、銀行はインターバンク市場で資金調達しているのに信託銀行は資金放出しているようなケースです。偶然の一致でそうなってしまうのは仕方のない話ですが、もう少し話を大きくして規制対応のようなことを考えると、グループ全体の効率性を重視しないと非効率性はすごく大きな話になってきます。今度は連結ベースでのNSFRをイメージして問題点を整理しましょう。

【NSFR対応のため、各子会社に対して以下のように目標設定】
・中核会社における連結ベースでの目標……NSFR≧105％（現状107％）
・銀行（同110％）、信託銀行（同105％）、証券会社（同70％）の各社に対する目標……NSFR≧105％

ビジネスモデルから考えると、証券会社はフロービジネスなので、資金調達は短期で行うのが一般的です。もし中核会社が各子会社のビジネスモデルを考慮せず、連結ベースでのNSFR対応として数値上の公平性を重視し、一律同条件の目標設定をしてしまうと、証券会社は独自で長期負債を増やすような動きになりかねません。上記例において、銀行がもし110％のまま推移していくとすると、銀行の長期負債が減らずに証券会社の長期負債が増加して、グループ全体としてはより多くの無駄が生じてしまう可能性があります。国内メガバンクグループのイメージで考えると、銀行の規模が証券会社よりも圧倒的に大きいので、もし銀行にとって余剰となっている５％分を証券会社に融通すれば、証券会社は目標をクリアできるかもしれず、その場合はグループ全体としてみれば新規の長期負債は不要になります。このように、本来はグループ全体としては不要な長期負債かもしれませんが、ビジネスモデルを勘案しない目標設定をしてしまうと、おそらく証券会社はかなりの長期負債を抱えることになると考えられます。

　こうしたビジネスモデルの反映は、従来の業務運営方法を考慮すると、連結ベースと単体ベースそれぞれの業務計画に落とし込む方法が現実的でしょう。連結ベースでの業務計画策定の段階でさまざまな事前検証が必要になりますが、ここでも先ほどのデータの話が出てくるかもしれません。中核会社に集積されるデータが各子会社による集計値中心である場合に、十分な事前検証等が可能なのかということです。各子会社ベースでは高度なリスク管理や収益統制を行えるような態勢であったとしても、中核会社の意思決定能力や分析能力、指導力等での欠如があれば、各子会社がどれだけ頑張っても非効率性は解消されません。その意味から、グループ統制に関する中核会社としての責任範囲と子会社のフリーハンド部分に関する分掌や運営方針を早期に決定しておきたいところです。

第2節　その他包括利益等の統制

(1) 国際基準行におけるその他有価証券の位置づけと留意点

　その他包括利益統制の中核的な要素として、バンキング勘定でのその他有価証券の評価損益があります。バンキング勘定の金利リスクに関する見直しの最終化が行われ、国内銀行にとっては第2の柱強化アプローチの案に着地したことで安堵したかもしれません。このように規制上において重要な鍵を握るその他有価証券ではありますが、自己資本比率規制においては、国際基準行の場合、普通株等TierⅠに評価損益を計上することになります。もともと会計的にはその他有価証券における評価損は資本項目にヒットする取扱いではありましたが、国際基準行の場合でのその他有価証券の評価損は、その他包括利益を通じて100％勘案になってしまうので、これを統制しようとする場合にはP/Lと切り離して考える必要があります[24]。

　その他包括利益におけるその他有価証券での評価損益を考えてみましょう。こちらを統制する場合には業務計画における収益目標設定との関係を整理することが先決です。バンキング勘定の債券運用では、万一の場合の流動性供給の位置づけもあるため、本来保有している資産は、市場流動性が高く時価評価が可能である商品であるはずです。つまり国内財務会計での取扱いがどうであろうと、リスク管理の観点では価格変動リスクが相応にある商品であるということがいえます。価格変動リスクがあるということは、そのリスク計測にマッチするのは本来時価会計であり、その場合には実現損益だけでなく評価損益も対象になるということです。しかしバンキング勘定の債券部門は、その他有価証券の会計的特質をよく把握しているがゆえに単年度業

24　自己資本比率算出上では、厳密にはその他包括利益累計額となります。なお、現状では評価損益のTierⅠへの反映は段階適用が行われています。

第7章　ガバナンス高度化のための要検討事項　249

務計画において実現損益を強く意識してしまい、評価損益に関する収益目標があいまいになりがちです。組織決定に基づいたオペレーションが前提となるため、担当部門が仮に評価損益を強く意識をしていたとしても、収益が足りない場合に「国債を売れ」という指示が出てしまうこともあります。こうした背景から、「収益状況等を考えて評価損益を実現化させてしまうこともあるため、評価損益まで目標設定しない」という形式にしていると、おそらく運用ノウハウの蓄積という観点でも将来に不安材料を残すことになります[25]。

　評価損益を部門評価に反映するべきかどうかについては、評価損益が自己資本比率に影響する国際基準行なのか影響しない国内基準行なのかにもよりますが、そもそも取り扱っている商品に明らかにリスクがあり、そのリスクを統制するべき部門であるということであれば、評価損益がまったく反映されないということは、本筋からずれている感覚があるはずです。また収益目標として設定されるからこそ、評価損益でも負けないようにするにはどうするべきかと担当部門が研究するということもあるので、もし目標設定をしていない場合には早急に対応するべきでしょう。

　国際基準行に関しては、その他包括利益を統制するということは、すなわち自己資本比率算出における分子項目を統制することにつながります。リスク管理では自己資本比率に関するさまざまな影響度調査を行っていますが、問題はリスク管理上の観点ではなく収益管理の観点によるものであって、影響度調査等の内容を把握しながらどのようにオペレーションに生かしていく

---

[25] 日銀のマイナス金利政策において、銀行運営への影響として「銀行の債券運用では、-0.10%で買っても-0.20%で売れば儲かる」というような議論がありますが、理屈上はそれが事実であっても、現実としてはむずかしいと考えられます。その他有価証券を前提とした場合、一定期間保有する前提があるため、-0.10%では買いにくい事情があり、売買目的有価証券のようなディーリング想定での議論であると筆者としては考えています。その意味では、万一国債のクーポンがマイナス化した場合、預金金利のマイナス化を実現させない限り、その他有価証券で保有するメリットは剥落するでしょう。また、その他有価証券で国債投資を行うにしても、保有期間等が従来とは異なると考えられ、リスク管理方法（VaR算出の保有期間等）にも影響が出る一方、担当するディーラーの運用スタイル変更に対応できるのかの問題もあります。

かが重要です。幸か不幸か、バンキング勘定の債券運用は部門メンバーによる勝手なオペレーションはできないので、ALM委員会のような会議体を通じて基本方針的なものを決め、日々のオペレーション実施に関する社内稟議等で対応する方法が合理的でしょう。ALM委員会は定期的に開催もされているため、仮に評価損益を実現化するオペレーションが実施されることになっても周知の事実となります。むしろ実現損益だけの評価体系よりも、正しい収益目標に対して正しく意思決定しようという力が働くため、組織決定に基づくオペレーションの色彩は強くなり、特にバンキング勘定は組織決定されたシナリオに基づくオペレーションが大半を占めるかたちでの業務運営になっていくことでしょう。

(2) 証券会社における負債時価評価対策

　時価評価に関しては資産サイドだけの話ではなく、負債サイドにも本来影響があるはずですが、現行の国内会計基準において負債の時価評価は注記事項という取扱いになっており、P/Lやその他包括利益では計上されません。IFRSの場合は、自己の信用リスク部分がその他包括利益に、それ以外はP/Lにヒットするかたちになっています。かつて米系金融機関が負債の時価評価によって黒字が計上されて話題になりましたが、負債サイドの時価変動には自社信用力変化と市場実勢変化の両面があるため、バーゼルⅢでは先ほどの黒字計上を問題あるものとして考え、自社信用力低下による部分は利益という概念では扱わないという考え方に変化し、自己資本比率算出においても、自社信用力悪化による評価益部分に関して自己資本比率を向上させる効果はありません。

　国内銀行の場合、負債の時価評価に関するルールを策定しており、短期の取引においてはまず時価評価されることはないでしょう。問題は中長期の負債ですが、国内メガバンクグループ等ではバーゼルⅢにおける負債性資本の取扱いの変化もあり、（損失吸収に関する事項はあるにせよ）負債そのものはプレーンな内容が主流になることで、負債の時価評価方法決定には大きな論

点にはなりません。論点となるのは、デリバティブが付随した負債となる大手証券会社（銀行系証券会社を含む）が発行するMTNであり、負債の時価評価の導入時に各社が一定のルールを決定し、時価評価を行っていると考えられます。

デリバティブが付随する負債においては、当然市場実勢変化があれば償還される可能性が変化します。MTNで一般的に付随しているデリバティブは、外国為替や株価（主にトリガー系）、金利水準（マルチコーラブル等）、CDS（First to Default等）といったものが中心ですが、スキーム的には区分経理がなされています。少しずるいかもしれませんが、財務部門の努力次第で負債の時価評価を多少統制することが可能になります。

現状の国内財務会計において、資金調達コスト部分にデリバティブを付随させる場合には区分経理が行われています。銀行でよくあるのは貸出にデリバティブを組み合わせる方法ですが、こちらも同様に区分経理が行われています。こうしたデリバティブを付随させる点において重要なことは「会計操作の疑いがかかりやすい」ということであり、特に負債側に関しては、財務部門コストを意図的に高くしてデリバティブを組み合わせて収益をアップフロント化させると、発行期間中は財務部門コストが高止まりするかたちになりますが、取引を行う当該年度の単年度収益は大きなものとなります[26]。つまり収益を前倒ししてコストを後ろに移行する会計操作の疑いがかかるということになります。このためMTNを発行する場合にはこうした発行コストの透明化が行われていることが前提条件になります。図24では発行コストの透明化を意識し、一定レンジの範囲内でコストが決定される方法をイメージしています。

発行コストの透明化を進める一方、負債の時価評価を大きく変動させないため、個別発行条件における詳細な内容をあらかじめ決めておく必要があり

---

[26] たとえば、期間3年の財務部門コストが本来LIBORであることに対し、LIBOR＋0.2%で財務部門がコストを仕切ってしまうと、0.2%×3年分が収益計上され、毎年LIBOR＋0.2%のコストを支払うことになります。

図24 MTNにおける負債時価評価統制

（財務部門のコスト案）

	0.5年	1年	2年	3年	4年	5年	6年
A格LIBORスプレッド	2.5	3.0	3.7	5.2	7.0	8.8	11.3
A一格	4.2	5.9	6.8	9.7	12.3	14.9	18.5
コスト案	4.0	6.0	7.0	10.0	12.0	15.0	18.0
コスト上限	9.2	10.9	11.8	14.7	17.3	19.8	23.5
コスト下限	−0.8	0.9	1.8	4.7	7.3	9.9	13.5

（負債時価評価でプラスとなるコスト設定方法）

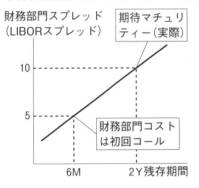

MTNの償還判定としてたとえば6カ月ごとという条件である場合、財務部門としては6カ月以降の資金調達は保証されていないため、財務部門が設定するコストは6カ月だが、デリバティブの行使確率を勘案した期待マチュリティーは最短6カ月となるため（ここでは2年としている）、2年の資金調達を6カ月のコストで調達しているかたち

ます。それが中途償還条項付きにおける財務部門コストをどのように仕切るのかということです。考えられる方法としては大きく三通りあります。

【中途償還条項付きMTNの財務部門コスト決定方法】
① 初回コール時までの期間に対応するコスト（償還までLIBORスプレッドは不変）
② 組成時における期待マチュリティーに対応するコスト（償還までLIBORスプレッドは不変）
③ 初回コール（ないしは期待マチュリティー）まで設定し、償還されな

> い場合にはあらためて同様のコストを設定

　どの方法で決定するかという点では財務部門と市場部門との力関係や経営方針等次第ですが、国内財務会計と社内態勢（IT要件等を含む）で決定するケースが多いと考えられます。①の場合は、市場変動がある限り初回コール時で償還する可能性があるため、流動性リスクの観点から考えれば納得できる考え方、②の場合は組成時での市場実勢を反映したものなので、デリバティブの発想からすれば納得できる考え方、③の場合は実際に償還されなかった場合ということなので、市場部門に有利な考え方になります。ここでいう「市場部門に有利」というのは、その時の市場実勢でコストが更改され、本来の残存期間に対応したコストが支払われることであって、厳密には有利というよりも公正化される感覚です。

　マルチコーラブルのような定期的に償還する可能性がある場合、当然残存期間でみると、「初回コールまでの期間≦期待マチュリティーまでの期間」が成立します。財務部門コストが順イールドになっている場合、財務部門コストは「初回コールまでの期間≦期待マチュリティーまでの期間」である以上、より低いことが理想になります。これについて市場部門が納得すれば、中途償還条項があるMTNの財務部門コストは初回コールまでの期間として決定されます。

　負債の時価評価を行う場合において、まず社内会計方針を監査法人にも確認しつつ決定しているはずですが、一般的には中長期負債が対象になっていると考えられ、デリバティブが付随している場合では「なんらかの根拠に基づいた償還判定を行ったうえでの残存期間」としていると考えられます。デリバティブの発想からするとそれが期待マチュリティーであっても違和感はありません。そこで自社信用力変化を勘案する必要がない発行時の負債時価評価を仮に行えば、市場実勢変化相当として「財務部門コスト≦負債の時価評価で計算されるコスト（≒期待マチュリティーに基づくコスト）」となり、表面的には高いはずのコストを低く抑えたという効果が出てくることになり

ます。MTNは通常投資家が見つかるたびに弾力的に発行するかたちなので、一定量を発行し続ける限り、全体としては負債の時価評価が仮にマイナスであっても、新規発行分がプラスで打ち消すかたちになります。金利にはロールダウン効果がある以上、順イールド下では残存期間が短くなればなるほど再調達コストは低くなる傾向にあるため、発行額全体で徐々に負債の時価評価がマイナスに向かう可能性が高く、新規発行分が一定量回転していくことが理想であると考えられます。

第3節 格付維持と資本・配当政策

　業務運営を行っていくうえで債務の返済能力や配当維持といった問題は、ステークホルダーからの信頼獲得においてきわめて重要な位置づけです。ここではRASで記載するべきかどうかの観点で格付維持と資本・配当政策をどのようにとらえるかを検討します。

(1) 格付に関する事項

　現状のリスク管理においては、外部格付が規制値算出等にも関係しており、社内外で格付変化の影響は大きくなっています。カウンターパーティーリスクに関係する事項として、格下げがあるとクレジットラインの縮小や凍結という話が聞こえてきて、オペレーションを継続的に行うにあたって障害となってきます。このため経営面としては格付維持が重要な課題となっていますが、格付維持そのものに影響を与える要素のすべてを特定しきれないため、直接的に統制をすることは困難です。このため格付維持を掲げる場合には高度なコーポレートガバナンスが必要となり、課題整理から始めて具体的な統制方法までたどり着かねばなりません。

　格付機関による外部格付では、まずカントリーシーリングの問題があるた

め、たとえそれがG-SIFIsであったとしても、自国のソブリン格付の影響を受けることになります。金融機関にとってはソブリン格付変更に伴う自社格付変更は自分たちで統制できないリスク事象であり、そのリスクを含めて目標化することはなかなか困難であると推測されます。また、格付機関側の格付算出ルールの見直しが行われる場合もあり、過去にも日本のセーフティーネットの評価方法の変更や、持株会社における評価方法の変更といった話があったことで、意図せぬ格付変更になることが今後も起こりえます。RAF態勢を構築し、収益統制に関しても十分機能するようになれば一定の格下げリスク回避が可能になるかもしれませんし、ソブリン格下げに付随する格下げを受ける話は世間的にも容認されるのかもしれませんが、どちらかといえば外生的に評価された結果が示される事項であるため、重要な経営目標として認識することはよくても、第3章第6節で述べたとおり、RASには直接的に加えにくい事項であると考えられます。

　本来格付そのものは債務の返済能力が発端であるため、配当等の外部流出を抑え、高水準のバッファーを保つといったような戦略はありえます。ただ規制コストが増大している過程において本質を考えるのであれば、自己資本比率にしてもLCRにしても比率が高ければ高いほどよいわけではなく、一定水準は維持しつつも効率性を高めることが重要になります。もしLCRを常に105％±1％にできるくらいの優れた統制能力があるとすれば、債務全体に係る統制能力も収益に係る統制能力も相応にあるはずであり、結果的に格付を維持できる組織力として評価されることが考えられます。そうした組織力向上をRASとしてモニタリングするのか、社内KPIとしてモニタリングするのかといった議論はあると考えられますが、格付維持ということを直接RASとして前面に出すよりも、間接的に影響を与える項目に関してKPIとしてモニタリングし、幅広い角度から経営を見渡しているというメッセージを残すように工夫するほうが、対外的には意義があると考えられます。

(2) 資本・配当政策に関する事項

　株価を維持する政策や配当を高く維持する政策は、収益の株主還元という観点でよく行われる政策です。国内銀行は1990年代における公的資金投入等の影響によって発行済株式総数が増加した先も多く、また資本強化の観点で追加資本調達が今後必要になった場合、低い株価水準ではむずかしい局面も出てくるため、正常な状況下において、高配当政策を考えることや買入消却によって株価を高く維持することを考えることは十分ありえます。資本や配当にかかわる政策に関しては、株主総会という最高決議機関で決定される事項であるため、組織運営のさまざまな検討項目のなかでも最重要項目という考え方も可能です。

　こうした資本や配当にかかわる政策をRASで記載できるかという点では、（ステークホルダーの要望事項として具体的な数値目標を示してほしいということは想定されますが）当然それに応じた収益力が求められることになり、実質的には収益に関する事項を記載することとそれほど違いはないでしょう。国内金融当局がどのように考えるかにもよりますが、規制面においては、業績悪化等によって十分な資本をプールできない場合に配当制限を行うこともあるので、「当局から制限を受けない場合において」という前提条件が必要になります。また不確定要因の影響によって目標未達成となった場合、経営者責任をどのように評価するのかもむずかしい問題です。係争案件は長期間にわたることも多く、経営者が代替わりすることもありますし、決着まではコストがかかり続けることが想定されます。その間の風評リスクにもつながりかねないため、ケースバイケースで評価することになるかもしれません。このように考えると、経営者的視点では単年度ベースで資本や配当に関する事項を記載するのはやや難がありそうですが、株主としては強く求めたい事項であるため、中長期的視野に基づく平均値的とらえ方で記載するような妥協点を模索することは考慮するべきでしょう。

　また、ステークホルダーがどのようなスタンスなのか次第とは思います

が、配当政策が重要な経営目標という位置づけであっても、あえてRASには記載しないという方法もありうると思います。株主と経営者間による目標としては認識を共有化するものの、RASの内容はあくまで資源配分を想定して選定されたリスクアペタイトに関する事項を記載するものとして扱うという考え方です。この場合の留意点としては、収益に関する数値的目標がまったく表現されなくなる可能性があり、RASの位置づけと取扱いに関してステークホルダーと十分なコミュニケーションが必要でしょう。

　昨今の金融規制強化の内容を考慮すると、自己資本比率も2019年に向けて段階的に高くしていくことが求められるスケジュール感なので、経営者としてはうかつに内部留保を減らすような経営判断はできません。RASのかたちであれ重要な経営目標のかたちであれ、自己資本比率が低下すれば追加資本調達に直結するので、株主還元は新規資本調達と（タイムラグはあっても）裏腹になるものです。ステークホルダーの信頼を維持するために何をどの程度行うのかということは今後より重要になってくるので、規制対応コストの増大も考慮しながら均衡点を模索することが求められます。

第4節　外貨ALM管理と外貨流動性リスク管理

(1)　外貨ALMの重要性

　国内金融政策や国内金融情勢をふまえ、国内金融機関における資金利鞘に縮小傾向が長く続いています。絶対金利水準が低いため、海外業務展開を標榜するメガバンクのみならず、地域金融機関においても外貨建て資産は増加傾向にあります。しかし米ドルを例にして考えてみても、日米の金融政策の違いについては、さらにマイナス金利を拡大させる可能性がある日本と、さらに金利引上げの可能性を含んでいる米国では正反対の政策であり、これが

日米金利差拡大による米ドル調達コストの上昇懸念を誘発しています。こうした事態から外貨に係るリスク管理はここ数年強く意識されており、ALM運営や流動性リスク管理において外貨に関する部分は高度化が求められてきています。

　もともと国際基準行では流動性規制LCRの導入前のQISを実施していた頃から、通貨別LCRの導入可能性を示されていたことや、流動性規制面で急進的であった旧UKFSA（英国金融サービス機構）が「外国為替市場の（2週間以上の）機能停止」というストレス事象を想定したことで、外貨管理の高度化はもはや回避できない状況となりました。日本は地理的条件でも他の先進国よりも先に国内市場が始まるため、母国通貨・母国決済主義であった従来の決済方法におけるヘルシュタットリスクに関し、国内銀行が外貨を購入する場合は「先に円貨の支払、夜間に外貨の受取り」が意識されていたということで、決済リスクにも多少敏感な部分があったかもしれません。

　これからの外貨管理という点では、マイナス金利政策とその影響を無視することはできません。流動性リスク管理手法の高度化という観点もありますが、場合によっては外貨ALM戦略の高度化という考え方もあり、外貨ALM戦略次第では外貨流動性リスクも内容が異なってくる可能性があります。そこでマイナス金利政策によって国内メガバンクにおいて第一次反応としてどのようなことが検討されたかみてみましょう。

　2016年の2月から3月にかけて新聞等の各メディアにおいて「円預金に対する口座管理手数料導入による実質マイナス金利化の検討」や「円預金から外貨預金の獲得へシフト」などを内容とする国内メガバンクの動向が取り上げられました。外貨預金の獲得へのシフトからは、円預金残高を横ばいないしは減少させて外貨預金を増やすことが意識されていることが読み取れます。つまりマイナス金利政策の前までは負債側は円預金が中心でありながら、外貨建て資産を増やすことが意識されてきたということであり、ALM的には資産と負債で通貨ギャップがあったということが考えられます。調達した円預金を外国為替市場等で外貨に交換することで外貨建て資産を保有す

るということですから、ALM的には従来の円資金での長短ギャップ（期間ミスマッチ）ではなく、通貨・期間の両方のミスマッチが生じていることになります。流動性リスクとしては当然外貨の調達が継続的に可能であるのかどうか、ALM（P/L）的には外貨調達コストが上昇しないのかという点と、外貨建て資産の為替変動リスクをどのように統制するかという点が主な留意点になります。

　これをふまえて、マイナス金利政策公表後の「円預金から外貨預金へのシフト」を考えましょう。図25をみてわかるとおり、資産側の国債利回りマイナス化によって、いったん実現益として計上してしまった国債の再投資や新規投資はマイナス利回りとなるので、負債との逆鞘発生を招きます。これを回避するために、マイナス金利政策公表前から少しずつ日本国債から米国債へのシフト等、外貨建て資産の積増しを行ってきたのですが、この場合は前述のとおりALMとしては資産と負債の通貨ミスマッチが生じており、外貨流動性リスク管理も必要になります。ここでいう外貨流動性リスク管理とし

図25　マイナス金利政策におけるALM上の影響等（預金金利がゼロ以上）

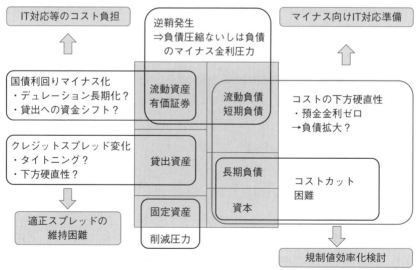

ては、もともとの原資は円資金であったため、円預金を中心とした資金調達の安定性と、外貨に交換するための外国為替市場（通貨スワップ市場を含む）の流動性になります。ALMとしてはこうした流動性リスク以外に外貨調達コストと外貨運用利回りについての円資金ベースでの結果が求められてきたかたちです。

　もしこうした円預金が外貨預金へとシフトした場合、為替変動リスクは預入者へと転嫁されるため、流動性リスク管理の観点では外貨預金の安定性に関するリスクが中心となり、ALM的にはおそらく長短ギャップをとることによるALM安定化が期待できるかたちになります。外貨預金流出の懸念が小さいということであれば外貨長短ギャップの完成であり、期間損益（長短金利差）部分の為替リスクをヘッジするかどうかの判断となります。こうして比較してみると、資産と負債における通貨ミスマッチがあるよりも経験的にも同一通貨によるALMのほうが取り組みやすく、リスク管理上の留意点も焦点を絞りやすいと考えられます。

(2)　外貨流動性リスク管理

　ではマイナス金利政策の影響をふまえたうえで、一般的な外貨流動性リスク管理に関してもう少し深く掘り下げていきましょう。通貨別LCRの話や旧UKFSAの話があったことで、国際基準行に対する外貨管理には国内金融当局も厳しくみるようになったようです。結果的には国際基準行向けLCRは日次平均による報告が求められるようになったので、もはや流動性リスク管理は当然日次ベースで行われるものということは意識せざるをえません。しかもLCR自体はストレス時想定で算出することが求められているので、きちんと日次平均LCRに対応するということは（バーゼルIII仕様の）ストレステストを毎日行っているという考え方もできます。では国際基準行はどのようなリスク管理水準を目指すべきであり、国内基準行はこの水準に到達する必要はあるのでしょうか。

　まず国際基準行が目指すべき水準から話を進めていきましょう。まず目指

すゴールをいったん「通貨別で一定水準以上の流動性リスク管理を可能とすること」とする場合、規制上では通貨別LCRであれば総負債の５％以上となる通貨というところが考慮されていたのですが、実際の流動性リスク管理は資金繰りの延長線上にあるという考え方もできるので、全通貨ベースでの資金繰り表を進化させた社内報告帳票を作成できるということが理想です。

表23は円貨ベースで作成されているものですが、日次ベースでの資金移動や流動性バッファー保有残高、与信枠（コミットメントライン等）に関する枠空きからの資金流出、受信枠からの資金流入や保有バッファーに関する換金性タイムラグ等を意識した受渡しベースでの過不足を算出してネット合計がプラスかマイナスかを判定します。ここまでにおいては（ヘアカット率の差が生じる可能性はあるにせよ）内容が同業他社と比較して大きく異なることはありません。最初の問題はここから通貨別資金過不足額を算出し、最終的に全体の資金過不足額を算出することになる際に、各通貨の代替性をどのように反映するのかです。

通貨の代替性に関しては、リスク管理の観点で緩いものから考えていくと、「いずれの通貨も代替可能」「主要通貨からその他通貨への代替可能」「いずれの通貨も代替不可能」といういずれかのパターンに分けられます。代替可能というのは、たとえば英ポンドが余剰な状況にあり、米ドルが不足している場合には、その余剰英ポンドを米ドルに交換して埋め合わせることが可能であるという考え方をするということです。そこには円資金も入ってくるので、全通貨合計で資金不足という事態は起こらないのでしょうが、個別通貨でのストレス（たとえば急激な米ドルへの資金需要等）が起こると、通貨代替性が機能しないことによる資金不足という事態や為替コストの上昇を招くことになります。したがって、流動性リスク管理が高度化する過程では、この通貨代替性が意識され、最終的には全通貨ベースにおける通貨代替性は認めないというようなリスク管理へと変化していきます。海外での業務展開が進んでいればいるほど、取扱通貨に関しても多岐にわたると思いますが、その分展開している国々での自国規制の影響を受ける場合があり、たと

表23 流動性ストレステスト(イメージ)

ストレステスト

			2016年				
			10月1日	10月2日	10月3日	……	10月30日	10月31日
保有バッファー	債券		5,000	4,500	4,500		4,500	4,400
	株式		1,500	1,370	1,570		1,520	1,500
	その他手元流動性等		500	700	118		378	198
保有バッファー合計			7,000	6,570	6,188		6,398	6,098
資金流出	債券売買			500				
	株式売買				200			
	債券貸借		100	100	100			
	株式貸借		20					
	相対借入れ・社債返済			10				200
	利息支払			2				
	デリバティブ取引			20				
	市場性調達返済			200	150			
	その他							
		合計	120	832	450		0	200
資金流入	債券売買							
	株式売買			150				
	債券貸借		100	100	100			
	株式貸借		20					20
	利息受取り							
	デリバティブ取引						30	
	市場性調達		200	150				
	その他							
		合計	320	400	100		30	20
資金流出入合計			200	-432	-350		30	-180
担保受取り	債券貸借等		100	100	100			
	株式貸借等							
	デリバティブ等				20			
	無担有価証券借入れ		100					
	その他							
		合計	200	100	120		0	0
担保差入れ	債券貸借等		100	100	100			
	株式貸借等							
	デリバティブ等						30	

		2016年			……		
		10月1日	10月2日	10月3日	……	10月30日	10月31日
	無担有価証券返済						100
	その他						
	合計	100	100	100		30	100
担保受払合計		100	0	20		−30	−100
ネット余剰額（調整前）		7,300	6,138	5,858		6,398	5,818
コミットメントラインからの借入可能額		700	700	700		700	700
コベナンツ抵触等による資金流出額		800	800	800		800	800
追加担保差入れ		300	300	300		300	300
ネット余剰額（調整後）		6,900	5,738	5,458		5,998	5,418

ヘアカット率

		平常時	換金性	懸念時	換金性	緊急時	換金性
国債	短期国債	5%	1日	8%	2日	10%	3日
	中期国債	5%	1日	8%	2日	10%	3日
	長期国債	6%	1日	9%	3日	12%	4日
	超長期国債	8%	2日	12%	3日	16%	4日
地方債	公募都道府県債	10%	3日	15%	4日	20%	5日
	政令指定都市……	10%	3日	15%	4日	20%	5日
社債	AAA	10%	3日	15%	5日	20%	7日
	AA+	12%	4日	18%	6日	24%	8日
	AA……	14%	5日	21%	7日	28%	9日
株式	東証一部	15%	3日	23%	4日	30%	5日
	東証二部……	18%	3日	27%	4日	36%	5日
証券化商品	AAA	20%	5日	30%	7日	40%	9日
	AA+	24%	5日	36%	7日	48%	10日
	AA……	28%	5日	42%	7日	56%	11日

（出典）『バーゼルⅢ流動性規制が変えるリスク管理』第2章より流用し、一部修正

え主要通貨であったとしても資金移動に制約条件がついてくる可能性もあるため、その他通貨のバッファーをなるべく小さくするオペレーションを目指しつつ、通貨代替性は認めない方向でリスク管理が進む可能性があるでしょう。

　次に流動性リスク管理において違いが生じる可能性としては、負債（預金等）の安定性に関する事項です。前述のマイナス金利政策に伴う円預金から外貨預金へのシフトに関しては、まず外貨預金へのシフトに伴う外貨預金金利水準と外国為替手数料の優遇幅、為替レート水準といった、円預金とは異なる要因で解約される可能性があるほか、税制問題をはじめとする投資に対する需要や抵抗感等に影響する外部環境変化の要因でも変化しうると考えられます。そのようななかですでに円預金も本支店レート変更による残高調整機能も失われていると考えられ、円預金流出や外貨預金流出は過去事例があまり参考にならない場合も想定されるため、流動性リスク管理において何を拠り所とするかがむずかしいでしょう。今回政策的に外貨預金へのシフトを促すことになるので、外貨預金のマチュリティーだけでなく為替水準も把握したいところであり、事後検証を可能にするデータ整備も必要となります。海外での当該国通貨での預金とは預入者の行動パターンが大きく異なると想定すると、同じ米ドル預金であったとしてもすべて流出可能性が異なってくることになるので、どこまで細分化してデータ検証するのか（できるのか）を社内で確認しておくことが重要でしょう。

　一方外貨ALMに関する補足も必要です。通貨別LCRをイメージすると理解しやすいと思いますが、外貨建て資産における投資対象ならびに投資オペレーションを円資金と同等に取り扱ってよいのかの問題です。通貨別での流動性バッファーを保有するということにおいて、通貨代替性を考慮すると、バッファーとして保有するべき通貨は主要通貨が中心となることは間違いなく、その資金移動における制約がほとんどない地域での保有や換金性の考慮がポイントになってきます。マイナス金利政策の影響による負債統制から成立する外貨ALMにおいては、事後的に負債が外貨になったことによって成

立するものであり、従来のような単純な外貨建て資産積増し（負債は円預金）ではないため、いったんデュレーション調整を行ったうえであらためて長短ギャップをとることになります。その後は特に円貨ALMと大きく異なることはなく、資産と負債から生じる利鞘部分に関して為替変動リスクをヘッジするかどうかを決定し、その内容に従うことになります。ここでいう円貨と特に変わらないというのは、流動性ストレス時の換金性を維持するということであり、ソブリンものを中心とした資産になると推測されます[27]。

(3) 国内基準行での留意事項

ここまでは国際基準行を前提とした話でしたが、国内基準行においてはどこまで整備する必要があるのかを考えましょう。国内基準行においてはLCRの日次平均対応をしているわけでもないので、円貨ベースでの流動性リスク管理水準から議論する必要があります。海外展開もしていないので、当然外貨預金の流出に関しても基本的に国内の預入者が前提であり、国内円預金の資金流出要因に加え、為替水準および外国為替手数料の影響がより大きいと推測されます。一方、外貨流動性バッファーに関する資金移動の制約等は考慮する必要もないため、極端なことをいえば米ドルでバッファーがあれば問題がないという考え方も可能になります。

現状の課題認識としては、国内市場における流動性リスク管理の観点（円資金を含む）において、突発的なストレス時に耐えきれる根拠があるのかという点と、外貨建て資産を積増ししている場合においてALM的に通貨ミスマッチが生じるため、外国為替市場におけるストレスや、外国為替市場以外での外貨調達手段の拡充、ということが課題でしょう。その意味では円資金

---

[27] 欧米ではレポ取引が充実していたことで、レポによる資金化が可能な商品は多かったものの、レバレッジ比率算出等の制約条件から市場規模の縮小が懸念されることも起こっています。こうした市場の変化についてはデリバティブの証拠金規制等でも懸念されており、担保授受も含めて影響を見極める必要があります。単なる換金性の問題だけであれば必ずしもソブリンである必要はありませんが、そうした全体感から考えると、ソブリンが比較的リスクが小さいと考えられるため、このような記述にしています。

を含めた資金繰り表の高度化の理想形が日次ベースでの算出となりますが、外貨に関してはもともと主要通貨が中心と推測されることと、国際基準行のように資金移動上の制約条件を考慮する必要がないため、単純な資金ギャップを淡々と算出していくことで特に大きな問題は生じないでしょう。このため外貨建て資産のヘアカット率をモニタリングしていく一方で、今後のさらなる外貨建て資産の増加可能性を考慮した外貨コミットメントライン等の検討を加えていくのが現実的なゴールと考えられます。

　国際基準行と国内基準行の共通事項として、外貨建て資産の割合にもよるかと思いますが、ALMの安定性とそれに伴う負債統制がマイナス金利政策下でのポイントとして考えられるため、ALM委員会等で配布される資料においても、外貨預金の設定為替レート分布と定期預金預入期間のマトリックス表は作成する価値はあると思います。特に外貨預金の安定性をみるうえでの過去データは不十分である可能性が高いことから、今後の検証を含めて視覚的に顧客側の簿価がどこにあり、解約されるのはどの程度の損益が発生するときなのかを把握することは重要です。

　また外国為替手数料を優遇して外貨預金へシフトさせる戦略は、成功すればALM収益を安定化させる効果は期待できますが、負債の資金流出の安定性は確保できません。入口は外国為替手数料を優遇して入りやすくしても、出口は優遇幅が小さいといったような手法も考えられます。顧客側からすると騙されたような感覚をもつ可能性もあるため、償還時ではなく中途解約時のみ優遇しないといった戦略は考えられるでしょう。ただしこうした一連の戦略は、同業他社とのサービス比較にもなるので、経営上最も回避したいリスクから確実に抑えていくことを認識したうえで営業戦略とリスク管理を結びつける工夫が必要になります。

グループ管理会計と国際管理会計

　連結ベースでの収益極大化を目指す経営戦略を実行するにはグループ内（国内外を含む）管理会計を整備する必要が出てきます。親子間資金貸借をはじめとする資金貸借であれば金利条件に織り込むことで単体ベースでの会計にも影響が出てくるので理解しやすいのですが、営業協力的な内容に関しては、ある程度定性評価的な内容が盛り込まれることも想定されます。グループ管理会計に関してはグループ内での創意工夫の話なので、ここでは主に留意点について簡単に触れていきます。

(1) グループ内資金貸借

　グループ内企業（海外子会社を含む）において資金不足が発生する場合、（特に資金移動等の制約がない前提で）余剰資金をもっているグループ内企業から資金を貸し付ければ、連結ベースでは外部コストが発生しないことで、資金効率の向上と考えることができます。国内メガバンクグループをはじめとする国内金融機関においては、国際基準行以外に海外子会社はほとんど存在せず、しかも海外拠点のほとんどが銀行の支店ということであれば本支店間の資金移動であるため、特に管理会計を意識することはありません。ただし海外子会社をもつ国内メガバンクグループや大手証券会社（最終指定親会社）のような業態では海外子会社が存在するケースがあるので、グループ内管理会計を決めていく必要が出てきます。そこでケース別で順次整理していきましょう。

① 国内子会社向け資金貸借

　国内子会社向け資金貸借に関しては、一般的に親会社から子会社への貸出がほとんどであると考えられます。親会社は子会社よりも通常信用力も資金

調達能力も高く、親会社から子会社へ貸し付けるほうが、子会社単独で外部（特に外部金融機関）より資金調達するよりも低い金利での調達が可能になると考えられるためです[28]。

　国内銀行の場合、中核会社（持株会社）が債権者となるというよりは中核的な銀行が債権者となるケースが多いと考えられるため、必ずしも親子間ではなく兄弟的な位置づけになるケースも想定されます。ただ金融規制の影響等より、中核的な銀行はグループ全体としてもよい資本を集積させているはずなので、通常信用力はやはり最も高いと考えられます。

　国内での資金貸借ということであれば円資金での貸借ということが想定されることから、留意事項は親子間での貸出スプレッドが収益の移転につながらないかという税制面の問題が中心で、市場取引で行う場合と間接金融としての資金貸借でそのスプレッドが異なるようにしていることが多いでしょう。市場取引の場合であれば、約定時点における市場実勢と乖離がないという証跡を残すかたちで対外説明できるようにしています。間接金融としての資金貸借の場合は期間にかかわらず一定のスプレッドを加えた金利条件にすることが多いでしょう。どこまでタイトな条件設定が可能かについては監査法人や税理士等の意見が必要ではありますが、1つのメドとして考えられるのはその時点での1ノッチ相当分の信用スプレッド程度でしょう。連結グループ内なので劇的な信用力格差がないという前提のなかで、どの程度の信用力格差を織り込むかという問題なので、経費相当分や資本コスト相当分といった複雑なトランスファープライシングを考慮するというよりも、スピーディーに事務をこなすという側面もあるので、ルール化しやすくて税制面も問題が出にくいという1つの方法として1ノッチ相当スプレッドが候補になります。

28　格付機関は金融持株会社に関する格付算出ルールについて見直しを行っており、近年メガバンクグループでは持株会社よりも銀行のほうが高格付という状況になっています。金融持株会社については本業として恒常的にシニアの市場性資金を調達しているわけではなく、資本性資金の調達という色彩が強いため、親会社という発想よりも中核銀行という発想でとらえるのが正しいと考えられます。

② 海外子会社向け資金貸借

海外子会社との資金貸借に関しては話が一気に複雑化します。基本的な考え方はもちろん1ノッチ相当の信用スプレッドがメドと考えられますが、通貨が円とは限らないことと、国をまたぐので租税条約問題が関係してくるということです。国内銀行は国内税制において「源泉徴収不適用の金融機関」として扱われており、その利息に対して直接的に源泉徴収されることはありません。しかしたとえばシンガポールにある金融子会社に対して資金を貸し付けた場合、本来受け取るべき利息額から源泉徴収されたかたちでの利息が返ってくるというケースが起こりうるということです。国内にある親会社や中核的な銀行からすれば外部コストを払っているような感覚ですが、こうした各国の税制を知り、日本との租税条約の有無を理解しないと受取利息額の計算が狂うことになります。

では通貨が円とは限らないということで、内部管理上どのような問題が発生するかといえば、「どの通貨を前提とした信用スプレッドなのか」ということです。つまり特定の通貨での利鞘確保を前提としておかないと内部管理が収拾つかなくなるということです。この問題を考えるには、まず債権者側が拠出する原資の通貨は何であるのかから整理しないといけません。そこで想定されるのは以下の2つのケースです。

・円資金を原資とする（円資金ベースでの利鞘確保）
・外貨資金を原資とする（外貨ベースでの利鞘確保）

円資金を原資とする場合は、外国為替市場で直先スワップ等を組んで実質的には円資金ベースでの利回りを確保する方法であり、円資金ベースでの利鞘は1ノッチ相当というような社内ルールに基づくかたちで貸出金利が決定するものです。円資金の調達コストも理解しやすいので、内部ルールとしては比較的やりやすい方法でしょう。

外貨資金を原資とする場合は2つの問題がクローズアップされます。外貨

ベースでの1ノッチ相当のスプレッドを把握できるのかという問題と、原資の調達コストをどのように見積もるかという問題です。もし原資の調達コストを円資金ベースで考えるのであれば、結局は円資金ベースでの利鞘確保の方法と事実上同じです。調達コストに関する根拠やスプレッドに関する根拠を明確化しないと、社内統制上もそうですが、やはり税制のような対外説明に耐えきれるのかが問題です。外貨ベースでの信用スプレッドデータ取得が可能なのかどうかについてリスク管理部門に確認をする必要がありますが、財務企画部門としても外貨の取扱いにおいてどのような管理会計にするのかという全体との平仄を考える必要があるので、どうしても円貨ベースで物事を整理するよりも複雑化します。（単体ベースにおいては）特にマイナス金利政策下においては資産と負債の通貨ミスマッチの問題も発生するので、流動性リスク管理という概念とALM運営の概念での課題認識をして管理会計上の取扱方法を定める必要があります。

(2) グループ戦略と管理会計上の取扱い

　連結ベースでの収益極大化を目指す場合にはどうしてもグループ各社の垣根を越えた戦略が必要になる場合があります。注力業務を所管する子会社においてすべて新規顧客でまかなうような話であればグループ管理会計は考慮する必要がありませんが、限られた市場のなかで新規顧客を獲得することはむずかしいことや、グループ全体のポートフォリオ変更という場合もありうるため、必要に応じてグループ戦略とリンクした管理会計を考えておく必要があります。

　基本的にはケースバイケースであると考えられ、これといった万能な方法はないのですが、具体例をイメージして考えてみましょう。

① グループ収益極大化に関する検討項目

　グループ収益極大化のための施策を考える場合の前提条件として、想定される効果がグループ全体でプラス効果であることが当然求められます。個別

各社という観点で両社にプラス効果があることが理想ですが、連結ベース全体でプラスであるものの、考えられる施策内容のなかには、個別各社の一部でネガティブというケースもありうるでしょう。マイナス効果を打ち消す効果をもたせるものもありうるので、さまざまなケースにおいてまずはどの効果を目指すものであるかを整理する必要があります。現実的には「子会社Aにはメリット、子会社Bにはデメリット」ということでは、子会社Bの抵抗感が強く、仮に実施しても各社業績と連動した報酬制度を前面に出すことはむずかしくなります。ということは「子会社Aにはメリット、子会社Bにはニュートラル以上」というレベル感が必要となり、そうでない場合は中核会社の強力な推進力が求められることになります。いずれにせよグループ戦略として掲げる話なので、相応のメリットが期待できる（ないしは大きなデメリットが削減される）ことや、相応の推進力は当然必要になります。理解するうえでの具体例として「銀行預金から証券ビジネスへのシフト」を想定し、課題等を整理してみましょう。

　この戦略のねらいとしては、マイナス金利政策における負債統制の観点で、国内営業部店における円預金をグループ内証券会社（もしくはアセットマネジメント会社）にシフトさせ、銀行の利鞘縮小に伴うP/Lの悪化を証券ビジネスでの手数料でカバーすることです。対象顧客としては「銀行預金があって、一定残高以上の顧客」になります。銀行の営業部門は預金顧客に対してすでに投資信託等の商品販売を行っており、銀行の支店のなかには証券会社と併設しているような支店もあるので、コンプライアンス等でいくつかの営業上の留意点があるとはいえ、営業活動そのものにおいては抵抗感なく受け入れられると推測されます。しかし顧客側からすれば、証券会社に口座開設し、預金からシフトさせる理由づけが見出せるのかは問題です。「預金金利が実質ベースを含めてマイナス金利となり、証券口座に入れている限りはマイナスにはならない」ということであれば顧客側メリットもあるかもしれませんが、預金金利のマイナス化を大々的に実施するにはかなりの勇気が必要でしょう。想定以上の資金流出が発生すれば、結果的に余計なことをし

たことになりかねません。顧客が口座に置いている円資金はリスクをとりたくない資金かもしれないので、証券口座にシフトしたとしても動かない可能性もあります。逆に素直にシフトに応じるような顧客であれば、証券会社にシフトさせなくても、外貨預金にシフトする可能性もあるので、銀行内で完結する話です。このように顧客側からの視点として、どのような意識をもち、どのような行動を起こすのかを推定することは戦略を練るうえで重要であり、十分な効果が期待できるのかどうかは事前分析を行う必要があります。

② 実施する場合の社内取扱いと事前調査

　銀行預金から証券ビジネスへのシフトをグループとして取り組む場合、先ほどの顧客の観点での分析以外に、現状のグループ内での取扱いを知っておく必要があります。円預金の管理会計上でのマイナス金利化を推進していくのかどうかは重要であり、その見通しももたないまま戦略に組み込むには無理があるでしょう。そして現状の預金受入れに関して、（管理会計上）営業部店としては資金利鞘が生じていて、収益目標設定も行われているのであれば、円預金を減らす方向性を示したところで実態としては矛盾します。管理会計上の取扱いに関しても方針を明確化する必要があり、本来円預金を減らす戦略ということであれば、管理会計上は少なくともニュートラルにする必要があり、マイナス化までするかどうかの判断は必要です。当然どこまで管理会計上の収益を落とすかは十分な意見交換と分析を行い、営業部店と共有化する必要があります。

　次に証券会社側についてですが、顧客預り資産が増加する一定の効果は期待できますが、その預り資産増加分をどのように取り扱うのかの社内検討が必要です。前述のとおり、証券口座に移動させても何も動かない顧客の資金もあると考えられるので、管理コストは増大します。顧客にとっては利回りゼロでもやむなしと思っている資金と考えられるので、回転売買的発想で提案活動を行っても効果は期待できない可能性もあります。つまり預り資産増

加に伴う収益の増加を確実にする営業戦略が必要であり、そのアイデアがない間は資金を受け入れてもよいことはありません。グループ戦略の場合、中核会社の推進力も必要ですが、関与する子会社に十分な態勢が整っていない状態では、逆に顧客満足度は低下します。

　ある程度戦略が稼働する前提となった場合、グループ管理会計の取扱いを考えなければなりません。銀行側は少なくともニュートラル扱いというかたちであっても、それまでの状況と比較すれば営業部店収益は減ると考えられるので、それ以上のメリットを享受する必要があります。一方証券会社側としては、銀行側のデメリットをカバーするべく、想定される手数料の一部をキックバックするかたちを想定しても、預り資産額に対する定額制のかたちで取り扱われると相当厳しいでしょう。条件が厳しいほど証券会社側は受け入れたくないという心理も働きやすいので、スキーム自体が瓦解する可能性も出てきます。とはいえ、実際に発生した手数料をベースとしてその一部をキックバックするとしても、銀行側からすれば十分かどうかは不明です。具体的な効果の検証を行ったうえで実施しないと途中で頓挫しやすい戦略といえるかもしれません。

　なおグループ戦略が前提なので、このスキームで証券会社より具体的に手数料をキックバックするのではなく、あくまで管理会計として処理することが前提になり、財管不一致の管理が必要になります。このスキームがむずかしいのは、銀行の営業部店と証券会社の営業部店からみえる効果で処理しようとすると妥協点が見出しにくいということです。銀行の負債統制戦略が隠れてしまっていて、証券ビジネス拡大が意識されやすいので、銀行ALMの安定化効果が無視されやすいということです。ALM安定化効果はなかなか数値化できるものではありませんが、本当に逆鞘が縮小する期待がもてるなら、グループ管理会計としては、預金の営業部店収益をマイナス化させ、証券会社からのキックバックは何もなく、事実上銀行内で完結させるような話かもしれません。

　このように、グループ戦略として総論的には理解できるような話でも、具

体的な個別問題を整理しようとすると消化するべき問題が多々出てきます。戦略上デメリットが生じる収益部門に対しては、なんらかの定性評価を考慮しないとモチベーション維持は困難でしょう。

第6節 RAF態勢下のデータ整備

(1) グローバルベースでのデータ集積

　連結ベースか単体ベースか、国際基準行か国内基準行か、といった前提条件の違いによって考慮するべき点は異なってきますが、ここでは最も高度化が必要である国際基準行を中核銀行とした連結ベースと単体ベースを意識しながら進めていきます。

　国内銀行において、海外業務展開を行っている過程で解決できない大きな問題は時差にあり、日本が先にその日を迎えてしまうため、海外動向をふまえた国内での当日中の収束対応は不可能です。国内営業時間が終わった後での海外動向を翌日以降に把握することになります。米国の金融機関の場合は、アジアや欧州の拠点で何か事件が起こったとしても、最終的な収拾策決定が米国時間で可能になるので、翌日にはすべてが終わっていることになります。しかし国内銀行の場合では、万一海外で何か大事件が発生し、真夜中の東京に連絡が来たとしても、すぐに正確な状況把握ができるとは限りませんし、海外時間で事態の収束を図ることができるとは限らず、欧米の金融機関と比べると1日遅れになるようなイメージになります。このため本来は欧米の金融機関以上に海外拠点統制ができないといけないはずなのですが、現実はむしろ「海外拠点がいうことを聞かない」ということが多いでしょう。その点に関しては「本当にいうことを聞かせるだけの材料を提供しているのか」ということが気になるところではありますが、少なくとも対等に議論す

るうえで、現状把握という点でのデータ整備は欠かせないことになります。

第1章第3節で触れましたが、リスクデータ諸原則対応を意識して対応してきた前提では、少なくともリスク計測や規制報告のためのデータベースは確立されているはずですが、少なくとも直近の国内金融機関をみている限りでは完全とはいえません。そこであらためて現実と理想をふまえて、どのように整理してどのように有効活用するのかを考えます。

本章第1節で連結ベースでの統制においても説明していますが、連結統制を行ううえでは、本来は各子会社から個別明細データが集積され、中核会社のほうで加工し報告することが理想です。報告における相違があった場合での原因究明はもちろん、日常的なリスクモニタリングの観点でもその迅速性で最も優れている方法であると考えられるからです。迅速性を求めると正確性に難がある場合もありますが、そこはIT対応（マンパワーによる手作業の排除）によって正確性も損なわないようにする努力が必要です。

連結ベースでの数値算出作業においてデータ品質を一定以上でキープする場合、グループ各社内での共通定義に基づいたデータ集積が必要であり、個別明細の集積ということであれば必要な識別要件を付加してデータ授受を行うこと、集計値での授受であれば集計を行ううえでの共通ルールに従って相違なく集計すること、が品質保持の最低条件です。どちらが絶対的に正しいとは言い切れず、理想形に向かっていくにあたって何を重視してどのようなデータを集めていくかという、基本的にはグループ内での方針決定の話になります。ただこの方針に関しては当然グループ内全体に及ぶので、子会社からのデータ集積において個別明細提出先と集計値提出先が混在しないようにすることが重要です。

一方、こうした個別明細と集計値の選択の自由に関しては、将来的に変化する可能性があるという点も考慮しておく必要があります。それは金融当局のスタンス次第であるという点です。国内の金融当局は現状マクロストレステストの実施可能性について明確にしておらず、実施するかどうかだけでなく、当局として検証するためにデータ提出も求める可能性があり、その内容

が個別明細になるのか集計値になるのかによって対応が変わってくるということです。

　米国ではマクロストレステストの代表例としてCCARがあり、FRBのシナリオに基づいて自己資本充実度を調査しておりますが、実は単なるストレステスト結果を提出するだけでなく、金融当局による検証が前提となっているため、元となる原データの提出が求められています。各国の金融当局がどのようなテストを実施し、どのようなデータを求めてくるかという点は、必ずしもグローバルで一致するわけではないので、国によっては個別明細がこと細かく求められる可能性があり、国内でもその可能性は考えられるということです。しかし残念ながら、そうした国内金融当局のスタンスが明快になるまで待っているというのは、時代に取り残されても仕方ないくらいの消極さとも思えます。その意味では、単体ベースであれ連結ベースであれ、データベースにはいったん個別明細が入ったうえで算出ツールをつくりあげるというのが基本的な方向性といえるかもしれません。

　仮に個別明細を集積させることを前提とした場合、図26で示すようなイメージでデータ集積を目指すのが一般的と思われます。集積させる必要があるデータをあらかじめ特定し、MISに集積されるよう自動送信されるような仕組みをつくりあげて、正しく受信されているかどうかについてシステム的にチェックをかけることで集積していく方法です。もしなんらかのエラーがあったとしても、それが重大なシステムトラブル等でない限りはT＋2、すべてが順調であればT＋1で集積完了となります。子会社等でなんらかの集計作業を行う場合は最短でもこれらに＋1日必要と考えられるため、重大な損失が発生したケースや、流動性ストレス時におけるリスク管理等では判断が遅れることになりかねません。

　しかし＋1日以上の差を埋めるためには想像以上の困難さがついてきます。自動送受信のIT対応といったIT面での整備も必要ですが、それ以上にこれまで日次ベースで取得しきれていなかったデータの整備がむずかしいということです。たとえば信用リスク管理等で使われるデータは月次ベースで

取得されているものがあり、そうしたデータもすべて日次ベースへと変更していくということであれば、日次取得するデータの特定や取得方法の検討等、大変な負荷がかかります。苦労して集積させたデータの一部には、場合

図26　リスク管理方針とデータ整備

(i)　規制報告
【①データ集積方式】

各子会社は識別要件が具備されたデータを中核会社へ渡し、中核会社がリスク計測を実施
→大きなデータベースが構築され、計測頻度や識別条件等はグループ内で共通化が求められる

【②データ（テンプレート／集積値）合算方式】

各子会社がルールにのっとって各リスク量集計値を作成し、中核会社が当該集計値を合算
→各リスク量の合算であるため、中核会社ではデータベースの整備は不要だが、正確性等を担保する必要あり（評価レートや算出基準等を合致させないと正確性は担保できない）

(ii)　海外データ集積
【イメージ図】

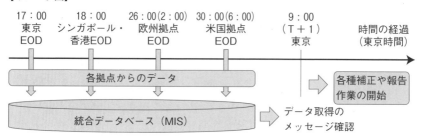

によっては、結果的に無駄なデータ集積をしてしまったという問題も出てくる可能性があります。またデータの集積量も急激に増えることで、計算処理能力も同様に引き上げる必要が出てくるため、データベースが耐えきれるのか、データ処理ツールは問題ないか等、これまであまり意識されてこなかった問題が増えることになります。

　個別明細ではなく集計値を集積させるという方法については、前述の情報取得の遅れの問題が大きいですが、別の問題としてデータ処理の共通化が実現しない（識別項目や内容の相違）という問題があります。各子会社単位で集計するので、たとえば同一の金融商品であったとしても、子会社ごとで時価の取得方法が異なる可能性や、会計カットオフタイムが異なる可能性があり、オプション取引やリスク管理での使用モデルの違いも出てくるので、異なる算出基準での集計値であるということになります。連結会計に関する社内方針とも関係する事項であり、簡単にいえば外貨取引を円換算した場合の為替換算レートも異なる可能性があるので、その誤差を正しく認識するのか容認してしまうのかを理解しないといけません[29]。

　個別明細を集積する方法では、こうした誤差が生じにくく、中核会社における評価レートによって外生的に評価してしまえばよいので、こうした誤差をテーマにした比較であれば圧倒的に個別明細の集積方式が優位になります。ただデータの正確性を保つべく会計データとのリコンサイル実施を想定すれば、リスク関連データのみが高度化しても、作業負荷まで考慮すると、それほどメリットが出てこない可能性もあります。しかしデータ整備に関しては数年後の業務運営にまで影響を及ぼすものであるため、包括的な視点でのアプローチは必要であり、縦割り組織内での狭い視野における報告や規制対応のための個別対応という発想は捨てる必要があるでしょう。そこで考えられる対処方法の1つとして、個別明細が必要なものと集計値で対応できるものの洗い出し作業をいったん行い、それに従って集積させていくというア

---

[29] リスクアペタイトの選択という点で、本来はこうした数値の整合性や正確性等に関するリスクも考慮する必要があると考えられます。

イデアがあります。

(2) 集積データに関する事項整理

個別明細を集積するにしろ、集計値を集積するにしろ、それぞれ一長一短があるためになんらかの方針決定をしておかないとグループ全体のIT統制が揺らぐことになります。実際には現行スタイルを根底から覆すことが困難であると考えれば、仮に当局スタンス変化によって見直しが将来入るとしても、現実解がどこかにあるはずです。当然それはグループ各社が使用しているシステムの制約もあれば、リスク管理方針等とも関係してくる話です。このため今後数年を見通して個別明細が望ましいものと集計値で代替できるものとに分けてみます。

表24は規制対応やリスク管理における主な項目に関して、どのようなものがアウトプットとなり、そのためにどのような集め方をすればよいのかを整理するうえでつくったイメージです。実際には規制・制度対応はかなり複雑になっているので、データ元としては同じであっても、規制・制度の内容によって必要なアウトプットが異なるケースもありえます。一般的にいえることは流動性リスクやカウンターパーティーリスクに関するようなものは基本的に日次ベースであることや、ストレステスト実施に関するものは月次レベルでも大きな支障はないと考えられるということです。連結ベースではグループ内での名寄せの問題も出てくるため、どの方法がミスなく迅速に把握できるかは重要であり、いったんグループ方針が決まってしまうと、おそらく一定の恒久性をもたざるをえないようになるでしょう。

データ面でRAF態勢を意識する場合、大前提となるのが「経営者は何をみたいのか」ということになります。リスクデータ諸原則対応でリスク管理に係るデータ整備が進んでいる国内メガバンクグループであったとしても、経営者が「リスク調整後収益をみたい」といえば、少なくとも収益関連データとの融合を図る必要が出てきます。収益に関するデータを集積させるにあたり、個別明細を日次ベースで集積させようとするとハードルはさらに高く

表24 集積させるデータの内容検討（イメージ）

項目		取得するデータ	集計単位	補足等
通常業務	規制資本関連	各項目別集計値	子会社単位	単体ベースを合算
	一般的な既往対外報告	各項目別集計値	子会社／業務／商品単位	単体ベースを合算
	各種リミット・アラーム・パフォーマンス管理	各項目集計値	子会社／業務／商品単位	単体ベースで実施
業務計画・経営管理	ストレステスト（市場）	各センシティビティーデータ（Greeks等）	子会社／勘定／商品単位	VaRやESの計測を想定
	ストレステスト（信用）	個別債務者ごと／格付ごと集計値	子会社単位	PD推計の場合を想定
	ストレステスト（流動性）	①各項目別集計値②個別取引明細	①子会社単位②連結のみ	日次ストレステストの場合は②
その他追加	データギャップ対応	個別取引明細	連結のみ	各子会社による集計は時間が必要
	システミックリスク	個別取引明細	連結のみ	各子会社による集計は時間が必要

なります。リスク調整後収益という概念を持ち出すということは、リスク管理だけでなく収益管理の集積頻度の問題が浮上し、仮に集積頻度のミスマッチがあれば、算出されるリスク調整後収益にどれだけの意味があるかわかりません。これらをグローバルベースで調整しながら整備していくことになるので、一定水準以上のレベルに到達させるには数年はかかる作業でしょう。その間経営者はどのようなデータ面での問題があるのかを正しく認識する必要があります。

　データ面での高度化ステップとしては図27のとおりであり、これからは収益関連データを含めて経営者に迅速に報告できる態勢に変えていくことが必要となります。実務運営上では経営者が気にする重要な経営指標と、その補

図27 リスク管理高度化からRAF態勢へのデータ整備

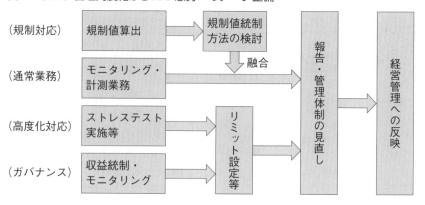

完的役割となるKPI等がモニタリング対象となり、その態勢整備を進めていくことになります。重要な経営指標がRASに必ず記載されるとは限りませんが、直接的／間接的に影響を及ぼすものはモニタリング対象となってくるはずなので、必要に応じてKPIやKRI等が社内に導入されていくと思われます。報告頻度も徐々に短縮化していく方向性であるため、経営者が気にするさまざまな指標はダッシュボード化されて日々報告されるようなかたちになっていくでしょう。

第 8 章

会社統制の近未来

最終章となる本章では、これまで述べてきた内容をまとめることを目的として、近未来はどのようなガバナンス態勢となっているのかという問題に置き換えて整理をしていきます。これまで述べてきたことを応用しながら業務運営を行う態勢を目指していくことで、近未来の会社統制における1つの理想像としてガバナンス高度化イメージをとらえやすくします。第1節では経営課題を再度確認し、第2節は目指すべき方向性について、これまで述べてきた内容のダイジェスト版的位置づけとして整理します。

 国内銀行における経営課題認識

(1)　国内特化と海外進出の選択

　すでに日本の人口は減少に向かい始めました。この事実は1人当りのGDPが仮に一定であっても国全体としては減っていくということであり、市場規模の拡大という希望がもちにくくなることにつながっていきます。地域金融機関では人口減少に伴う預金残高減少というリスクを強く意識する局面を迎え、FinTechをはじめとするさまざまな新しい試みを進めていますが、マイナス金利政策によってP/L獲得環境としてはいっそう首を絞められたような状態に陥りつつあります。

　国内基準行として業務を続けてきた国内銀行においては、P/Lの黒字が確認できている間にいま一度国内特化していくのか海外に出て行くのかを迫られることになりそうですが、問題となるのはどちらにおいても法外な初期コストがかかるということです。それは海外進出なら当該国での認可や店舗開設といった時間を含めたコストもありますが、それ以上に国際基準行向け規制に準じたリスク管理水準の引上げや報告態勢の構築といったものがあります。国内特化ということでは、単独の生き残りよりも合併による一定規模の

確保を目指すことになるため、合併準備や統廃合にかかるコストが必要になります。国家戦略として移民を受け入れ、市場規模の拡大が期待できる状況になれば話は別ですが、直近では企業存続のために人を採用するべきか解雇するべきかの結論すら出しにくいことでしょう。

　日本はとんでもない国債発行量である一方、それ以外の金融商品は品薄であるとか市場がないということが多く、たとえば米国のようにジャンク債市場があれば投資を検討するということもありえますが、そうしたものがないために、投資不適格を選択してでも円資金ベースでの運用を目指すということがむずかしいと考えられます。つまり国内だけで完結させることはむずかしく、少なくともバランスシート上は情報が少ない海外の資産を購入するようなことが強化されていく可能性が高くなります。つまり運用において明らかに不利な立場で戦わざるをえず、そうした点は意外と社内でも認識されていません。米国債売買を国内の人が行うときには、情報が少ないだけでなく、そもそも日中もなんらかの仕事をしていて、夜中に戦わないといけないという話になり、それが社内方針に従ったオペレーションであるならやむをえませんが、担当部署からすると疲労感満杯という感じでしょう。

　国内基準行の場合はメガバンクのように多くの人員を抱えているわけではないので、余裕をもった人員配置もむずかしいと推測されますが、収益獲得オペレーション1つみてみても、本当のところどれが組織にとって最もリスクが高いのかわかりません。

【国内基準行の運用で、最もリスクが高いのは？】
・バンキング勘定（その他有価証券）のトレーダーがディーリング的に日本国債の短期売買をする。
・タイトニングしてしまった信用スプレッドで、引き続き国内貸出に注力する。
・十分な情報を得られない外貨建て商品の運用をする。

よく金利上昇を経験した債券ディーラーが少ないという話を耳にしますが、1990年代の不良債権処理を経験した人もこれからは少なくなってくるので、上記のような例をみて比較をしようとしても、本当のところどれが許容でき、どれが許容するべきではないのかはみなそれぞれ異なると思われます。直近の状況としては、どの方法でのリスクが高いということよりも、赤字回避のためにすべてやらざるをえないということで、もはやリスク対比のパフォーマンスを求めるような次元ではなくなりつつあると推測されます。

(2) 内部状況認識と経営高度化への課題

　国内金融機関の場合、不良債権処理を行っていた1990年代において給与水準が高すぎるとの批判が相次ぎ、公的資金投入に伴う経営健全化計画において人件費面も見直され、以降他業界と同様、実質賃金が上がりにくい状況が続いています。欧米金融機関はサブプライムや証券化商品等のクレジット市場への資金流入によって浮き沈みを経験しましたが、国内金融機関は対岸の火事的な部分もあって、株価下落や景気低迷ということはあっても、クレジット市場の崩壊そのものの影響は全世界的にみると軽微であったといえるでしょう。

　これはある意味で国内銀行の真面目さというか、ハイエナ的な収益のあくなき追求の精神が弱かったことによるラッキーな部分であったのでしょう。データ整備に関しても（最近はともかくとして）勘定系との接続を意識してきたことで、総じて統制がとれないほどの発散はしていないという点は指摘できます。つまり1990年代の不良債権処理をはじめとする過去の経験や業務運営上の伝統的手法を生かすという点で、ある意味比較優位があるという考え方もできます。近年公表されたさまざまな規制は「本業に回帰せよ」「当たり前のことは当たり前としてできることを求める」という精神が強く出ている印象であり、規制内容そのものは（グローバルで見渡せば）不利な状況に追い込まれたとはいえないと考えています。しかしこれまで培ってきたさまざまな文化や精神は、必ずしもすべてがよかったとは言いがたく、護送船

団方式とまではいわないまでも、経営の独自性を進めていく推進力には欠けていて、何かあるとすぐに他社状況を聞きたいという気持ちが前面に出やすい文化が色濃く残っています。RAF態勢構築に関しては独自性が求められるので、横をみて納得できるかではなく、自分を顧みて納得できるかの発想が重要です。もちろん自分を知りたいから周囲をみる必要がありますが、社風も異なれば顧客も異なり、保有しているポートフォリオも異なるので、やはりそれは参考にしかなりません。

　市場部門でディーラー経験がある方であれば容易に想像できると思いますが、よく他社動向ばかり入手することに注力して、ひどい場合には「○○銀行が買っているから買う」というオペレーションをする人がいます。経験がない人からすれば「マクロ経済指標をはじめとするさまざまなファンダメンタルズを気にしなくていいのか」と思うはずですが、真偽のほどもわからないそうした情報だけで「国内市場は需給要因が大きいから」と片付けてしまうことがみられます。それでうまくいかないときは担当商品以外の相場の話をして「ここは売りだったよね。思ったとおりだ。やれれば儲かったのに」というような発言をして、担当商品における運用手法を磨こうともしないようでは論外です。そこまで周囲を意識するならそれこそ複雑な規制をすべて紐解き、横軸で関連性でも洗い出してくれればよいのですが、他の人がやらないことに対して前面に出ていくことをやろうという人がきわめて少ないというのが、企業運営上のメリットでもありデメリットでもあるでしょう。国内金融機関は「下手なことはしない、本業重視」ということではどの国の金融機関よりも得意かもしれません。では、こうした内面的な傾向をふまえつつ、国内基準行と国際基準行に分けて課題を整理していきましょう。

(3)　国内基準行の場合

　国内基準行においては、基本的に地域密着型の業務運営を強く意識してきたので、複雑な商品の取扱いは総じて少なく、大口貸出先のデフォルトリスクはあるものの、市場性商品での大幅な損失発生は起こりにくいかたちであ

るということが前提条件です。資金利鞘の縮小に伴ってこうした前提条件からずれてきている可能性はあると思いますが、高度なリスク管理態勢が構築されているわけでもないので、大きく資本を毀損させる可能性がある商品は回避していることが発射台であるべきです。

　その発射台が実現されている前提条件で、周辺環境を照らしてさらに話を進めます。マイナス金利政策の影響が負債サイド（あるいはP/L全体）にどのような影響を与えているかにもよりますが、複雑なデリバティブ取引等もほとんどないと考えられるため、マイナス金利政策の進行はALM全体に関する損失発生まで意識させることになります。運用商品がシンプルであることや業務をあまり多様化させないということは、期待収益は小さいかもしれませんが、その分リスクを小さくすると考えられます。仮に負債側が０％フロアのままでマイナス化が進捗しない状況下では、負債残高調整ができる場合はともかく、できない場合には、損失回避のために投資不適格等も意識した運用対象拡大による資産の質的劣化に向かうことになり、リスク管理の高度化が必要になってきます。

　国内運用商品ではなく海外資産保有の拡大を志向する場合、メガバンク同様、外貨ALMの構築を意識する必要が出てきますが、ここで留意しておきたいことは「預金顧客が外貨預金へのシフトに応じてくれるのか」という点です。地域密着型金融機関の顧客であればその感応度も低い可能性があり、外貨ALMの構築がなかなか進まない可能性があります。顧客の年齢層や地域にもよると思いますが、顧客の外貨運用という動きが鈍い場合には、資産側のみ外貨にしてもミスマッチが生じるため、投資不適格を含めた円資産のリスク統制と、資産／負債の通貨ミスマッチに関するリスク統制においてどちらが得意なのかを考えておく必要があります。

　業務や取扱商品がシンプルであることは相応にメリットがあり、従業員数が少ないという点では１人当りの業務のカバー範囲が広めになるので、比較的横軸発想をもちやすいということもよいといえます。これまで持ち合わせてきた横（他社）を意識する文化が、国内商品におけるリスク分析に役立つ

ということであれば、投資不適格である円ベースの商品も統制できる可能性があります。運用ノウハウとリスク管理は同時並行的に進化する必要があり、まずは得意分野で注力業務を選択することが理想です。

1点留意点があるとすれば、今後国内基準行のなかには国際基準行化する金融機関が出てくるかもしれません。利鞘縮小や人口減少をにらんで海外に出て行く選択をする可能性は十分にあり、（初期段階はともかく）国内基準行と国際基準行による統合が徐々に進まなくなる可能性があります。国際基準行化するにはそれなりのリスク管理高度化も規制対応も必要になるので、国際基準行からすると、その水準引上げコストを追加的に捻出することがむずかしくなると考えられるからです。規模の経済性等の合併効果が大きいと判断できる場合はよいですが、ディフェンシブな統合ではこうした問題も見据えて判断していくべき局面にきていると思われます。

(4) 国際基準行の場合

国際基準行といってもメガバンクと地域金融機関では海外での業務展開の程度としてかなり開きがありますが、本来はその業務拡大範囲に関係なく、ほぼ同水準のリスク管理が求められるという点がポイントになってきます。規制・制度対応という点で、たしかにG-SIFIsとそれ以外で対応するべき範囲に開きはありますが、ステークホルダーからの信頼獲得という点では、G-SIFIsとその他国際基準行において求められるものが大きく異なるとは考えにくいでしょう。

国際基準行における課題を探してみると、リスクと収益の融合が進んでいないデータ面でのもう一段の整備が必要である以外に、これまで抜け落ちてきている業務運営上の課題を致命的なものにしないということでしょう。異なる文化や異なる通貨でビジネス拡大をねらうことが前提となるため、全通貨ベースでのさまざまなリスク管理が必要であり、また収益確保もどの通貨ベースなのかを明確にする点がスタートです。海外展開における進出方法も支店なのか子会社なのかによって統制方法も異なってくるはずであり、規制

報告を含めて、単体ベースだけでなく連結ベースでの統制方法も整備を進めていくべきでしょう。国際業務展開をしている欧米の企業では、たとえば自国において銀行免許をもっていると、規制値算出における連結ベースでの算出定義の明文化等が行われているケースがあります。マニュアル化して連結対象会社に配布して周知徹底を図っていますが、国内メガバンクグループであってもまだ算出定義がクリアになっていないケースが散見されます。マニュアル配布されることで概念の違い等を親子間で確認できることもあるはずですが、グローバルベースではこうした点ではやや後手に回っている可能性があります。

RAF態勢においては、本来計測しにくい業務運営上のリスクも意識されるはずなので、会議体等の意思決定機関においては、適切な問題提起と意思決定が必要になります。リスクとリターンを意識した業務運営を行うのであれば、たとえばリスク管理が不十分な状態で当該運用商品を投資対象として認めるかというようなことです。何ができて何ができないのかを明確にし、できていないことによるリスクがどの程度大きいのかを経営判断するということです。商社における海外業務展開では、国内金融機関が通常もちえない発展途上国向けカントリーエクスポージャーや資源開発に関連するさまざまなリスクに関して、その時点でヘッジツールがないものであっても意思決定が行われています。収益確保がむずかしくなる環境下において、リスク管理がパーフェクトになる状態まで投資を待っていては遅いかもしれません。もしプライシングや時価把握への不安があるなら、それを明確化したうえでの経営判断が必要です。

リスクカルチャーに関しては、第5章において議論を活発化させることが重要であるという話をしましたが、外部環境だけでなく、内部管理上の現状把握も重要であり、それをふまえた意思決定が重要です。内部管理が不十分である事実を知らないで意思決定することは論外ですが、経営者がとるべきリスクととれないリスクを意識するためには、できていないことをよく知ることも大切であり、できていないからすべてを諦めるのか、スケジュール化

してリスク管理水準をあわせていくのか、ということを従業員が勝手に判断する必要はありません。現状を正しく認識できる材料をそろえて、そのうえで意思決定が行われるのであれば、決して間違ったガバナンス態勢とはいえないでしょう。

第2節　会社統制の将来像

(1) リスクアペタイトと経営計画

　銀行におけるリスクアペタイトの選定というものを整理しやすくするには、直近の姿をベースとして注力するべき業務でのリスク量やパフォーマンス期待を測るという考え方よりも、まずは理想像から逆算していく発想でとらえ、業務計画や中期経営計画において必ず織り込まれるべきものという考え方をしてみましょう。

　第7章第4節のマイナス金利政策の影響を振り返ってみると理解しやすいと思いますが、マイナス金利政策におけるALM運営では、負債側コストの下方硬直性に対して資産側の運用利回りが徐々に低下していくことで資金利鞘が減少していくことを示しました。資金利鞘縮小による赤字回避という経営戦略を考えるのであれば、一義的にはプラス利回りとなっている運用商品への投資を検討することになり、プラス利回りの商品がなければ負債を減らすことで逆鞘となる部分を最小限に抑えるバランスシート調整を実施するか、手数料収入増加戦略を実施するという方法以外に対処方法はありません。

　こうした話を切り出したのは、知らず知らずのうちに「さらにプラス利回り商品が減っていく」ことや「企業運営上でのコスト割れによる赤字発生」ということを予測しているということであり、プラス利回り商品に投資をす

るという行為は赤字発生回避という絶対的な命題をクリアするための手段となっています。この文章だけでは具体的な運用商品は特定できませんが、「運用利回り≧調達コスト＋業務運営上の経費（＋リスク見合いの資本コスト等）」が成立するものはすべて候補になり、その候補のなかから投資対象商品が選定されることになります。赤字回避という大命題があって投資対象が選定されるという行為はリスクアペタイトの概念に通じるものであり、既存のポジションを前提に物事を考えてもなかなかゴールにはたどり着かない話になってしまいます。マイナス金利政策における重要な経営課題として赤字回避のための施策を前面に出すのであれば、運用において絶対利回りはいくら必要という数値が社内で検証されて、具体的な投資対象商品が決まっていくと想定されます。購入後は一定期間保有することによるキャリー収益もしくは短期保有によるキャピタルゲインをねらうということなので、どちらに比重を置いてねらうのかは新年度期末ポジションに反映されるはずです。これはいわば売買目的有価証券なのかその他有価証券なのかの区別にも関係してくるので、担当部署や準拠する会計制度も明確になります。

　赤字回避という大命題は、残念ながら理想像追求型ではなく、むしろ業務運営上の制約条件に近いことから、積極的なリスクアペタイトとはいえないですが、前向きなリスクアペタイトを想定する場合でも、基本的には理想像があって、その理想像に近づくためにポートフォリオ入替え等の作業が発生すると考えられます。たとえば「5年かけてアジア諸国における貸出残高を30％伸ばす」といったような内容です。こうした経営目標は間違いなく経営計画に織り込まれるべき内容であるため、中期経営計画における最終着地した姿をまずイメージし、そこに至るまでの途中経過を単年度業務計画に落とし込む方法を考えていくというのが、筆者として考える近未来のコーポレートガバナンスの前提条件です。

(2) RASと重要な経営目標

　RAF態勢上欠かせないRASですが、経営者としてのコミットメントとい

う位置づけ、企業組織をひとまとめにするスローガン的役割、といったRASの目的をどのようにとらえるのかはとても重要です。リスクアペタイト・ステートメントですから、本来の意味合いとしては、資本が必要となるようなさまざまな収益獲得機会に対する姿勢を示し、会社組織の資源投入の度合いも含めて示すことであると考えられますが、ステークホルダーと交わす約束は収益機会に対する資源投入だけでなく、経営の安定性や配当の高さといった要素が含まれてくるため、それを実現させるためのコストカットや格付維持のような話も重要な経営目標として位置づけられます。国内銀行の場合は、ディスクロージャー等で経営トップの挨拶は掲載されておりますが、「ROEで○％以上を公約します」というような話はなく、経営計画等で公約ではなく目標として説明されることが多いでしょう。ひと昔前に比べると経営計画関連資料も膨大な量になり、きちんと読めば方向性も理解できることもありますが、全般的に経営の方向性や特色はとてもわかりにくいという難点があります。

　もしRASにおいて、その本来の意味ではなく重要な経営目標という範囲を広げるような使い方をすれば、少なくとも経営上目指すポイントは理解しやすくなる可能性はあります。もちろんRASと重要な経営目標については位置づけが異なるようにしていてもよいでしょう。適切に使い分けができるのであれば大きな問題が生じることもないと考えられます。それよりもRASであれ重要な経営目標であれ、会社の方向性を示すという点では共通するので、策定においては十分留意するべき点があります。理想的には「シンプルで、かつ、絶対的・恒久的なもの」であり、社内外でRASや重要な経営目標をすぐに理解できることが重要です。複数掲げることも問題ないと思いますが、その内容が矛盾しているようでは論外です。また数値目標を示すことも理解しやすい点ではよいですが、基軸となるものがはっきりしていないと矛盾してしまう可能性があります。

　端的な例として、バーゼルⅢの3つの規制値に目標設定したとします。「自己資本比率は各段階適用での最低所要自己資本比率＋2％の実現、レバ

レッジ比率5％以上の維持、LCR120％維持」といった内容です。経営者としては経営の安定を図るうえで目標設定すると主張するかもしれませんが、バーゼルⅢのそれぞれの規制は何かを引き上げようとすると他の数値が悪化する可能性があるので、何を目指しているのかわかりません。経営の安定化を目指すのであれば、そうした規制値も間接的に影響するであろう「自社格付の格上げや維持」のような目標を設定するべきですし、むしろ格付のほうが収益獲得の要素も組み込まれるので、業務運営上の制約条件をクリアするという目標よりもはるかに正しい考えです。ただ格付も単なる第三者評価という言い方もでき、規制に対する数値目標のほうがクリアであるという考え方もあるでしょう。このように意見が割れる可能性があることは、つまりシンプルでわかりやすいだけでは不十分で、絶対的なものが必要であるということです。規制値と格付の比較においては、同業他社がみな遵守する業務運営上の制約条件と、なんらかの収益獲得という要素が加わった総合力的発想の比較であり、ここで重視する観点は会社の方向性を示すというものなので、「制約条件をクリアします」では方向性がわからないということが色濃く出るということです。これをRAFの観点で考えてみると、どこに資源配分するのか何もみえないので、重要な経営目標であればよいですが、RASには不向きです。

　RASを策定し運用していくためには、このように頭を整理してふさわしいものとふさわしくないものを正しく選ぶことが重要です。そのため策定までのアプローチとして、時間軸（短期／中長期）、バランスシート構造（ポートフォリオ入替え、外貨割合等）、収益構造（リスク／リターン分析やフィー収入割合等）、業務効率性（所要コストのカットや資本効率性、人員配置等）といったようなさまざまな観点を交えて絶対的なものにしていく工夫をしていくべきです。

(3) RASとKPI

　理解しやすいRASは組織内で意思疎通もしやすく目標もクリアですが、

実務運営においては留意事項が出てきます。RASそのものは取締役会決議事項ということであり、ステークホルダーとも共有されている前提事項という位置づけであるため、無謀な数値目標等を置くことで変更事由となったりすると風評リスクにつながる可能性も出てきます。しかし経営者の立場とすると、経営者なりの視点で重要だと考える指標のようなものがあっても不思議ではなく、また規制値をクリアするという制約条件があるなかでは、気にするべき数値というものが出てくる可能性は十分あります。

　個々ではそれぞれ特質があるにせよ、RASとして掲げられる内容はある程度の恒久性が必要であり、その恒久性が維持されることが業務運営を持続させることでもあるので、RASだけでは内部統制面で項目的に不足することが想定されます。そこで実務面ではKPIやKRIといった内部管理上の指標を使ってモニタリングをし、業務運営を補完していくようにする必要があります。

　ある年度における収益全体の目標が1,000億円である場合において、仮にRASで全体収益を掲載する場合と部門別まで掲載する場合を考えてみましょう。業務計画の精緻化が進み、部門別収益目標額に妥当性があるものであればそれほど心配することはないかもしれませんが、収益確保のためのポートフォリオにはインフレ資産やデフレ資産が入り混じっており、すべての部門で前年度比＋5％ということは非現実的想定であって、環境的にうまくいきやすい部門と苦戦する部門が生じるのがリスク分散を目指したポートフォリオです。増えるところは増え、減るところは減るという明確化がなされている目標設定であれば実現可能ですが、妥当性を検証していない限りはRASの掲載内容に抵触する事態が発生する可能性が高まります。部門よりもさらに小さいチームに至るまで詳細なものになればなおさらです。業務運営上の重要度にもよりますが、個別収益目標的なものは明確にKPIのような内部統制用の指標でモニタリングするべきであり、RASには不向きです。前節のように経営者の意図を前面に出すことは重要ですが、細かすぎるのは逆にRASには不向きになるので、RASの設定作業と内部管理においては適

切にRASとKPIの使い分けを行うべきでしょう。

(4) バランスシート構造とコスト算出

　RAF態勢構築を正しい方向で進めていれば、リスクアペタイトと中期経営計画や単年度業務計画には関連性があり、それがバランスシートの構造にも関係してくるはずです。想定されるバランスシートは、前述のとおり、理想像を追求し実現した姿であり、直近の状況ではありません。期中のさまざまな環境変化等を考慮して、想定されている姿が実現不可能となったら計画変更を余儀なくされるという考え方であり、大きな変化がない限りは想定する姿が実現に向かう前提で物事を進めていくことになります。

　仮に直近時点をスタートとして未来予測をするという一般的な方法を考えてみましょう。結果的に理想像が実現すればよい話ですが、おそらくそれは偶然の一致の可能性が高いと考えられます。これまでの国内金融機関の業務運営方法を顧みると、そもそもゴールイメージが不明瞭であるケースや、バランスシートと収益目標に関連性が欠如するケースが多くみられ、環境に助けられたり含み益を吐き出したりして生き延びてきたケースも多かったはずです。リスクアペタイトの明確化は広い意味でのゴールイメージの明確化という考え方もできるので、RAF態勢が機能し始めると不明瞭さがなくなり、ゴールイメージと実際の着地の差異がはっきりするはずです。それにもかかわらず、計画策定のベースに関して直近時点を想定するということは、本来悪意がなくても、ゴールイメージをあえて不明瞭にしているという感覚が生じてきます。また、バランスシート構造から生み出される期待収益という考え方をしてこなかったことがこれまでのバランスシートと収益目標のミスマッチを生じさせており、収益目標のベースが前年度実績ということがさらにミスマッチ解消を遅らせる要因になります。

　次にコスト面に関する実績値と予測値の意味合いについてです。ここでいうコストとは、業務運営に不可欠なすべてのコストを指します。ポートフォリオの入替えを仮に行ったとしても、コストが劇的に変化するとは考えにく

く、新規業務によるポジション変化がある場合は見積もればよいでしょう。前年度実績±αというα部分の調整も、予測値からの算出も、結果的に大きな差が出てくるとは考えにくいですが、後述する「コストを転嫁する」という観点で考えた場合、実績値と予測値では意味が異なってきます。

　収益部門の立場で考えると、仮にそれがITをはじめとする業務上やむをえない話であっても、事後的に転嫁されるコストがあれば、それを取り返そうとしても、さらにそれ以降のオペレーションでしか反映できません。たとえば信用リスクの期待損失相当分や非期待損失相当分にかかるコストを事後的に転嫁しても、実行ずみの貸出における条件変更は困難なので、部門収益の落込みを回避するという理由で次回以降の案件に織り込まざるをえません。仮に実績値から計算されたものであったとしても、計画策定段階で必要なコストとして一定額を見積もる以外に方法はなく、収益部門のオペレーションに必ず反映させる努力が必要です。たとえメド値であるとしてもプライシングに反映することがまず大切で、さらにある程度の正確性をもちつつコストを確実にまかなうことを目指すのであれば予測値でのアプローチがよいと考えられます。

　コストに関して重要なことは、予測の正確性の問題もありますが、それをどのように分担するのかです。かかるコストを取り返すことができるのは収益部門になるので、収益部門に転嫁するべきコストを把握し算出できているかということです。直近で転嫁しているコストの合計がすべてのコストになっていなければ、織り込まれていないものがあるということなので、まずは織り込むように徹底することが必要です。各収益部門への公平性をどのように保つのかは決して簡単な話ではありませんが、先ほどの信用リスクの例を考慮すると、個別先や個別案件レベルから調整していくとまかなわれていないコストがあるということにたどり着くことがありうるため、コスト配分を考える場合は全体からスタートするほうが合理的です。そして収益目標設定段階では転嫁されるコスト見通しも同時に示しておけば、自社が置かれている状況も収益獲得ターゲット（取引相手や取引条件等）も理解しやすくな

るでしょう。

(5) 収益目標設定

　業務計画の精緻化における最大のポイントは、リスクアペタイトを織り込んだ新年度期末時点のポートフォリオをイメージし、そこに至るポートフォリオ入替えをふまえたバランスシート構造と、具体的なオペレーションの追随による収益獲得です。その意味では収益目標設定は従来の「前年度実績±α」という発想ではなく、新年度期末時点までに実現するポートフォリオから生み出される期待収益の発想を取り入れることであり、目標を達成させるオペレーションを収益部門にイメージさせるということです。つまり業務計画策定の前提条件を収益部門と必ず共有すれば、直近とのギャップを把握できるので、何をすれば目標に到達できるのかが明確になり、焦点を絞った収益獲得オペレーションを可能にします（図28参照）。

　シミュレーション等によって、業務運営上の制約条件をクリアできる確認をしている前提で、リスクアペタイト（ないしは重要なポートフォリオ変更）を反映したバランスシート構造に対し、想定するシナリオに基づく新年度期末のフォワードレートを示すということは、内外の環境を織り込んだターゲット水準を示しているということです。従来の方法のように、既往ポジションと直近イールドカーブを掛け合わせても、将来を見通すものではないので、収益計画も実績値をみるという選択になりがちです。一方、市場実勢もバランスシートもすべて将来の完成形からスタートしていくと、計画に沿っている限りにおいて、コスト予測もリスク量予測も見通すことができます。

　こうした業務計画の策定根拠を収益部門と共有すれば、収益部門は期中のさまざまな局面において計画との差異を意識することになり、その発生理由を分析せざるをえません。しかし従来の方法では、何をやれば目標が達成されるのかが不明な状態で進むので、「（本当の理由はともかく）目標がきつすぎた」という言い訳も成立しうるのです。

図28 業務計画・収益計画の現在と未来

2016年度の業務計画を策定する

〈従来の方法〉

基準となるバランス
シート
：2016年3月末時点

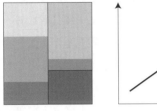

基準となるイールドカーブ
：2016年3月末時点

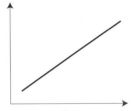

基準となるものが直近期末時点
で、収益計画も前年度実績を
ベースとする考え方
→ポートフォリオとイールド
カーブを掛け合わせても期待
収益にはならない

〈将来〉

基準となるバランス
シート
：2017年3月末時点
（予測）

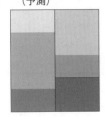

基準となるイールドカーブ
：想定シナリオにおける
2017年3月末時点
（フォワードレート）

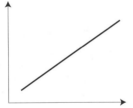

基準となるものがすべて新年度
期末時点として期待収益を算出
する考え方
→ポートフォリオとイールド
カーブを掛け合わせることで
期待収益のイメージが完成

　収益計画の全体像をこうしたかたちで見通すことができれば、目標設定自体はポートフォリオ分解を行って分担を決める作業になります。既存のポジションがリスクアペタイト（ないしは重要なポートフォリオ変化）を反映してどれだけの差異があり、それに対して新年度収益目標がどのように変化するのかが把握できるようになるので、期中の重点項目がわかりやすくなります。究極の理想としては取引先別／ポートフォリオ別の内容に至るまでの新年度期末着地予想がつくられることであり、ローンポートフォリオのように入替えがなかなか進まないことであっても理想像に近づく可能性が広がります。

(6) リスク調整後収益と部門評価

　収益獲得の理想形としては、まかなうべきコストをすべてまかなったうえでリスクと合致する収益が期待できることであり、収益部門としてはその実績に応じた報酬が得られることが理想です。これまでの話を実現していれば、まかなうべきコストは転嫁されていて、目標達成のための羅針盤もあるという状況になります。しかしコーポレートガバナンスの現状をかんがみると、報酬制度の話に至る前に、リスクとリターンの関係を整理したうえでどのような部門評価をするのかを決めておく必要があります。そこでまず考えなくてはならないのが「リスク調整後収益をどうとらえるか」という問題です。

　リスク調整後収益を考えるにあたり、収益をどう定義するのかが問題になってきます。前節の収益目標設定とも関係する話ですが、国内財務会計に従った収益なのか、別途管理会計として定める収益なのかは重要で、バンキング勘定においては大きな相違があります。仮に財務会計上の収益（P/L）をリスク調整後収益における収益と定義したとすると、その他有価証券の評価損益は含まれない話になります。実現損益しか追いかけなくなる可能性があり、万一収益目標も実現損益のみで評価するということになると、担当部署は保有できる限度までロングポジションを増やせばよいことになり、その後の市場実勢変化による評価損拡大があっても関係ないということになります。しかしその他有価証券の評価損益は国際基準行において自己資本比率算出に影響を与えるので、P/Lとは直接関係がないといっても、無視してよいものではありません。もし特定取引勘定が同じことをすると、下手をすればロスカットルールに抵触するような事態かもしれません。これを回避する策を考えるのであれば、財務会計上のP/Lで評価をするということではなく、別の方法を考える必要が出てきます。

　管理会計を高度化させるうえで、財管一致という話が時々出てきますが、バンキング勘定ではもはや財管一致をさせるとリスク管理上はとんでもない

事態が起こりうるということを意味しているので、財務会計上の収益ではなくリスク計測上のパフォーマンスとして考える、つまりリスクベースでの社内統制を考えることが重要であり、結果として財管不一致が発生してもやむをえない（というよりも、管理会計は組織運営上、向かせたい方向への力を誘発させるためにあるものと理解する）前提で考えていきます。

　銀行がAccrual会計を行っていくことにおいて、理解しにくい点は時間軸（デュレーション）の概念が弱く、結果的にリスクとリターンが結びつきにくいということです。負債側の総コスト（たとえば0.2%）に対して必要経費を加えた運用利回りターゲットが1.0%とすると、市場部門はともかく、貸出部門はリスク量がどれくらいなのかがわからないので、貸出期間が5年でも7年でも、1.0%を超過していれば問題ないという判断をしがちです。理屈のうえではもちろん貸出期間が長くなればリスクも大きくなることは理解しているでしょうが、1年違うことでどれだけ違うのかといったことは部門にとってあまり重要ではないので、デュレーションコントロールがむずかしくなります。ということは現実的にそのリスクを体感させる工夫があってもよく、その方法の1つが擬似的時価会計での部門評価になります。常識的に考えて、リスク管理の発想はAccrual会計ではなく時価会計に近い発想なので、デュレーションを意識させるために擬似的時価会計というものを考えるということです。

　貸出部門にとっては、新規で貸出をするというだけでなく、既往案件の保全管理もあれば延滞先管理もあるかもしれません。延滞解消や保全強化も加えた正しい営業活動と実績があれば、それを正当に評価することを考えた部門評価方法が必要です。このため計画策定時において延滞債権であれば、それをゼロとしたかたちで目標設定し、延滞解消によるキャッシュインがあればプラス評価になるようにします。保全強化も同様にLGDが改善するはずなので、その分プラス評価が得られることになります。そしてメインとなる新規案件やロールオーバー等も含め、残存期間をすべて勘案した期待キャッシュフローを想定し、一種のアップフロント化のかたちにします。

重要なのはデュレーションを勘案するので、期中において市場実勢変化とともに評価損益も変化する考え方を導入し、これによってリスクを体感させることを目指します。貸出部門は評価損の発生を回避したいため、クレジットスプレッドの市場実勢をみていくことが求められます。つまり環境変化に敏感にならざるをえず、そのうえで目標達成を目指すため、想定シナリオ（フォワードレート）が重要性を増してくるのです。期待収益や期待キャッシュフローはすべてアップフロント化されるので、デリバティブをつけてもつけなくても違いはありません。一般事業法人におけるデリバティブ取引は特例処理に基づく取組みが多いので、IFRSへ移行する場合には一体処理扱いになり、実質的には無意味です。むしろ財務会計上の収益前倒しを必要以上にやらなくなるというメリットも生じます。

擬似的時価会計という概念は、運用で得られるすべてのキャッシュフローを考えるのではなく、収益部門が管轄するスプレッド部分のみ勘案するということから擬似的という言葉を使っています。資金調達コストや必要経費等を差し引いた信用スプレッド＋超過収益に係る部分にデュレーションを勘案したかたちにし、信用スプレッドの市場実勢変化による評価損益変化をモニタリングしていくことを目指します。ねらいとしては、信用スプレッドの市場変化に敏感になること、想定シナリオとの乖離を意識させること、評価損益（＝部門収益）変化がボラタイルになるために金利条件や保全条件等に配慮するようになること、といった点があげられます。市場実勢変化を考慮するということは期待損失にかかるコストが自動的に勘案される効果があるので、非期待損失（≒所要資本配賦額）に関する資本維持のための総コストをあらかじめ明示しておけば、資本コストをまかなうことも考えやすくなります。

(7) 環境認識の共有化

業務計画策定において、リスク管理部門は想定するリスク事象をマッピングすることが行われるようになってきましたが、収益獲得という観点におい

てその環境認識はまだ十分共有されておらず、せっかくの作業がそれぞれ独立してしまって相互に機能していないと考えられます。そのため業務運営に関する環境認識の共有化を目的として資金繰り逼迫度区分を応用します。

資金繰り逼迫度区分は資金調達における環境認識として、調達の困難さを3～4段階程度に分類し、正常な状態、若干懸念材料がある状態、危機的状況といった判定をします。当然収益獲得においても正常な状態、懸念材料がある状態、きわめてきつい状態があるはずで、それぞれの要因（可能性）を整理して判定項目として共有化することを目指します。

資金繰り逼迫度区分における判定項目は流動性リスクに関する環境認識ですが、収益獲得を含めた全体運営という観点では資金繰り逼迫度区分にはない判定項目が必要になり、マクロ経済指標の変化等が加わってくるため、対象項目は少し広範囲になります。こうした判定項目を設ける意味としては、以下の点があげられます。

・特に収益部門に対して、部門収益目標あるいは収益獲得の周辺環境の厳しさの程度を認識させる。
・他部門の状況によっても影響を受け、部門収益目標の期中変更可能性をいち早く察知させる。
・リスクマップを通じてその影響度もいち早く共有化できる。

重要なことは業務計画の変更や想定シナリオの変更であり、目指してきた着地点が期中において変更になる可能性をどうやって察知するかです。情報の共有化がすごく進んでいて、環境変化については黙っていても共有化され、オペレーションに反映されていれば、わざわざ指標化する必要はありません。過去何度も起こってきた「貸出が伸びないため市場部門に収益プレッシャーがかかる」という事態に対し、市場部門が事前察知できず、ポジションを増やすどころか減らしてしまっていたということでは、計画値から乖離しやすくなる問題があるだけでなく、それ以上に追加オペレーションが失敗

した場合の責任の所在もあいまいになりがちです。特にバンキング勘定において重要なことは「組織決定オペレーションというものをどのように機能させるのか」ということであり、組織として共有されている事柄から逸脱して失敗したことは部門責任ですが、共有化されているなかでオペレーションを行う部分での失敗は組織の意図に基づくものなので、経営判断ミスということになります。原因と責任の明確化、あるいは共通認識をもたせるための方法として収益獲得あるいは業務運営上の環境認識の導入は十分検討に値するでしょう。

(8) リスクカルチャーと議論の活発化

　RAF原則ではリスクカルチャーに関する事項があるものの、企業風土が1日にして成熟するわけがないことを考えれば、頭ごなしに上から押さえつけて勉強しろといっても備わっていくとは考えられません。相手を知るにはある程度の会話が必要であるのと同様、組織内での意思の共有には一定の議論が必要であり、会議体での事務局メンバーにとっては議論しやすい資料や題材の提供が求められます。会議が多い企業は進歩しないという話もありますが、おそらく有意義ではない議論をしてまとまりのない終わり方をすることが多いために出てきている話であり、企業を正しい方向で前に動かそうという意思をもった議論であればだれも無駄だとは思いません。

　有意義な議論をするためには、テーマを絞って簡略化することと、参加メンバーが同じ土俵にいることが重要であり、配布資料もわかりやすくする必要があります。たとえば為替相場の話をするときに、問題提起として「ドル―円はどちらに動くか」と聞く場合と「今日の東京時間でのドル―円はどちらにどれくらい動くか」と聞く場合では、聞かれたほうとしては返答内容が当然変わってきます。特定化して追加された内容は時間軸と変動幅です。もしオペレーション決定のための会話であるとすると、追加された2つの観点はきわめて重要です。ディーラーはきわめて自分勝手な部分もあるので、単にどちらに動くのかと聞かれてドル高だと答え、実際に数日後にドル高に動

けば「いったとおりだ」と自己主張します。ひどいディーラーであれば、いったんすぐに1円円高になって、数日かけて1円20銭円安になっても「いったとおりだ」と言い放つ場合もあります。しかし「今日の東京市場で」ということが示されていればとんでもなく外れた相場観であることは否めません。

　テーマを絞るということは議論を深くすることが可能になります。RAF態勢という前提で組織運営上重要な会議体（ALM委員会やリスク管理委員会等）では、最終的に決めることは「想定シナリオ（あるいは業務計画）を変更するべきか」であり、その判断材料となる資料をリスク管理部門等が提供する一方、参加メンバーはそれぞれの立場や感覚で維持か変更かの意見とその理由を話していけば、最終結論は必ず○か×になり、仮に△があるとしてもそれは次回まで見極めということになります。収益部門が収益獲得や部門目標達成のためにそれぞれが意見をいうことになり、環境認識をふまえた意思決定が行われることになります。

　筆者としてはRAF原則に従ったリスクカルチャーの醸成に頭を抱えるよりも、まずは情報共有と議論の活性化をどうやって実現するのかに注力するほうが得策であると考えます。そもそも金融業とは「金融市場の変化を把握するだけでなく、変化のなかで生きていく業種」というものですから、周辺環境に関して何も感じず、自分の意見すらいえないようでは相当根が深い問題です。しかし組織運営レベルとしてとらえると、そのような従業員がいたとしても、意見をいいやすくするきっかけづくりにはさまざまな工夫が必要です。

(9) 業務分掌見直し

　理想のRAF態勢を構築していくとなると既往の各部門での業務分掌見直しが必要になります。これまでの業務計画策定での問題点の1つに収益目標の妥当性検証という発想がなかったことがあげられ、前年度実績＋気合と根性による5％の収益アップがまかり通るようなかたちでした。新年度期末時

点を見通して未来から逆算するアプローチを主張していますが、現実的にそれを可能にする業務分掌が必要であり、現状の組織割りで考えた場合、負荷がかかりやすいのはリスク管理部門でしょう。リスクと収益を融合させて考えるには、収益管理を行う企画部門とリスク管理を行っているリスク管理部門の間で分掌変更が必要になります。同時にリスク管理で予想損失額を算出することができていても、期待収益を算出するという発想も現状持ち合わせていないので、発想の転換が必要です。

　組織における業務分掌を考える場合、どの部門においても中核的な役割というものがあります。企画部門は会社をよりよい方向にしていくために物事を考えるのが重要で、計数取りまとめをすることが主ではありません。リスク管理部門は常に牽制機能を意識しながら客観性をもって企業運営を管理する役割を担っているはずです。そのように考えるとリスクと収益の融合に関するデータ集計作業はリスク管理部門が担い、どのようにして儲けるかを考えるのは企画部門がふさわしいでしょう。情報共有やデータ共有はITを駆使することや会議体で議論することでカバーできるはずであり、本来の役割を超えた作業負荷の発生はなるべく回避するべきです。またリスク管理部門はすごく作業負荷がかかってきますが、一方でリスクアペタイトによって重要なリスクやポジションの方向性は特定されているので、果てしなく幅広いエマージングリスク等を追いかける必要性が薄れてくるはずです。

　収益部門は収益獲得のためのオペレーションを実現させ、管理会計（部門評価）にて実績を把握しつつさらなる改善を目指すことが理想ですが、評価をよくする欲求が強すぎるとコンダクトリスクにつながります。昔から市場部門のディーラーが悪さをする事例がありましたが、貸出においても内部格付の定性評価を高くみせるようなことはできるはずで、牽制をする立場である審査部門は、収益責任はなくても影響を与えうる立場にあることは認識できるので、正当な評価を下すことは重要です。

　業務分掌を見直すにあたっては管理会計制度にも配慮する必要があります。「貸出部門としては資金調達に関する責任がなく、オペレーション権限

もない」ということが業務分掌上も管理会計上も一致していなければなりません。本支店レート制度であれ、トランスファープライシングであれ、コストが明確化されて収益部門のプライシングに反映されたうえで、収益部門の収益部分に関する統制を含めた責任は当該収益部門にあり、一定のオペレーション権限を付与することでその責任を負うことができればよいということになります。ただし財管不一致が発生する評価方法を行う場合にはその管理が必要であり、一義的には各収益部門を管轄する企画部門等（資金証券企画や融資企画のような部門）がモニタリングすることが必要（集計作業自体はリスク管理部門でも可）です。

⑽ 期中の業務運営と収益獲得オペレーション

　本節⑺および⑻において想定シナリオの変更有無に関する議論をするということでしたが、想定シナリオを基準とするのは収益部門のオペレーションがそこに準じて行動しているからです。業務計画策定段階で計画値の前提条件となる想定シナリオがあり、経営者の意図を反映したリスクアペタイトがあるので、いずれも新年度期末着地ポイントを見出すことができ、それを共有化しているということになります。つまり想定しているものを実現すれば必ず着地点どおりの結果が得られるということになりますが、周辺環境は常に変化するので、定期的に行われるさまざまな会議体で調整を行うべきかどうかを議論するということです。

　環境認識を行うために識別項目を設け、議論が本節⑺および⑻のとおり行われていれば、各部門の肌感覚が情報として加わり、最終的に見直しの有無が決定されます。見直しの意思決定を行っているということは事実上組織決定されたオペレーションが展開されるということであり、その意味では（バンキング勘定において）各収益部門のフリーハンドでできる範囲は小さくなるかもしれません。しかし現実としては日々オペレーションを行うべきかどうかを考えており、実施することもあれば見送ることもあります。取引相手の事情によって実施タイミングがずれる可能性もあります。収益部門がそう

いった直面する出来事をこなしながら最終着地にもっていくことは想像以上にむずかしいことでしょう。ゴールが示されているがゆえのむずかしさがありますし、評価に関する厳しさも生じてきます。想定シナリオの変更があるかどうか微妙なタイミングもあるので、後から振り返ると、そこで逃した魚は大きいということもありえます。

しかし経営者の立場で考えると、精緻化された業務計画があり、業務計画達成に向けて共通認識のもとで収益獲得オペレーションが実現されていく組織体制はきわめて理想的なはずです。勝負は環境認識ということであり、適切な情報や見通しの正確性が試されるということになり、それがはずれた場合には経営者にその責任が返ってきます。組織決定をしてその方向で会社を進めていくということは、もしその方針に反する意見があるのであれば、会議体等で主張するしかありません。いえ、主張するしかないのではなく、自由に意見できる場があるということです。それもまた社内で共有化される話なので、正しいことを主張していれば正当に評価されることにつながります。そしてそれ以上に、正しいことをいえるようになるために正しい環境認識をする努力をし、相互理解を目指す文化が育ち、経営者が明確にまた企業の新たな方向性を示すようになれば、それがコーポレートガバナンスとしての理想像だと考えます。

【巻末資料】先進的な金融機関のリスクガバナンス態勢

（欧米金融機関のアニュアルレポート等の開示情報を参考にして整理し、筆者がまとめたもの）

Ⅰ 総論

欧米金融機関が開示しているアニュアルレポート等で確認できるリスクガバナンス態勢では、国内金融機関のアニュアルレポートと同様、全体的なリスクガバナンス態勢図や各委員会機能等を紹介し、それぞれの機能や報告態勢を説明、その後リスクカテゴリー別での管理手法等を説明しているケースが多くみられます。

第5章でも触れましたが、先進的な欧米金融機関のアニュアルレポート等ではリスクアペタイトという言葉が多くみられ、各リスクカテゴリーに関する説明のなかでも、「リスクアペタイトに関する方針に従って」という趣旨で説明しているものが見受けられます。それ以外にもリスクカルチャーに関する説明も行うことで、RAF態勢が実働していることが確認できます。

国内メガバンクグループのガバナンス態勢に置き換えるイメージで、欧米の全社レベルの責任や報告態勢をみてみると、持株会社の取締役会構成メンバーによる、持株会社レベルでのリスク方針やリスク管理態勢に関する承認や見直し等を行うリスク政策委員会といった機能がみられ、CEO、CFO、CRO、COOといったメンバーがリスクガバナンス態勢の根幹を統制しています。こうしたメンバーが最終的な責任と取締役会への説明責任を負っています。

国内での持株会社におけるリスク管理委員会に該当する機能としては、持株会社レベルでのリスク管理委員会が存在し、グループ全体としての最上位のリスク管理委員会という位置づけとなっています。参加メンバーとしては、持株会社のCEO、CFO、CRO、COOに加え、各エンティティのCEOやCRO、その他リーガルやリスク管理等に携わる上級管理職となっています。リスク事象の内容等に応じた付議基準がグループ内共通ルールとして決められており、その内容に従って取締役会で議論されるものや、各リスクカテゴリーに対応する委員会、各エンティティ内での委員会で取り扱われるかたちになっていることが多いと思われます。

Ⅱ 各リスクの定義および管理指標（イメージ）

各リスクの定義に関しては、厳密にはその業態やビジネスモデルによって異なり

ます。国内メガバンクグループが行っている業務をイメージしつつ、整理をしています。

リスク	定義	主なリスク管理指標
資本リスク	業務ならびに業務に関連するリスクにより、資本が不十分になる、ないしは追加資本調達が必要となるリスク	自己資本比率、レバレッジ比率
信用リスク	顧客、クライアント、取引相手のデフォルトによって生じる損失リスク	総エクスポージャー、業種・地域・顧客別集中度、案件格付、延滞、過去の損失発生、信用VaR
市場リスク	金利、為替レート、株価、商品価格、ボラティリティやクレジットスプレッドなどの市場変動に伴って生じる、資産・負債に関する潜在的な価値変動によって発生する損失リスク	VaR、センシティビティー（金利、クレジットスプレッド）
オペレーショナルリスク	業務プロセスやシステムに関する不十分さや欠陥等から、もしくは市場や自社信用力とは関連しないその他事象によって生じる損失のリスク	企業特有の損失実績、事業環境および内部統制要因
流動性リスク	資金調達の構成や期間、資産の流動性に応じた十分な資金調達量を確保できず、通常の景気循環や市場のストレス事象によって、その契約および偶発債務を履行できなくなるリスク	LCR（流動性カバレッジ比率）、HQLA（換金性の高い資産）残高、期落ち限度
コンプライアンスリスク	罰金、制裁、法律や規則・規制の失念に基づく財務上の損失が生じるリスク	N/A
リーガルリスク	損害賠償、罰金、罰則、契約上の義務または法律や規制を遵守できないことを起因とした損失や賦課が発生するリスク	N/A
カントリーリスク	国家的なイベントや動きによって、経済的価値の変化、債務者や取引相手および発行体の契約上の義務の変更、特	デフォルト時エクスポージャー

	定の国に関連した悪影響を及ぼすリスク	
受託リスク	関連する法律や規則のもとで、市場に対する透明性維持やクライアントの最善の利益のための行動、公平なクライアントの取扱いを充足できないリスク	N/A
モデルリスク	モデル上の不備や誤った使い方に基づくアウトプットや報告に基づいた意思決定によって不利な結果をもたらす可能性のリスク	モデルの状況、モデルの重要度
外貨リスク	自国通貨以外での通貨による、設備投資、費用と収入予測、投資有価証券ポートフォリオまたは発行する債務から生じるリスク	通貨別ネットポジション
プリンシパルリスク	シニアポジションや劣後ポジションを表す非公開金融資産や資本商品の価値の不利な変動のリスク	帳簿価格
風評リスク	企業行動、トランザクション、投資、その他事象により、顧客、株主、従業員、その他公衆による自社の信頼を低下させるリスク	N/A
金利リスク	貸付金や与信枠の延長、預金取引、負債性証券の発行等の伝統的な銀行業務（オフバランスを含む）に起因して生じるリスク、ならびに有価証券ポートフォリオ、その他財務活動による影響に起因して生じるリスク	EaR（Earnings at Risk）

Ⅲ　各委員会機能（イメージ）

　各委員会機能については、金融機関によってその名称がさまざまであり、特に米系インベストメントバンクに関しては異なる種類の委員会が散見されます。下記表において記載されていないものの代表例としては新規業務参入に関する委員会や適合性を評価する委員会があります。ここでいう適合性というのは、取り扱う商品内

容や顧客属性、トランザクション内容等が対象となっています。

名　称	主な内容
リスク政策委員会	・取締役メンバーによって構成され、主要なリスク管理方針ならびにリスク管理フレームワークに関する承認や定期的な見直しの実施 ・委員会の役割としては、管理責任者による各リスクカテゴリーや資本管理等に関する運営での評価や管理に対する責任の遂行をモニタリング
監査委員会	・取締役会がコンプライアンス・法務リスクを監督するためのサポート機能
報酬・管理者啓発委員会	・取締役会が報酬プログラムを監督するためのサポート機能 ・リスクに関連する全社的な報酬方針とリスクに関連する目標の評価および承認
リスク管理委員会 (持株会社レベル)	・グループ全社における最上位のリスク委員会としての位置づけで、自社固有のリスクを監督する機能で、ガバナンスのフレームワーク化に関する事項を含む
各リスク統制委員会 (持株会社レベル)	・グループ全社の以下のリスク統制に関する管理方法、フレームワークに反する行為の評価・審議を行う機能 ①　資本リスク ②　ALM（流動性リスクおよび金利リスクを含む） ③　オペレーショナルリスク ④　各種エクスポージャー管理 ⑤　風評リスク ⑥　受託リスク ⑦　各地域・ビジネスラインの固有リスク

Ⅳ　各リスクカテゴリー関連（イメージ）

　各リスクカテゴリー関連では、グループ内共通ルールに基づく連結ベースの集計をしていることを明記しているケースがあります。整合性維持の観点から、Ⅱのリスク分類およびⅢの委員会機能に合致した整理をしています。

項　目	内　容
資本リスク管理	（総論） ・バランスシート構造や収益力等を考慮し、十分な資本の維持を実現し、最終的には株主への還元を意識した管理を目指している ・調達コストを意識し、格付維持も想定した資本管理を意識した記載もあり （主なリスク計測内容等） ・CEOが取締役会や委員会を通じて、資本に関する計画・調達・利用・分配の指針やガイドラインを決定、通常時・ストレス環境時それぞれにおける、資本の水準、構成の目標を設定 ・管理対象は①規制資本、②経済資本、③各ビジネスライン向け配賦資本 ・規制資本に関し、バーゼルⅢに基づく資本（分子項目）、リスクアセット（分母項目）を要件に従って算出、別途レバレッジ比率にて補完 ・経済資本では、内部リスク評価手法や、信用、市場、運用およびプライベート・エクイティ・リスクという4つの主なリスク要因に基づいたモデルを使用して測定 ・要因分析や計測上のインプット項目に関しては、必ずしも規制資本要件に求められる内容とは一致していない ・各ビジネスライン向け配賦資本に対し、リスク調整後収益等を意識したパフォーマンス評価を実施
信用リスク管理	（総論） ・グループ全体としての信用リスク管理方針の枠組みがあり、ポートフォリオごとやセグメントごとでのモニタリング態勢を構築 ・すべての信用エクスポージャーの承認に際し、信用機関を積極的に活用 ・貸倒引当金の決定、適切な信用リスクベースの自己資本管理の確保 （主なリスク計測内容等） ・債務者やカウンターパーティーのデフォルト推定にあたり、デフォルト要因と関連する市場実勢に基づいてエクスポージ

ャーの信用損失を推定
- 損失推定には統計分析やその他の要因を用い、潜在的な非期待信用損失は信用リスク資本の配分に反映、引当金と比較して実際の損失の潜在的なボラティリティをモニタリング、分析においてはストレステストも実施
- スコアリング対象ポートフォリオには、一般事業法人向けローン以外に住宅ローン、クレジットカードローン、学生ローン等が含まれ、信用損失の推定は、時間の個々の期間にわたる信用損失の統計的分析に基づき、ポートフォリオ・モデリング、クレジット・スコアリング、延滞状況、クレジットスコア、担保価値、その他リスク要因といったローン要因を考慮し推定
- スコアリング対象ポートフォリオに関する信用損失の分析においては、直近の周辺環境、引受基準の品質、およびその他内外要因等考慮し、おおむね四半期ごとに更新
- 格付が付与されたエクスポージャーに関する信用損失の推定は、PDおよびLGDの推定に基づき、各ローン・ファシリティに割り当てられているリスク評価から実施
- 信用格付は、借り手の現在の財政状態、リスクプロファイルおよび関連する担保状況を反映するために、信用リスク管理部門によって必要に応じてレビューを実施、PDは債務者ごとに推定され、LGDはクレジット・ファシリティごとで推定、定期的に見直しも実施
- ストレステスト実施に関し、経済シナリオおよびそれらのシナリオの基礎となるパラメータは、マクロ経済要因の観点から明確に定義し、業務横断的に適用
- ストレステスト結果は、企業レベルや各ビジネスラインレベルでのリスクアペタイトの設定や、業種バランスに係る集中度に関するストレス時の評価に反映

(モニタリング、管理、報告)
- リスク方針の枠組みのなかで、信用リスクに関する決裁権限、リスク集中に関するリミット運営、リスク評価手法、ポートフォリオ見直しに係るパラメータ、不良債権管理に係るガイドラインを設定
- モデルリスク方針に基づき、新たな重要なリスク管理モデルは実装前にモデル専門管轄部門によってレビュー、承認を実

	施
・内部監査において利用されるデータの整合性を含めたモデリングプロセスに関連する内部統制テストを定期的に実施
・ホールセール向け信用リスクは、集計されたポートフォリオ別、個人顧客を含めた業態別、カウンターパーティー別に設定する集中限度を定期的にモニタリング、レビュー実施はおおむね年1回
・信用エクスポージャーの合計、信用の質の予測、信用集中度、リスクプロファイルの変更に関する上級管理職へ定期的に報告を実施
・業態、顧客、商品、および地域別集中の詳細なポートフォリオの報告は月次ベース、貸倒引当金の妥当性は四半期ベースで上級管理職によるレビューを実施
市場リスク管理	（総論）
・グループ全体としての市場リスク管理の枠組みがあり、連結ベースやビジネスライン別でのリスク測定を実施
・各種リミット設定に関する承認とモニタリング、ストレステストおよび定性的リスク評価の実施
（主なリスク計測内容等）
・リスク測定にあたり、統計的／非統計的な測定基準を使用（VaR、ストレステスト、ロスカット、EaR等）
・リミット設定においては、市場のボラティリティ、金融商品の市場流動性等を考慮し、連結ベースでのVaRリミットおよびストレスリミットを設定
・各エンティティやビジネスラインでは、VaRリミットとストレスリミットに加え、ロスカット、非統計的測定等によって捕捉
・リミットは、市場リスク管理部門によって設定され、各ビジネスライン担当役員と市場リスク管理部門のラインが定期的にレビューを実施、CEOやCROを含めた上級管理職がレビューや承認を実施
・リミット抵触の際は、リミット設定承認者である市場リスク管理部門の上級管理職に対して適時報告を実施する一方、市場リスク管理部門は、上級管理職やビジネスライン担当役員との間で適切な措置を決定するための協議を実施
・各エンティティレベルもしくはビジネスラインレベルのリミ

ットにおいては、超過水準や内容に応じて上級管理職や持株会社レベルのリスク管理委員会にエスカレーションを実施（例としては3営業日以上、または30％以上超過している場合等）
- VaRによる潜在的損失の計測においては、リスク管理に使用するVaRおよび規制のVaRを算出する枠組みをもつケースあり（枠組みに基づき観測期間12カ月のデータに基づいたヒストリカルシミュレーションを使って連結ベースで実施例あり）
- グループ独自でのリスク管理におけるVaR算出例としては、保有期間1日、信頼区間95％のかたちで算出し、総合的なVaRモデルの計算は毎日算出、すべてのポートフォリオ全体のVaRモデルの結果は連結ベースで集計、規制VaRに関してはルールにのっとり日次で算出
- VaRはビジネスライン全体のリスクを集約し、リミットをモニタリングするために使用し、結果は上級管理職、取締役会、規制当局に報告
- VaRで把握できないリスク指標を測定する場合は、ストレステストと非統計分析を含む代替方法で測定
- VaRモデルの変更は、実装前にモデルを管轄専門部門グループによる審査と承認が必要
- 日々の市場リスク関連損益とリスク管理VaRの結果に関するバックテストにより有効性を評価
- ストレステストを通じて発生する可能性の高いイベント時のエクスポージャーを捕捉、信用スプレッド、株価、金利、為替レートや商品価格などのリスク要因に複数のシナリオを準備し、ビジネスライン全体で市場関連リスクのストレステストを実施、ストレステストの結果は上級管理職とビジネスラインに報告（ストレステストを週次レベルで実施する金融機関あり）
- ストレスシナリオの定義、大幅な変更は、関連するリスク委員会によって検討、アドホックなシナリオは、特定の市場イベントや懸念に対応して実行
- 非統計的リスク測定として、クレジットスプレッド感応度、金利ベーシス・ポイントの値と市場価値として値位置に使用される変数への感応度を算出

	・EaRを通じてその構造的な金利リスクエクスポージャーを評価、コア純受取利息および金利感応度が高い費用に与える影響を算出 ・トレーディング業務やモーゲージ・サービシング業務のセンシティビティーはVaRに反映されているということで、EaRでは対象外 ・構造的な金利リスク方針および市場リスクリミットを設定し、リスク政策委員会で承認、構造的な金利リスクプロファイルを計算し、リスク管理委員会および上級管理職に報告、レビューを実施 ・連結ベースでの資産および負債に関連する金利リスクを管理、各ビジネスラインは、金融市場で統制するべき金利エクスポージャーの要素を考慮したトランスファープライシングによってトレジャリー部門に金利リスクの移転を実施 ・移転価格に関する要素は、資産・負債より生じる契約上の金利や元本の支払、期待マチュリティー、フィキシングに係る金利更改日や指標金利、変動金利商品における金利上限や下限等となっており、すべての移転価格決定の前提条件は定期的に見直し
オペレーショナルリスク管理	（総論） ・オペレーショナルリスクでは、他のリスク領域との連携を意識したガバナンス態勢を構築し、各ビジネスラインでのCSA（自己評価プロセス）や付随するアクションプランに関する上級管理職への報告に関する枠組みが基本的に確立 （主なリスク計測内容等） ・各部門はリスクのCSAを実施、重要な固有のオペレーショナルリスクを特定し、軽減するための統制方法の設計と運用の有効性を評価し、残存リスクを評価・管理 ・特定された問題を統制するためのアクションプランの策定があり、モニタリングならびに解決策を模索 ・自己資本比率算出に関し、先進的手法（AMA）に基づき、①内部損失データ、②外部損失データ、③シナリオ分析、④業務環境および内部統制要因の4つの要素を反映 ・オペレーショナルリスク資本額は、主に損失分布手法（LDA）に基づく静的モデルによって算出、実際に発生した内部損失や外部損失、先見的な潜在損失のシナリオ、統制環

	境の変化に伴う調整をオペレーショナルリスク資本額のモデルを組込み ・LDAモデルでは保有期間1年、信頼区間99.9％で損失額を算出、シナリオ分析プロセスの一部や主要なビジネスラインでの評価を通じてテールリスクも補完 （モニタリング、管理、報告） ・実際のオペレーションによる損失レベルや自己評価結果、ビジネスラインのアクションプランを含めた上級管理職への報告
流動性リスク管理	（総論） ・バーゼルⅢにおいて規制が導入されたこともあり、従来のCFP（コンティンジェンシー・ファンディング・プラン）とそのガバナンス態勢に加え、流動性バッファーの保有に関する事項が追加 ・流動性リスクモニタリングの指標、閾値、リミットの設定 ・グループ独自ないし規制当局定義のストレステストの実施、モニタリング（アドホックな分析を含む） ・流動性ポジション、資金ギャップのモニタリング、報告 （主なリスク計測内容等） ・内部ストレステストとして、相反する複数のシナリオにおいて十分な流動性が確保されているかどうかの確認を実施、資金流出に関する想定については、一定期間内における市場ストレス、固有のストレス、両者複合 ・トレジャリー部門による、流動性の特性、業種と法人の資産・負債、法的考慮、規制、オペレーション制約の分析 ・グループ内流動性戦略、方針、ガイドライン、緊急時の資金計画の定義とモニタリング ・流動性の承認された適切な許容範囲とリミットの管理 ・バランスシートの資産負債の基本的な流動性の特性に加え、特定のオフバランスシートの項目に従った移転価格の設定 ・CFP（コンティンジェンシー・ファンディング・プラン）の策定、承認、見直し ・グループ内流動性戦略に関し、持株会社が子会社への資金供給源としての役割を果たし、持株会社での流動性を維持 ・持株会社の保持する流動性バッファーとして、資金調達市場において一定期間以上資金調達を実施しなくても耐えきれる

	想定で保有（1年から1年半程度）
コンプライアンスリスク管理	（総論） ・事業活動から発生するコンプライアンスリスクに関する指針の策定およびこれらのリスク軽減方法に関するガイダンスの実施 ・COOへの直接報告およびCCOによる管理 ・コンプライアンスプログラムの策定、意見交換会や、各業務部門、領域別のCCO、重要な規制事項を管轄するCCO間の情報連携による監督や調整の実施
法務リスク管理	（総論） ・法律や規制の遵守に加え、主要な訴訟および取引事項に関する潜在的なエクスポージャーを評価 ・顧問弁護士が法務リスクを担う重要メンバーとしてその役割を紹介しているケースあり （参考例：顧問弁護士の役割） ・持株会社レベルでのリスク管理委員会および持株会社レベルでの統制委員会のメンバーとしてCEOへの報告義務あり ・訴訟案件および各ビジネスラインでの規制・取引慣行確認、法律顧問の実施および付随する風評リスクからの保護 ・部門間の利益相反を回避する目的としてホールセール取引を調査する権限保有
カントリーリスク管理	（総論） ・カントリーリスクを総合的に管理する枠組みと、ガイドラインやポリシーに関する整合性の設計 ・ソブリン格付を使用したカントリーリスクの評価および保有するエクスポージャーとストレス可能性のモニタリング ・国別リミットを管理し、上級管理職へエクスポージャーに関する傾向とリミット超過を報告 ・ストレステストシナリオとしてソブリンデフォルトを想定して実施している金融機関あり （主なリスク計測内容等） ・所在の定義に関し、債務者やカウンターパーティー、発行者、保証人が法的な居住と異なる場合において、資産の大半がどこに存在するのか、あるいは収入の中核はどこに当たるのかに基づいて判定

	・エクスポージャーの測定に関しては、カウンターパーティーや債務者の即時デフォルトとゼロリカバリーを前提 ・貸出エクスポージャーは与信枠（実行ずみおよび未実行）で測定され、貸倒引当金と正味現金および有価証券担保受領分をネッティング、証券投資エクスポージャーはその債権残高で測定され、担保受領分をネッティング ・有価証券および株式は、ロングとショートのいずれの場合を含め、ポジションの公正価値で測定、デリバティブ債権のカウンターパーティーエクスポージャーは、デリバティブの公正価値で測定し、関連する担保の正味公正価値でネッティング ・クレジットデリバティブにおけるプロテクションの売買は参照銘柄に基づいて報告され、プロテクション売買に係る想定元本からデリバティブ債権債務の正味公正価値をネッティングして測定 ・ストレステスト実施に際し、カウンターパーティーに関連する衝撃的な市場イベントを想定し、当該国の大きな資産価格変動に伴う影響度合いの把握を通じて潜在的損失を評価 ・特定の市場イベントやセクターのパフォーマンスの問題に応じて、個々の国のためのアドホックなストレスシナリオを定義 （モニタリング、管理、報告） ・ソブリン格付評価およびリミット管理に関するガイドラインを策定 ・各国ストレスと名目エクスポージャーは、総合的なカントリーリミット運営の枠組みのもとで測定、ソブリン格付とリミット運営を積極的にモニタリングし、定期的な報告を実施 ・カントリーリミットは年に一度見直され、上級管理職によって承認
受託リスク管理	（総論） ・各ビジネスラインとリスクその他のガバナンス委員会がその事業における受託リスクのモニタリングと管理を担当 ・持株会社レベルでの受託リスク委員会による、全社的な受託に関するリスクガバナンスの枠組みの監督 ・各ビジネスラインによる受託リスク事象に関する、持株会社レベルでのリスク管理委員会もしくは他の適切な委員会への

	重要な問題のエスカレーションの実施
モデルリスク管理	（総論） ・モデルの所有者は、開発、実装、およびそのモデルのテストを担当し、（モデルリスクと開発ユニット内にある）モデルリスク管轄担当部署へのレビューと承認のためモデルの説明を実施 ・モデルが承認された後、モデルの所有者は、強固な動作環境の維持管理をモニタリングし、継続的にモデルの有効性を評価 ・モデルの所有者から独立した機能によるリスク管理モデル、評価モデルおよび規制資本モデルといった幅広いモデルのレビューと承認を実施、持株会社レベルでのモデルリスクと開発の担当役員がCROに報告 ・モデルはその複雑さに応じて内部基準に基づいて階層化し、モデルリスク管轄部署が承認 ・モデルをレビューする際には、モデルリスク管轄部署はモデルの方法論とモデル推定の信頼性を分析し、必要に応じて追加的なテストやバックテストを実施、モデルレビューの結果はモデルの関連する階層に基づいてモデルリスク管轄部署のしかるべき責任者によって承認
プリンシパルリスク管理	（総論） ・さまざまなビジネスラインで管理され、すべての投資は投資企業から独立している役員を含む投資委員会によって承認 ・プリンシパル投資の帳簿価額の妥当性を確認し、年間投資の目標と実績、ポートフォリオ全体のサイズを管理するために専門部署を設立 ・業種、地域等の集中限度をモニタリングし、特定のシナリオに基づく重要な市場の動きやその他リスク事象に基づいてポートフォリオ上の損失を推定するストレステストを実施
風評リスク管理	（総論） ・ビジネスの大きさや各種委員会に適したエスカレーション基準の文書化 ・会社全体のレピュテーションリスク統制機能として全体の統制の枠組みを監視し、検証やエスカレーション、管理、報告を実施

おわりに

　『バーゼルⅢ流動性規制が変えるリスク管理』が世に出てから2年以上の月日がたちました。バーゼルⅢが公表されて新しく流動性規制が導入されるということで、QIS作業で培われた知識が少しでも世の中に役立てばと考えて執筆をしましたが、当時流動性リスク管理に関する書籍や資料はほとんどなく、告示案も出る前のタイミングであったため、執筆する側としては「われながらチャレンジ精神旺盛だ」という意識をもちながら執筆した覚えがあります。おかげさまでいまでも時々「もっていますよ」というとてもありがたいお話をいただくことがあり、ご購入いただいた方々には心より感謝申し上げます。

　そのようななか、流動性規制のうちLCRは2015年から適用されることになり、NSFRも2018年適用予定ということで、規制対応の色彩が強かった前書の記載内容からすれば、そろそろ規制対応としてはいったん役割を終える時期に入ってきました。社会人生活においてその大半を銀行や証券会社で過ごしてきた立場としては、国内ではマイナス金利政策や人口動態の変化等によって、金融機関を運営する環境が大きく変わりそうな気配も感じられます。複雑化した規制や金融市場のなかで金融機関はどのように生きていくのだろうと考えると、20余年にわたって感じてきたさまざまな問題意識をそのまま世に示さなくてよいのかという疑問が出てきました。そこで前回の出版でお世話になった金融財政事情研究会出版部伊藤雄介様に相談に乗っていただき、今回また書籍を出版する機会を与えていただきました。

　RAFというまだ新しくて明確な答えがない世界に関するチャレンジは、前回の書籍と比べてもまた質が異なるものであり、これまでの携わってきた金融実務に関する知識の総集編のような気持ちで執筆にあたりました。ここまでお読みいただいた方々には満足していただける内容であったかどうかはわかりませんが、伝統的銀行経営への回帰の可能性も意識しつつ、古くて新

しい発想を展開するべく知恵を絞ったつもりです。

　今回の執筆にあたっても多数の方々に大変お世話になりました。セミナーを受講された際にご意見やご質問をいただいた多くの皆様、各種情報交換や勉強会等にご同席いただいた金融機関各社ご担当者様、規制動向関連だけでなく文書添削においてもご協力いただいた野村朗様、会計面で貴重なご意見をいただいた鬼澤宏史様、資料作成や文書添削等でご協力いただいたアビームコンサルティング株式会社協力メンバーの方々、そして二度にわたり出版にご支援いただいた伊藤雄介様には、この場を借りて厚く御礼申し上げます。また、このような書籍を書けるようなキャリアパスを歩かせてくれた古巣の銀行や証券会社、そして協力し応援してくれた家族にも心より感謝いたします。

　　2016年6月

浜田　陽二

事項索引

英字

Accountability …………………… 175
ALM委員会 ……………………… 25
CCAR …………………………… 18
CFP（コンティンジェンシー・
　ファンディング・プラン）……… 67
CSA（Credit Support Annex）…… 6
CSA（コントロール・セルフ・
　アセスメント）………………… 66
CVA ……………………………… 5
D-SIBs …………………………… 2
EAD ……………………………… 157
Effective communication and
　challenge ……………………… 175
FinTech ………………………… 284
FRB（米国連邦準備制度理事会）… 18
FSB（Financial Stability
　Board：金融安定理事会）……… 6
FTP（ファンド・トランス
　ファー・プライシング）……… 82
G-SIBs …………………………… 2
G-SIFIs …………………………… 2
G-SIIs …………………………… 2
Guidance on Supervisory In-
　teraction with Financial In-
　stitution on Risk Culture ……… 174
HFT取引 ………………………… 16
IFRS ……………………………… 49
Incentives ……………………… 175
ISDA-CSA ……………………… 6
KPI（Key Performance Indica-
　tors）…………………………… 103
KRI（Key Risk Indicators）…… 103

LCR（流動性カバレッジ比率）…… 3
LGD ………………………… 87, 157
MIS（経営情報システム）………… 22
NSFR（安定調達比率）…………… 3
PD …………………………… 87, 157
QIS（Quantitative Impact
　Study：定量的影響度調査）…… 11
RAF ……………………………… 3
RDA（Risk Data Aggregation）… 19
TLAC …………………………… 5
Tone from the top ……………… 175
VaR ……………………………… 22
VaRショック …………………… 146

あ行

一般勘定 ………………………… 82
エマージングリスク …………… 12
大口信用供与 …………………… 10
オペレーショナルリスク ……… 12

か行

外貨信用スプレッド …………… 127
外貨流動性リスク管理 ………… 5
外部経営者（独立経営者）……… 53
カウンターパーティーリスク …… 6
為替変動リスク ………………… 127
観測期間 ………………………… 121
カントリーシーリング ………… 16
カントリーリミット …………… 16
擬似的時価会計 ………………… 218
規制資本 ………………………… 50
期待収益 ………………………… 41
期待損失（EL：Expected
　Loss）……………………… 96, 136

銀行のためのコーポレートガバナンス諸原則の公表について：Corporate governance principles for banks ………… 176
金利のロールダウン効果 …… 85
経済資本（リスク資本） ……… 50
国際スワップデリバティブ協会（ISDA：International Swaps and Derivatives Association） ….. 6
国際統一基準行 ………………… 3
国内基準行 ……………………… 3
コンダクトリスク ……………… 34
コンプライアンスリスク ……… 310

さ行

財管一致 ………………………… 48
資金繰り逼迫度区分 …………… 66
自己資本比率規制 ……………… 2
市場リスク ……………………… 12
システミックリスク ………… 5,17
実効的なリスクアペタイト・ステートメント ……………… 32
実効的なリスクアペタイト・フレームワーク ……………… 32
実効的なリスクアペタイト枠組みに係る原則 ………………… 30
実効的なリスクデータ集計とリスク報告に関する諸原則（BCBS239） ………………… 19
シナリオ変更 …………………… 188
資本配賦 ………………………… 37
資本配賦額 ……………………… 37
受託リスク ……………………… 311
商品回転率 ……………………… 112
信用極度枠 ……………………… 13
信用コスト ……………………… 120
信用集中リスク ………………… 12

信用スプレッド部分 …………… 86
信用リスク ……………………… 12
信用リスク削減策 ……………… 138
信頼区間 ………………………… 121
ステークホルダー ……………… 32
ストレスシナリオ ……………… 60
ストレステスト ………………… 60
セグメント情報 ………………… 36
セルフファンディング ………… 90
センシティビティー …………… 38
想定シナリオ …………………… 69
その他包括利益 ………………… 6
その他包括利益累計額 ………… 249
その他有価証券 ………………… 6
損失限度 ………………………… 37

た行

大数の法則 ……………………… 82
中央清算化 ……………………… 2
通貨別LCR ……………………… 9
データギャップ ………………… 2
適格流動資産 …………………… 5
デュレーション ………………… 15
デリバティブ …………………… 2
店頭デリバティブの追加資本賦課 ……………………………… 2
統合リスク ……………………… 64
投資戦略会議 …………………… 213
特定取引勘定 …………………… 10
特別勘定 ………………………… 82
トレーディング勘定の抜本的見直し ……………………………… 5

な行

内部経営者 ……………………… 53
内部取引 ………………………… 127,128

事項索引　325

は行

バーゼルⅢ ····················· 2
バーゼル銀行監督委員会 ············ 3
売買目的有価証券 ················· 51
バンキング勘定 ··················· 48
バンキング勘定の金利リスク ······· 12
ヒートマップ ···················· 78
非期待損失（UL：Unexpected Loss） ························ 136
標準的手法 ······················ 5
風評リスク ····················· 36
フォワードルッキング ············· 31
負債の時価評価 ·················· 154
プリンシパルリスク ·············· 311
ヘアカット ····················· 13
ヘルシュタットリスク ············ 259
報酬制度 ······················· 61
ポジションリミット ·············· 37
保有期間 ······················ 121
ボルカー・ルール ················· 7
本支店レート ··················· 82

ま行

マイナス金利政策 ················· 2
マクロストレステスト ············· 18
満期保有債券 ··················· 224
3つの防衛線（three lines of defense） ····················· 176
メインシナリオ ·················· 73

や行

与信方針会議 ·················· 213

ら行

リーガルリスク ················· 310
リスクアセット ··················· 4
リスクアペタイト ················ 31
リスクアペタイト・ステートメント ························ 31
リスクアペタイト・フレームワーク ······················ 31
リスクウェイト ··················· 4
リスクカルチャー ················ 32
リスク管理委員会 ················ 25
リスク管理委員会開催基準 ········ 67
リスク許容度 ···················· 31
リスクシナリオ ·················· 73
リスク調整後収益 ················ 47
リスクプロファイル ·············· 21
リスクマップ ···················· 60
リスクリミット ··············· 31, 37
リテール・リング・フェンス ······· 7
リミット設定 ···················· 37
流動性規制 ······················ 2
流動性ストレステスト ············· 5
レバレッジ比率規制 ··············· 2
ロスカットルール ··············· 247

【著者紹介】

浜田　陽二（はまだ　ようじ）

アビームコンサルティング株式会社、金融・社会インフラビジネスユニット、シニアエキスパート

1989年4月株式会社日本債券信用銀行（現あおぞら銀行）入行、融資部門、市場部門、金融法人部門等を歴任し、銀行勘定と特定取引勘定での運用や、資本調達交渉を含めた資産・負債・資本すべてに関する業務を経験。その後銀行設立プロジェクトに参画後、2006年11月にみずほ証券株式会社に入社、財務企画部門にて調達業務や規制対策等を経験し、2014年2月アビームコンサルティング株式会社入社。

2014年3月『バーゼルⅢ流動性規制が変えるリスク管理』（金融財政事情研究会）出版のほか、流動性規制対応やRAFに関するセミナー講師実績多数。

1989年3月慶應義塾大学商学部卒業、計量経済学専攻。

リスクアペタイト・フレームワーク
──銀行の業務計画精緻化アプローチ

平成28年8月31日　第1刷発行

　　　　　著　者　浜　田　陽　二
　　　　　発行者　小　田　　　徹
　　　　　印刷所　株式会社日本制作センター

〒160-8520　東京都新宿区南元町19
発　行　所　一般社団法人 金融財政事情研究会
　　　　　編集部　TEL 03(3355)2251　FAX 03(3357)7416
販　　売　株式会社きんざい
　　　　　販売受付　TEL 03(3358)2891　FAX 03(3358)0037
　　　　　URL http://www.kinzai.jp/

・本書の内容の一部あるいは全部を無断で複写・複製・転訳載すること、および磁気または光記録媒体、コンピュータネットワーク上等へ入力することは、法律で認められた場合を除き、著作者および出版社の権利の侵害となります。
・落丁・乱丁本はお取替えいたします。定価はカバーに表示してあります。

ISBN978-4-322-13015-7